Futur simple

Français

livre unique

3e

par une équipe d'enseignants

Nathan

Sommaire

© Éditions Nathan, Paris, 2011
ISBN : 978-2-09-882175-0

Dans l'ouvrage, les textes suivis du carré rouge (■) sont des extraits du texte de *Lecture* ou du texte de la page *Expression orale & écrite*.

Étape 1

Pourquoi partir ?

• **Savoir :** La littérature et le réel.
• **Savoir-faire :** Je sais rédiger un récit réaliste.

Oral

Le savais-tu ?

L'émigration est le fait de quitter son pays pour aller vivre temporairement ou définitivement dans un autre pays. Les causes de l'émigration peuvent être :

– **économiques** : on est à la recherche d'un mieux-être, de conditions de vie meilleures ;

– **personnelles** : on désire découvrir d'autres horizons, d'autres peuples, d'autres modes de vie ;

– **politiques** : on quitte son pays parce qu'on se sent menacé à cause de ses opinions ou de la guerre.

En Afrique, les raisons de l'émigration sont principalement économiques et politiques.

J'observe l'image

1. Qu'est-ce qui te frappe d'emblée ?

2. Dans quel contexte cette photo a-t-elle été prise, à ton avis ?

3. Quel est le moyen de locomotion utilisé par les personnes représentées ?

4. Qu'emportent ces personnes dans leurs bagages ?

5. À ton avis, s'agit-il d'un départ voulu ou d'un départ forcé ?

6. Quel titre pourrais-tu donner à cette photographie ?

lecture

Note sur l'auteur

Francis Bebey (1929-2001) est un écrivain, musicien et compositeur camerounais. Ses livres les plus connus sont *Le Fils d'Agatha Moudio, Trois petits cireurs* et *Le Roi Albert d'Effidi*.
Dennis Brutus (1924-2005) est un écrivain sud-africain qui a combattu pour l'abolition de l'apartheid. Cette lutte lui a valu des années de prison et d'exil. Il a notamment écrit *Lettres à Martha* et *Pensées d'ailleurs*.

1 Exils

Dans ces textes, Francis Bebey et Dennis Brutus nous livrent deux images saisissantes de la réalité africaine contemporaine.

Texte 1-A : Je suis venu chercher du travail

Je suis venu chercher du travail
J'espère qu'il y en aura
Je suis venu de mon lointain pays
Pour travailler chez vous

5 J'ai tout laissé, ma femme, mes amis
Au pays tout là-bas
J'espère les retrouver tous en vie
Le jour de mon retour

Ma pauvre mère était bien désolée
10 En me voyant partir
Je lui ai dit qu'un jour je reviendrais
Mettre fin à sa misère

J'ai parcouru de longs jours de voyage
Pour venir jusqu'ici
15 Ne m'a-t-on pas assuré d'un accueil
Qui vaudrait bien cette peine

Regardez-moi, je suis fatigué
D'aller par les chemins
Voici des jours que je n'ai rien mangé
20 Auriez-vous un peu de pain ?

4

Mon pantalon est tout déchiré
Mais je n'en ai pas d'autre
Ne criez pas, ce n'est pas un scandale
Je suis seulement pauvre

25 Je suis venu chercher du travail
J'espère qu'il y en aura
Je suis venu de mon lointain pays
Pour travailler chez vous

© Francis Bebey.

Texte 1-B : Je suis l'exilé

Je suis l'exilé
l'errant
le troubadour
(quoi qu'ils en disent)

5 je suis doux, et paisible,
l'allure distraite
absorbé par les plans,
poli à en être servile[1]

mais les grottes de mon cœur sont remplies de
[lamentations,

10 et dans ma tête,
par-delà mes prunelles tranquilles,
j'entends les cris et les sirènes.

Dennis Brutus, in *L'Aube d'un jour nouveau*,
anthologie de Catherine Belvaude et Paul Dakeyo,
Éditions Silex, 1981.

1. **Servile** : qui fait preuve d'une soumission excessive.

J'observe

1. Que font les personnes représentées sur cette photographie ?

2. Quels sentiments traduisent les expressions de leurs visages ?

Je comprends

3. Dans le texte 1-A, d'où vient l'énonciateur ?

4. Quelle principale caractéristique de ce lieu est mise en relief ?

5. Où se trouve l'énonciateur ?

6. Quels sentiments éprouve-t-il en évoquant son pays ?

7. Quelles raisons donne-t-il successivement pour justifier le départ de son pays ?

8. Qu'est-ce qui caractérise la situation de l'énonciateur dans le texte 1-B ?

9. La situation qu'il vit est-elle semblable à celle de celui qui parle dans le texte 1-A ? Pourquoi ?

10. À qui renvoie le pronom « ils » qui apparaît dans le quatrième vers ? L'énonciateur leur fait-il confiance ?

Je découvre

11. Les deux textes font-ils référence à des situations vraisemblables ? À une époque éloignée ou contemporaine des auteurs ? Explique ta réponse en utilisant des détails tirés des textes.

12. Quel milieu social est décrit dans chaque texte ? Explique ta réponse.

13. Quels sentiments animent les deux énonciateurs et déterminent leur conduite respective ?

14. Quelle vision les deux auteurs donnent-ils respectivement de la condition du travailleur immigré et de l'exilé ?

Je retiens

● Dans des textes littéraires, on appelle **réalisme** tout ce qui relève de la volonté de **représenter le réel sans le déformer**, tel qu'il est, pour de vrai.

● Pour y parvenir, les auteurs réalistes empruntent leurs sujets à la **réalité de leur temps** : l'immigration, les conditions de travail dans le monde moderne, les faits divers…

● Les personnages qu'ils mettent en scène sont des **êtres ordinaires**, proches des lecteurs. Ils sont d'un milieu social précis, minutieusement décrit.

● L'auteur **ne porte pas de jugement explicite** sur l'histoire qu'il raconte. Il livre la réalité telle qu'elle est.

Le champ lexical de la migration

J'ai parcouru de longs jours de voyage/Pour venir jusqu'ici
Ne m'a-t-on pas assuré d'un accueil/Qui vaudrait bien cette peine ■

1. Dans la strophe ci-dessus, repère les termes qui évoquent le départ et l'arrivée.
2. Trouve d'autres mots se rapportant aux mêmes thèmes.

Je retiens

● La **migration** est le déplacement de populations d'un pays à un autre dans le but de s'y établir.
– Deux verbes sont issus de ce nom : **émigrer** (quitter son pays) et **immigrer** (entrer dans un pays étranger).
– Quelqu'un qui migre peut être un **migrant**, un **expatrié** ou un **réfugié** en fonction de sa situation.
– Il existe plusieurs processus d'accueil dans un pays : l'**asile**, l'**intégration**, l'**assimilation**, la **naturalisation**.

●●●●● Je m'entraîne

1. Complète le texte suivant avec des mots appartenant au champ lexical de la migration.
Ils avaient … l'Afrique pour l'Europe dans l'espoir d'une vie meilleure, mais leur … s'est arrêté dans le nord du Maroc, aux portes de Melilla. Quatre-vingts personnes venues de l'Afrique subsaharienne ont tenté d'… de force dans l'espoir d'obtenir le droit d'… . Mais, sur les ordres du gouvernement qui veut limiter l'…, les soldats ont tiré et six hommes sont morts ce jour-là.

2. Rédige un texte en employant les mots suivants : *demandeur d'asile, centre de rétention, situation irrégulière, émigrer.*

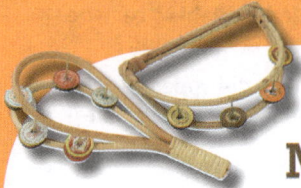

Modes, temps et aspects du verbe

Je suis parti de mon pays pour trouver du travail. Je travaillais tous les jours : il fallait que je gagne ma vie. Je persévère encore !

1. Dans cet extrait, relève les verbes conjugués et indique leur infinitif, groupe, mode et temps.
2. Dans quelle phrase le verbe présente-t-il le fait relaté comme achevé ? Comme non achevé ? Comme répétitif ?

Je retiens

● On désigne par le mot «**mode**» les catégories dans lesquelles sont rangées les formes verbales : **infinitif** (*venir/être venu(e)*), **indicatif** (*il vient*), **conditionnel** (*il viendrait*), **subjonctif** (*qu'il vienne*), **impératif** (*viens*), **participe** (*venu/venant*), **gérondif** (*en venant*).

● Le **temps** situe l'action par rapport au moment où l'on parle (dans le présent, le passé, le futur). Il peut être **simple** (*il part*) ou **composé** d'un auxiliaire et d'un participe passé (*il est parti*). Reporte-toi au tableau de conjugaison p. 160.

● L'**aspect** du verbe est la façon dont celui-ci présente le déroulement d'une action.
*Exemple : Je **suis venu** chercher du travail → Accompli.*
　　　　　*J'**entends** les cris et les sirènes → Non accompli (toujours en cours).*
　　　　　*Je **joue** aux dominos le dimanche → Répétitif.*

●●●●● Je m'entraîne

1. Recopie les phrases ci-dessous et souligne les formes verbales. Classe-les en deux colonnes : temps simples et temps composés. Indique le temps de chaque verbe.
Lorsque nous prîmes le bateau qui nous emmenait en Angleterre, nous avions décidé ce voyage depuis des mois. • J'aurais aimé pouvoir trouver du travail dans mon pays. • Penses-tu qu'ils ont survécu à leur périple ? • Il fut arrêté à la frontière du Mexique et des États-Unis.

2. Pour chacune des formes verbales suivantes, précise de quel mode il s'agit. Attention, plusieurs réponses sont possibles dans certains cas.
Entendu • en arrivant • essayons • être parvenu • travaillant • eûtes espéré • conquérir • aie souhaité • soyez.

3. Donne le temps de chacune de ces formes verbales. Trouve ensuite la forme simple correspondante et précise le temps auquel elle est conjuguée.
Eûmes terminé • serez parti • eus écrit • avons appris • aurais entendu • avait pu • s'est souvenu • aurai fini • avait félicité.

4. Classe tous les verbes conjugués de ce texte en trois colonnes, selon qu'ils présentent les actions comme accomplies, non accomplies ou répétitives.
Je vogue sur un bateau qui m'emmène en Europe. Pour ne pas sombrer, je pense à ma famille chaque jour. Mes cinq enfants sont restés au Cameroun car je ne pouvais pas les entraîner avec moi dans ce voyage incertain. Leur souvenir me tient chaud dans les moments de doute. Le navire continue sa longue route.

Le nom, ses déterminants et ses expansions

Je suis venu de mon lointain pays ■ • J'espère les retrouver tous en vie/Le jour de mon retour ■

1. Dans cet extrait, repère les noms.

2. Quels mots ou expressions les caractérisent ?

Je retiens

Le nom est le **noyau** du groupe nominal.

● Il peut être précédé d'un **article défini** (*le, les*), **indéfini** (*une, des*), **partitif** (*du, de la*) ; d'un **déterminant démonstratif** (*ce, ces*), **possessif** (*mon, leur*), **indéfini** (*certains, quelques*) ou **numéral** (*douze*).

● Les **expansions du nom** enrichissent son sens. On peut les supprimer. Elles peuvent être :

– un **adjectif qualificatif épithète** (*mes prunelles tranquilles*) ou **apposé** (*Épuisé, l'émigré s'est évanoui*).

– un **complément du nom** (*le jour de l'an*).

– une **proposition subordonnée relative** (*l'avion que je prends*).

● On trouve des expansions **descriptives** (*ma misérable maison*) ; **déterminatives**, c'est-à-dire non supprimables, qui permettent d'identifier un être ou une chose parmi d'autres (*les couleurs de la savane*) ; **explicatives** (*Vaincu par la soif, l'émigré s'est évanoui*).
CAUSE

🔘🔘🔘🔘🔘 Je m'entraîne

1. Relève les déterminants qui introduisent les noms soulignés et donne leur nature.

Exemple : Mon départ ➔ Mon : déterminant possessif.

Il existe une longue <u>tradition</u> d'immigration clandestine dans les <u>pays</u> européens, notamment depuis la fin de la Seconde Guerre mondiale. Ce <u>mouvement</u> s'est accéléré depuis quelques <u>décennies</u>, avec la dégradation des <u>conditions</u> de vie dans la plupart des pays africains. Cinq cent mille <u>immigrants</u> clandestins entrent chaque année en Europe, parmi lesquels un grand nombre d'Africains.

2. Relève uniquement les déterminants partitifs.
Je suis venu du Portugal pour trouver du travail. J'ai eu de la chance : j'ai trouvé tout de suite un travail dans le bâtiment. Avec du courage, je réussirai dans ce métier. J'ai un collègue de travail qui a réussi à se construire une belle maison avec le soutien de nombreux amis.

3. Relève les noms de ce texte puis indique, pour chacun d'eux, la nature des expansions qui le développent.
L'émigration est le fait de quitter son pays pour aller vivre temporairement ou définitivement dans un autre pays. Les causes de l'émigration peuvent être économiques (recherche de conditions de vie meilleures), personnelles (découverte de modes de vie qui sont étrangers au migrant) ou politiques (départ de son pays pour ses opinions ou à cause de la guerre).

4. Dans l'extrait suivant, souligne les noms puis relève et classe selon leur nature les déterminants et les expansions qui les développent.
Il n'y a pas un seul jour qui passe, sans que des centaines, voire des milliers d'Africains prennent le chemin d'un exil volontaire, laissant derrière eux leurs terres natales, leurs familles […] La jeunesse africaine ne veut plus supporter l'oisiveté forcée, due au manque de travail, et, bien entendu, la misère humiliante qui en résulte. […] Il n'y a pas en effet pire disgrâce et pire détresse humaine que la pauvreté.

« L'immigration vers l'Europe : un besoin pour les uns, un problème pour les autres », © Lecomte, medium4you.be.

5. Recopie les expansions des noms du texte de l'exercice 4 et indique si elles sont explicatives ou déterminatives. Explique tes réponses.

6. Voici le texte d'un énoncé extrait d'un manuel de mathématiques destiné à la classe de 3ᵉ.
Pour préparer différentes sortes de café, un importateur camerounais mélange les contenus de sacs de deux variétés locales : arabica et robusta. Les sacs qui contiennent la même variété de café ont tous le même poids. Avec deux sacs d'arabica et trois sacs de robusta, il obtient 9 kg d'un café très apprécié appelé Bon Arôme. Avec trois sacs d'arabica et un sac de robusta, il obtient 10 kg d'un café de moins bonne qualité appelé Le Bon Café. Combien pèse chaque sac de café arabica ? Et combien pèse chaque sac de robusta ?

a. Repère les expansions du nom contenues dans cet énoncé.

b. Quelles expansions peuvent être supprimées sans nuire à la compréhension de l'énoncé ? Explique ta réponse.

c. Quelles expansions sont indispensables à la résolution du problème posé ?

7. Ajoute des expansions aux noms soulignés en respectant les indications données entre parenthèses.
Exemple : Il veut que je vienne au <u>restaurant</u>… (complément du nom) ➔ Au <u>restaurant</u> du centre-ville.
Les <u>migrants</u> … (adjectif épithète) ont enfin pu se reposer dans un foyer d'accueil. • Après un <u>voyage</u> … (adjectif épithète), nous avons découvert un <u>pays</u> … (proposition subordonnée relative). • Ma <u>mère</u>, … (adjectif apposé), s'est mise à pleurer dans un <u>coin</u> … (complément du nom).

2 La confession d'Abdou Traoré

Le Petit Prince de Belleville est un roman de l'écrivaine camerounaise Calixthe Beyala. Dans cet extrait, Abdou Traoré confesse à un interlocuteur imaginaire sa nostalgie du pays et ses frustrations de travailleur immigré.

J'attends toujours. Vingt ans. Vingt années longues comme la tristesse.

Pourtant, là-bas sur cette terre qui ne nous appartient plus, le tam-tam murmurait. Les bouches soufflaient l'espoir : L'ar-
5 gent, l'argent ! Il est là dans ce paysage transparent au-delà des mers, au milieu des voitures, des lampadaires et des murs fêlés… Les bouches disaient : Il y a de l'argent, des millions à ramasser, partout, avec les mains, avec la tête, avec le cœur, avec les fesses… Il fallait se débrouiller. Débrouillez-vous !
10 La fortune a ouvert ses ailes, l'exil a commencé.

Je suis venu dans ce pays tenu par le gain, expulsé du mien par besoin. Je suis venu, nous sommes venus dans ce pays pour sauver notre peau, acheter le futur de nos enfants. Je suis arrivé, nous sommes arrivés par ballots avec, enfouie au
15 fond des cœurs, une espérance grosse comme la mémoire.

CALIXTHE BEYALA, *Le Petit Prince de Belleville*, © Albin Michel, 1992.

1. Qui raconte l'histoire ? À quelle personne ?

2. À quels procédés la romancière recourt-elle pour donner l'illusion de la réalité ?

3. Quels détails du texte informent sur la situation familiale et sociale de ce personnage ?

J'apprends à rédiger un récit réaliste.

Pour rédiger un récit réaliste, tu peux choisir :

• Un **mode de narration** : récit à la première ou à la troisième personne.

• Des **personnages** dotés de caractéristiques physiques, morales, psychologiques et sociales.

• Un **lieu** (région, ville, quartier) et une **époque** précis.

• Des **temps verbaux appropriés** : récit au présent → présent, futur, imparfait, passé composé ; **récit au passé** → alternance passé simple/imparfait, plus-que-parfait, futur dans le passé (conditionnel).

Je m'entraîne

1. On parle beaucoup de l'immigration africaine en Europe. On parle moins de celle d'autres peuples en Afrique, par exemple l'immigration chinoise. Recherche des informations sur le début de ce mouvement d'immigration des Chinois en Afrique, les raisons qui les poussent à immigrer et les secteurs d'activité dans lesquels on les trouve, les influences positives ou négatives que cette immigration entraîne. Rassemble ensuite les informations trouvées en un développement organisé, que tu présenteras à l'oral devant ta classe.

2. De quelle réalité de votre pays parleriez-vous si vous deviez écrire un roman réaliste ? En classe, établissez une liste de thèmes dans les domaines sociaux, politiques, économiques ou culturels. Sur l'un des thèmes trouvés, rédige un récit réaliste en t'appuyant sur les conseils donnés dans la leçon ci-contre.

3. Lis le texte ci-dessous.

Boubakar se met à marcher. Sans dire un mot. En montrant du doigt la direction de l'ouest. Il dit simplement : « Par là. » Je découvre, en le contemplant, qu'il boite de la jambe gauche. Je voudrais rire. Un homme tabassé et un boiteux marchent vers l'Algérie, le Maroc et l'Espagne. Sans rien sur le dos. Nous sommes deux silhouettes improbables et nous partons à l'assaut du monde infini. Sans eau. Sans carte. Cela fera rire les oiseaux qui nous survoleront.

Laurent Gaudé, *Eldorado*, © Actes Sud, 2006.

a. Qu'est-ce qui dans ce passage est de l'ordre du réalisme ? Qu'est-ce qui est de l'ordre du poétique ?

b. Qui sont ces personnages ? Que leur est-il arrivé à ton avis ?

c. Rédige un court récit réaliste dans lequel tu raconteras leur histoire.

4. Tu connais un immigré ou une famille d'immigrés. Évoque en une vingtaine de lignes leur quotidien. Termine ton texte en disant ce que tu penses de la vie qu'ils mènent.

5. Rédige, en une quinzaine de lignes, une suite au texte 2 (ci-contre). Tu devras pour cela :
– respecter les caractéristiques du texte (genre du texte, narrateur, époque et lieu du récit, personnages, temps verbaux) ;
– faire intervenir, si tu le souhaites, un nouveau personnage et ménager des rebondissements.

Étape **2**

Départs

- **Savoir :** L'information et le réel.
- **Savoir-faire :** Je sais rapporter un témoignage à la manière d'un journaliste.

Oral

Le savais-tu ?

L'immigration clandestine est le fait pour des étrangers d'entrer illégalement dans un pays et de s'y installer. Il existe une longue tradition d'immigration clandestine des Africains dans les pays européens, notamment depuis la fin de la Seconde Guerre mondiale. Ce mouvement s'est accéléré ces dernières décennies, avec la dégradation des conditions de vie dans la plupart des pays africains et l'absence de perspectives d'avenir pour les jeunes dans ces mêmes pays. On estime à environ 500 000 le nombre d'immigrants clandestins qui entrent chaque année en Europe, parmi lesquels un grand nombre d'Africains.

SOBA FILMS presente:
JOSEPHINE NDAGNOU - SERGE UZAN
DANIEL NLEND - MEIJI U'TUM'SI
MARTIN POULIBÉ

REPUBLIQUE
REPUBLIC O

PARIS A TOUT PRIX
UN FILM DE JOSEPHINE NDAGNOU

CHEF MONTEUSE : ANDREE DAVANTURE - DIRECTRICE DE PRODUCTION : ANNABEL THOMAS,
IMAGES : CLAUDE POUNTU NYINYI - SON : SOSTHÈNE FOKAM KAMGA, JOËL RANGON,
1ER ASSISTANT REALISATEUR : HERVÉ DJOUFACK - MUSIQUE ORIGINALE : JUSTIN BOWEN,
CHEF DECORATEUR : ABIASSI NYADO'O - COSTUMES : JEANNE NGONDAP NYEMB.

ORGANISATION INTERNATIONALE DE LA FRANCOPHONIE — camtel — CAMPOST CAMEROON POSTAL SERVICES — CRTV — Direction générale de la coopération internationale et du Développement — DgCiD A YAOUNDE

LA REGIONALE — COMITE DE COMPETITIVITE — CAMEROON AIRLINES — REGIE EPRAS — PMUC

J'observe l'image

1. Quelle est la nature de ce document ?

2. Décris précisément l'image (premier plan/arrière-plan).

3. Quelle pourrait être l'histoire des personnages représentés ? La femme au premier plan est-elle heureuse, à ton avis ?

4. À quoi renvoient les éléments textuels en bas de l'image ?

5. Que sous-entend l'expression « Paris à tout prix » ?

lecture

Journaliste et écrivain, Pierre Cherruau est chef du service Afrique de *Courrier international*. De ses nombreux voyages et reportages en Afrique il a tiré six romans : *Nena Rasta-quouère* (1997), *Lagos 666* (2000), *Nok en stock* (2004), *Ballon noir* (2006), *Chien fantôme* (2008) et *Togo or not Togo* (2008).

1

Barcelone ou la mort

Pierre Cherruau est un passionné de course à pied. Un jour qu'il court au large de l'océan, au Sénégal, il observe les pêcheurs...

Tout un symbole. Alors que je fais mes échauffements sur l'Île de Saint-Louis. À son extrémité sud, j'ai une superbe vue sur le quartier des pêcheurs de Guet Ndar, situé à quelques encablures[1]
5 de là. Je vois des centaines de pirogues peintes, alignées, comme des enfants sages en attendant la rentrée des classes. Mais les « pateras » (les pirogues) qui me font face ont des airs de défiance[2]. À leur proue cinglent[3] des drapeaux étrangers.
10 L'une fait claquer au vent les couleurs de la Catalogne[4], l'autre celles de l'Espagne. Derrière ce choix, il y a comme un défi. Une façon de dire, vous voyez nous sommes capables d'aller jusqu'en Espagne. Et c'est d'ailleurs là que nous irons un jour. Les jeunes
15 candidats à l'émigration ont d'ailleurs popularisé l'expression : « Barça ou Barsak ! (Barcelone ou la mort) ».

Les pêcheurs à qui j'ai parlé la veille se sont vantés d'être à l'origine de l'immigration clandestine par voie maritime. « C'est à Saint-Louis que l'on
20 trouve les meilleurs marins du Sénégal. Ce sont nos capitaines qui mènent les embarcations jusqu'en Espagne. Des hommes viennent de Dakar pour recruter nos marins. Quand les pirogues partent de Nouadhibou en Mauritanie à destination des Ca-
25 naries, ce sont encore nos capitaines qui sont à la barre », confie Dame, sous le regard approbateur des autres pêcheurs.

L'un d'eux ajoute : « De toute façon, nous n'avons pas vraiment le choix, si nous voulons
30 nourrir nos familles. Nous devons faire du transport d'immigrés. La pêche ne rapporte plus. Il y a de moins en moins de poisson sur les côtes sénégalaises. Les bateaux européens et asiatiques ont vidé l'océan. Et les Mauritaniens nous empêchent le plus
35 souvent de pêcher dans leurs eaux territoriales.[5] »

Avant de m'élancer, j'ai une pensée pour les pirogues. Les drapeaux grenat qui claquent au vent. Et puis, je pars. Un peu euphorique. Car c'est un temps idéal pour courir.
40 Un petit vent frais venu du large, de l'océan. Une température pas trop élevée. Rien à voir avec la touffeur de Louga[6]. Les Français n'avaient pas choisi par hasard la ville de Saint-Louis pour y installer leur capitale en Afrique occidentale. Construite sur
45 une île entre fleuve Sénégal et océan, Saint-Louis est l'une des cités où la température est la plus clémente en Afrique de l'Ouest.

Je tourne le dos aux pirogues et je cours le long du fleuve. Des gens m'encouragent. « C'est bien
50 toubab. C'est bien le Blanc ! » Comme si le fait qu'un Blanc soit capable de courir en étonnait plus d'un. Comme si le toubab n'était pas fait pour ce genre d'exercice.

J'arrive rapidement au pont Faidherbe, vieil et bel
55 ouvrage en fer forgé qui enjambe le fleuve Sénégal.

Le pont Faidherbe date de la colonisation. J'ai tout le temps de l'observer. Car il y a tant de monde à le traverser à pied que j'ai le plus grand mal à y courir. C'est l'axe central de la ville de Saint-Louis. Son
60 acier gris est rongé par la rouille. Au point que l'on se demande s'il ne veut pas sombrer corps et âme

dans les eaux grises et boueuses du fleuve Sénégal. D'autant qu'un flot incessant de véhicules poussifs[7] en tout genre l'empruntent en permanence. [...]

65 À mon retour sur le plancher des vaches[8], je peux reprendre une foulée normale. Je remonte la corniche. Une vue imprenable[9] sur l'océan. [...]

Dès que je quitte les bords de l'océan pour prendre la direction de l'université, je tombe au 70 milieu d'un rassemblement de moutons. Des milliers d'ovidés amenés à pied de Mauritanie pour être vendus au Sénégal. À Saint-Louis, les pasteurs maures font d'excellentes affaires.

Peu désireux d'acheter un mouton, je quitte les 75 troupeaux et me retrouve sur une route, ruban bitumé qui traverse des marécages. Elle mène à l'université Gaston Berger. Et à la Mauritanie dont l'harmattan, le vent chaud et rouge, me rappelle que déjà je suis aux portes du désert.

Pierre Cherruau, *Dakar-Paris au rythme des foulées et des rencontres*, « Sénégal : Barcelone ou la mort ! », *Le Magazine du Monde*, juin 2010, © Pierre Cherruau.

1. **À quelques encablures :** non loin de, à quelques centaines de mètres de. Encablure : ancienne mesure de longueur équivalant à environ 200 mètres utilisée dans la marine, puis pour estimer les petites distances.
2. **Défiance :** peur d'être abusé, méfiance.
3. **Cinglent :** battent.
4. **Catalogne :** communauté autonome d'Espagne (capitale : Barcelone).
5. **Eaux territoriales :** partie de la mer appartenant au territoire d'un pays.
6. **Louga :** ville du nord-ouest du Sénégal, située à 205 kilomètres de Dakar.
7. **Poussifs :** qui avancent avec peine.
8. **Plancher des vaches :** périphrase qui désigne le sol, la terre ferme.
9. **Vue imprenable :** paysage ou perspective qui n'est altéré(e) par aucune construction.

J'observe

1. Décris ce que tu vois sur cette image au premier plan, au second plan et à l'arrière-plan.
2. Que regardent les personnes qui y sont montrées ? D'après toi, qu'attendent-elles ? À quoi peuvent-elles penser ?

Je comprends

3. Choisis la bonne réponse :
   a. « Barcelone ou la mort » est :
      – le nom donné à l'une des pirogues alignées le long du fleuve.
      – une expression popularisée par les candidats à l'immigration clandestine.
   b. L'auteur de ce texte a rencontré des pêcheurs :
      – le matin même, juste avant de commencer la rédaction de son texte.
      – la veille du jour où il rédige son texte.
      – en compagnie de candidats à l'immigration clandestine.
   c. Les pêcheurs à qui le narrateur a parlé :
      – se plaignent des jeunes qui quittent massivement leur pays pour l'étranger.
      – sont contents d'aider les jeunes qui le souhaitent à immigrer clandestinement.
4. Quelle est l'activité économique traditionnelle des habitants de la région dont parle l'auteur ? À quelle nouvelle activité se livrent désormais ces habitants ?
5. Quelles raisons ces personnes donnent-elles pour justifier leur attitude vis-à-vis du phénomène de l'immigration clandestine ?

Je découvre

6. Quel est le thème principal de l'article ?
7. Quels différents lieux sont nommés dans le texte ? Sont-ils évoqués précisément ?
8. Repère les différents emplois des guillemets dans le texte. Quels éléments encadrent-ils ?
9. Quel est le temps verbal dominant dans le texte ? Pourquoi ?
10. L'auteur de l'article donne-t-il son avis sur le phénomène qu'il présente ? Pourquoi ?

Je retiens

● Le contenu d'un **texte journalistique** (quel que soit le support médiatique – presse écrite, radiophonique, télévisuelle ou encore blog) relève du réel : les lieux, les personnes et les événements décrits sont tous vrais. Le journaliste témoigne d'une réalité. Il donne donc aux lecteurs des réponses aux questions suivantes : **qui ? Quoi ? Quand ? Où ? Pourquoi ?** Par ailleurs, il donne la parole aux personnes concernées par les faits qu'il relate. Le reporter écrit au **présent d'actualité**, afin de saisir la réalité sur le vif.

vocabulaire

L'expression de la critique

Ils sont là, les autres expulsés. Les indésirables. [...] On doit nous compter. Comme des marchandises. ■

1. Par quels termes le narrateur désigne-t-il le groupe auquel il appartient ?
2. Que dénonce la comparaison ?
3. Qui désigne le pronom indéfini « on » ?

Je retiens

- La **critique** est un jugement défavorable et sévère que l'on porte sur quelqu'un ou sur quelque chose. Elle s'exprime au moyen :
  – d'un **vocabulaire dévalorisant** ➜ *intrus, expulsés, indésirables...*
  – d'**images à connotation péjorative** ➜ *Nous sommes traités comme des marchandises.*
  – de **formules** qui laissent transparaître les **sentiments de celui qui parle** (colère, frustration...).

Je m'entraîne

1. Forme des mots dérivés à partir des termes de la liste **a.** à l'aide de l'un des suffixes de la liste **b.** Quelle caractéristique commune présentent tous ces mots ?
Exemple : Papier ; –asse ➜ *paperasse.*
a. Vanter • pleurer • chauffeur • lourd • fer • mou • peuple.
b. -nicher • -aud • -asse • -ard • -aille • -ace.

2. Trouve quatre images chargées de connotations péjoratives et emploie chacune d'elle dans une phrase de ton choix.
*Exemple : Ce que nous avions le plus de mal à supporter dans ce centre était la promiscuité, nous étions entassés là, **pareils à du bétail**.*

orthographe

Les accords de « tout »

Tout candidat à l'immigration clandestine s'engage dans une aventure périlleuse. Il doit être prêt à jouer le tout pour le tout, et surtout à affronter toutes les difficultés du voyage. C'est pourquoi il est tout heureux d'atteindre son but.

1. Dans ce passage, distingue les différents emplois du mot « tout ».
2. Quelle remarque peux-tu faire sur son accord ?

Je retiens

- « **Tout** » s'accorde en genre et en nombre :
  – lorsqu'il est **déterminant indéfini**.
  *Exemples : **Tous** les jours, **toutes** les nuits.*
  – lorsqu'il est **pronom indéfini**.
  *Exemple : **Les passagers** du bateau ont été sauvés.*
  ➜ ***Tous** ont été sauvés.*

- « **Tout** » reste invariable :
  – lorsqu'il est un **nom** employé au singulier et précédé d'un article.
  *Exemples : Un **tout**. Le **tout**.*
  – lorsqu'il est un **adverbe** qui précède un adjectif qualificatif ou un autre adverbe.
  *Exemple : Elle est **tout** heureuse.*
  Attention ! Si cet adjectif est au féminin et commence par une **consonne**, « **tout** » s'accorde en genre et en nombre avec lui.
  *Exemple : Elles sont **toutes** bouleversées.*

Je m'entraîne

1. Précise la nature de « tout » dans chacune de ces phrases et explique son accord.
Les vêtements que portaient les naufragés à leur arrivée étaient tout déchirés. • Les femmes ont été toutes surprises de voir leurs maris parmi les clandestins présentés à la télévision. • Les gardes-côtes se sont rendu compte que les naufragés venaient tous du même pays. • Il y avait des passagers de tous âges. • Leur aventure s'est achevée tout près du but.

2. Le mot « tout » n'a pas été bien orthographié dans le texte ci-dessous. Corrige les erreurs.
Le passeur leur avait dit à tout : « Ne craignez rien. Je sais tous ce qu'il faut donner pour passer. Vous aurez juste à adopter une mine tout malheureuse lorsque les gardes vous adresseront la parole. Je me charge d'accomplir tout les formalités. » Mais ils avaient eu à subir le zèle de tout une troupe d'agents soupçonneux. Tout ceux qui se trouvaient dans la barque avaient été fouillés, même les tous-petits.

3. Complète chacune des phrases suivantes par la forme de « tout » qui convient puis précise sa nature.
Après avoir vu disparaître ... leurs sources de revenus, les pêcheurs se livrent au transport des émigrés clandestins. Ils ne sont pas ... à blâmer, car bien souvent c'est la pauvreté qui les pousse à mener cette activité. La journaliste était ... bouleversée en suivant leur histoire. Elle leur a promis qu'elle ferait ... son possible pour eux.

L'adjectif qualificatif

Un petit vent frais venu du large, de l'océan. Une température pas trop élevée. […] Construite sur une île entre fleuve Sénégal et océan, Saint-Louis est l'une des cités où la température est la plus clémente en Afrique de l'Ouest. ▪

1. Relève les adjectifs qualificatifs de cet extrait.

2. Lesquels sont liés au nom ? Lequels en sont séparés ?

3. Classe les adjectifs relevés en deux groupes, selon qu'ils expriment le jugement ou le sentiment du narrateur, ou bien une propriété de l'être ou de la chose ne dépendant pas d'un jugement du narrateur.

Je retiens

L'**adjectif qualificatif** (ou le participe passé employé comme tel) sert à **caractériser** le nom.

● Il peut avoir différentes fonctions :
– **épithète du nom** (liée ou détachée).
 *Exemple : **Interrogés**, les parents des immigrés **clandestins** parlent peu.*
– **attribut du sujet**, quand il est séparé du nom par un verbe attributif.
 *Exemple : Nous sommes **capables** d'aller jusqu'en Espagne.*

● Il **s'accorde en genre et en nombre** avec le nom qu'il caractérise.

● On distingue :
– les **adjectifs qualificatifs objectifs**, qu'on emploie pour attribuer au nom une propriété **objective**, indépendante de celui qui parle.
 *Exemples : Une salle **rectangulaire**. L'océan **Atlantique**.*
– les **adjectifs qualificatifs subjectifs**, qui traduisent les sentiments du locuteur, la façon dont il perçoit ce dont il parle (*une vue **superbe***). Ces adjectifs peuvent être employés au **comparatif** (*plus joli*) ou au **superlatif** (*très joli*).

Je m'entraîne

1. Remplace chaque proposition subordonnée relative par un adjectif.
Exemple : Un oiseau qui vit la nuit → *Un oiseau **nocturne**.*

Une décision que l'on ne peut pas comprendre • un bonheur que l'on ne peut pas décrire • des compétences que l'on a acquises à l'école • une petite fille qui a peur • des livres qui ne sont pas reconnus à leur juste valeur • un arrêté qui est rendu par le préfet.

2. Relève les adjectifs qualificatifs du texte et classe-les en deux groupes, selon qu'ils sont épithètes (liées ou détachées) ou attributs. Précise quel mot ils qualifient.
Ce personnage mystérieux était parti un jour de son quartier et y était revenu quelques mois plus tard, très riche, sans que personne ne connaisse l'origine d'une fortune aussi colossale. Certains disaient qu'il était mêlé à des activités peu recommandables. Il était transformé, bizarre même, avec des manières inhabituelles, comme celle, saugrenue, de s'asseoir le matin à une table dressée devant sa maison, où il prenait un malin plaisir à boire son café, les yeux cachés derrière des lunettes noires.

3. Complète chacun des groupes nominaux suivants par un ou deux adjectifs qualificatifs épithètes de ton choix que tu accorderas.
Une arrivée… • une joie… • une fin de voyage… • des compagnons de traversée… • des ambitions… • un choix de vie… • des comportements… • l'époque…

4. Emploie chacun des verbes suivants dans une phrase de ton choix, qui comportera obligatoirement un ou plusieurs adjectifs qualificatifs attributs. Reste dans le thème de l'immigration.
Exemple : Arriver → *Les immigrés clandestins sont arrivés épuisés et affamés à destination.*
Avoir l'air • demeurer • être considéré comme • passer pour • naître • se faire • se montrer • devenir • paraître.

5. Dans chacun des groupes nominaux suivants, repère l'adjectif qualificatif et précise s'il est objectif ou subjectif. Deux réponses sont possibles dans certains cas. Essaie ensuite de mettre chacun des adjectifs repérés au comparatif ou au superlatif. Quelle catégorie d'adjectifs peut être mise au comparatif ou au superlatif ?
Une compagnie aérienne • des revenus clandestins • de jeunes gens • des touristes étrangers • des sentiments étrangers à notre communauté • une fuite secrète • des êtres humains • des voies maritimes • une longue attente • des rayons solaires • un voyage périlleux • un discours rassurant • une rencontre tumultueuse • des senteurs sauvages • des passagers clandestins • des calculs numériques.

6. Relève les adjectifs du texte et indique s'ils sont employés au comparatif (d'infériorité, de supériorité ou d'égalité) ou au superlatif (relatif ou absolu).
Exemple : Ahmed est aussi grand que son frère.
 → *Comparatif d'égalité.*
Ewané et sa famille vivaient dans un tout petit appartement à Douala alors que leurs nouveaux employeurs, à Paris, étaient fabuleusement riches. Ces gens avaient le don de leur faire croire qu'ils étaient les plus chanceux des humains. Ewané n'avait jamais vu un endroit aussi beau avant. La demeure était vraiment très jolie. Et pourtant, le jeune homme la trouvait moins chaleureuse que son propre foyer, qui à ses yeux était plus enviable que tous les palaces du monde !

Savoir-faire

• Je sais rapporter un témoignage à la manière d'un journaliste.

2 Le charter de la honte

Né en 1966 au Congo-Brazzaville, Alain Mabanckou appartient à la nouvelle génération des écrivains africains. Dans cet extrait de Bleu Blanc Rouge, *il évoque l'expérience des Africains, expulsés d'Europe vers leurs pays par charters entiers…*

Ils sont là, les autres expulsés. Les indésirables. Je suis le dernier à gagner la cour, toujours escorté de mes deux hommes. On nous dit de nous mettre en rang. On doit nous compter. Comme des marchandises.

5 On compte les têtes. On se trompe. On recommence. On se trompe encore. On recommence de nouveau. On nous répartit par petits groupes. Non, par pays finalement. C'est mieux. Il paraît que c'est plus pratique. C'est pour éviter que ceux qui ne savent pas parler et comprendre le français ne se retrou-

10 vent dans un pays qui n'est pas le leur. Certains, d'ailleurs, revendiquent deux pays. D'autres ne se souviennent plus du leur. Tant pis, la mémoire leur reviendra dans le charter. Ils font tous semblant et, quand ils aperçoivent un nuage de leur contrée, une excitation soudaine s'empare d'eux […].

15 Je somnole sur l'épaule de mon voisin zaïrois.

Nous ne sommes plus au-dessus de la France depuis des heures.

La nuit est tombée. Le voyage va être plus long que lors de mon arrivée en France à cause des escales dans les capitales

20 africaines.

Je vais retourner à la case de départ.

J'en ris presque. Dans trois mois, la saison sèche s'abattra sur le pays. C'est la saison de l'effervescence juvénile. Le retour des Parisiens.

ALAIN MABANCKOU, *Bleu Blanc Rouge*, © Présence Africaine Éditions, 1998.

1. Quelles informations donne ce texte ?

2. Quels sentiments cela inspire-t-il au narrateur ?

3. Quels changements faudrait-il apporter à ce texte pour en faire un témoignage journalistique ?

> **J'apprends à rédiger un témoignage à la manière d'un journaliste.**
>
> **Pour rédiger un témoignage journalistique, tu peux :**
> • Rassembler sur le **fait**, les **lieux**, les **personnes concernées** des **informations véridiques**.
> • **Ordonner** clairement ces informations.
> • Écrire ton texte à la **1re personne** du singulier ou du pluriel.
> • **Donner la parole** aux personnes concernées.
> • Employer le **présent d'actualité** comme temps verbal dominant.

Je m'entraîne

1. L'attirance que l'Occident exerce sur la jeunesse africaine te paraît-elle justifiée ? Étant donné que beaucoup de tentatives d'émigration se soldent par des drames, que peuvent faire les pays africains pour combattre le phénomène de l'émigration clandestine ? Guidés par votre professeur, débattez en classe sur ce thème.

2. Une discussion s'est engagée en classe au sujet de l'utilisation des charters par les gouvernements européens pour renvoyer les immigrants clandestins africains chez eux. Pour certains de tes camarades, c'est une manière dégradante de traiter les ressortissants africains. Pour d'autres en revanche, ce moyen est tout à fait adapté à la situation. Laquelle de ces positions correspond à ton opinion ? Prends la parole devant la classe pour exposer et justifier ton point de vue. Énonce un argument et trouve au moins deux exemples pour l'illustrer.

3. Transforme le texte 2 (ci-contre) en un témoignage journalistique. Pour cela, réfléchis à tous les changements que tu devras y apporter. Tiens compte des conseils donnés dans la leçon ci-contre.

4. Observe l'image ci-dessous.

a. Imagine ce qui a pu arriver aux personnes que tu y vois et développe ton idée à l'oral devant tes camarades.

b. Rédige ensuite, à la manière d'un journaliste, un témoignage destiné à sensibiliser les jeunes sur les risques auxquels on s'expose en tentant d'émigrer clandestinement en Europe.

c. Imagine que tu es l'une des personnes secourues par les gardes-côtes. Rédige un témoignage à la première personne sur l'aventure que tes camarades d'infortune et toi venez de vivre.

d. Selon toi, laquelle de tes deux productions a le plus d'impact sur les lecteurs ? Explique ta réponse.

Émigration et désillusions

• **Savoir :** La description réaliste.
• **Savoir-faire :** Je sais raconter selon le point de vue d'un personnage.

Oral

Le savais-tu ?

L'Europe, principale destination des candidats à l'émigration clandestine, fait face à un nombre toujours croissant d'étrangers qui débarquent sur son territoire de façon illégale. Pour contrer ce mouvement, l'Union européenne a défini des politiques visant à garantir aux étrangers qui acceptent de retourner volontairement dans leurs pays une réinsertion harmonieuse. Un des aspects importants de ces politiques consiste en des aides financières permettant la réinstallation de ces étrangers dans leurs pays et la création d'une activité professionnelle.

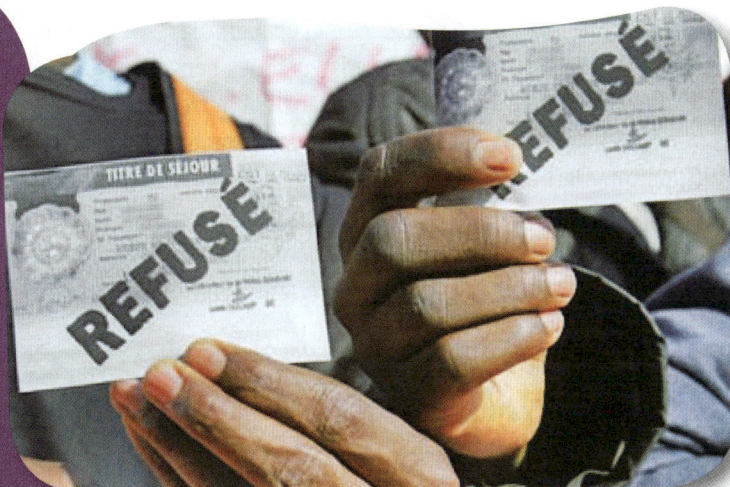

J'observe l'image

1. Quel lien peux-tu établir entre les deux images ci-contre ?

2. Comment comprends-tu le mot « REFUSÉ » sur la première image ?

3. En quel lieu se déroule la scène montrée sur la deuxième image ?

4. Selon toi, qui sont les personnes rassemblées au pied de l'avion ?

5. À quelle réalité renvoie cette photo ?

Né en 1944, l'écrivain marocain Tahar Ben Jelloun est également professeur et journaliste. Son œuvre comprend des recueils de poèmes (*Cicatrices du soleil*, *Les amandiers sont morts de leurs blessures*…), des romans (*Moha le fou, Moha le sage*, *La Prière de l'absent*, *La Nuit sacrée*…) et des essais (*Le Racisme expliqué à ma fille*).

1 « C'est cela Lafrance ? »

Ce texte est tiré du roman Les Yeux baissés *écrit par Tahar Ben Jelloun. L'auteur y campe le personnage d'une jeune Marocaine obligée de fuir son pays en compagnie de ses parents.*

Nous arrivâmes à Paris à l'aube. Le ciel était gris, les rues devaient être peintes en gris aussi, les gens marchaient d'un pas décidé en regardant par terre, leurs habits étaient sombres. Les murs étaient tantôt
5 noirs, tantôt gris. Il faisait froid. Je me frottais les yeux pour bien voir et tout enregistrer. Si mon frère avait été là, il aurait demandé avec son petit accent : « C'est cela Lafrance ? » Je pensais à lui en découvrant ce pays étranger qui allait devenir ma nouvelle patrie. Je re-
10 gardais les murs et les visages, confondus dans une même tristesse. Je comptais les fenêtres des maisons hautes. Je perdais le fil de mes calculs. Il y avait trop de fenêtres, trop de maisons les unes sur les autres. C'était tellement haut que mes yeux s'égaraient dans
15 les nuages. J'avais le vertige. Des dizaines de questions se bousculaient dans ma tête. Elles allaient et venaient, chargées de mystères et d'impatience. Mais à qui les poser ? À mon père qui était très fatigué, et qui ne pouvait répondre à la curiosité d'une enfant
20 recevant en plein visage de bon matin tout un monde auquel elle ne comprenait strictement rien ?

Durant le trajet, mon père n'avait pas dit un mot. Il y eut deux arrêts au bord de la route pour manger. Ma mère ne parlait pas non plus. Je sentais que ce
25 voyage était une fuite. Nous nous éloignions le plus possible du village. Mon père, généralement prudent, conduisait vite. On aurait dit que nous étions suivis ou pourchassés par une armée invisible commandée par ma tante. Moi, j'aimais cette vitesse. Dès que je
30 fermais les yeux, le visage de Driss m'apparaissait,

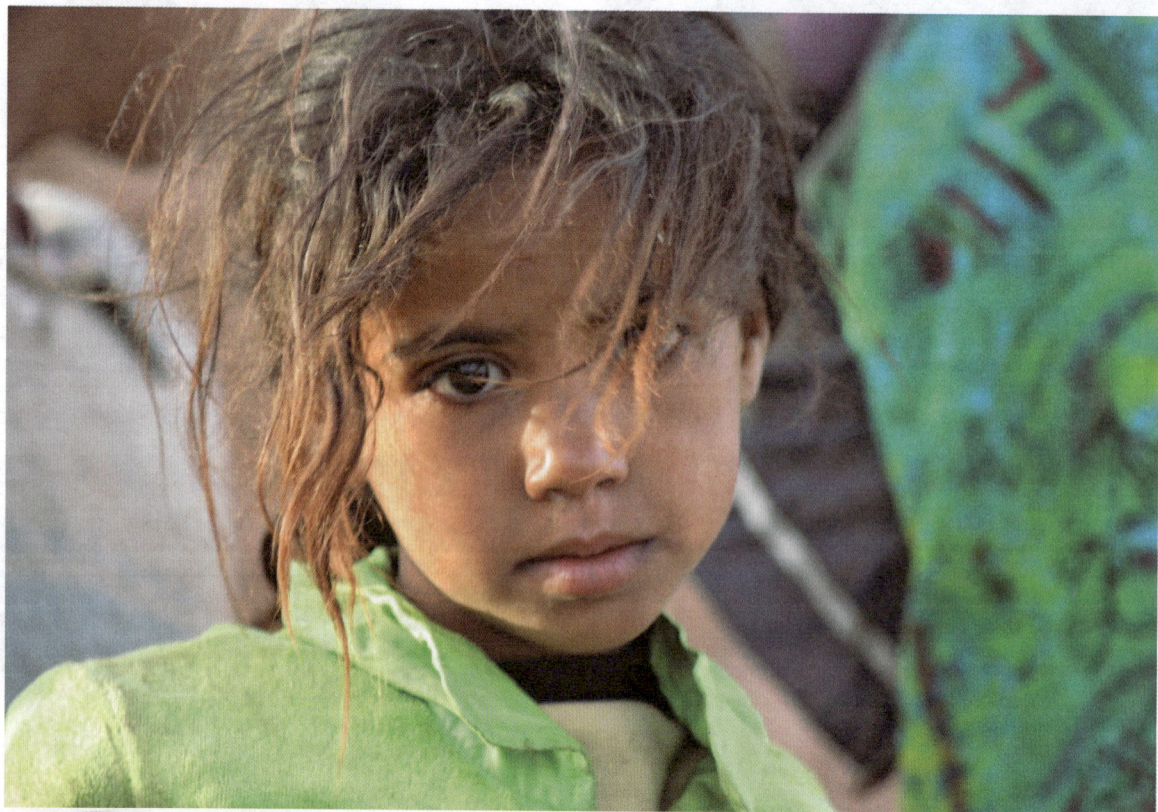

souriant ou pleurant, comme s'il nous reprochait de l'avoir abandonné au village. Je pleurais en silence, et je savais que mes parents devaient avoir les mêmes visions. Ma mère ne dormait pas. Elle ne quittait pas
35 des yeux mon père, qui ravalait ses larmes. […]

Notre installation se fit assez rapidement. Nous fûmes aidés par d'autres familles marocaines, ainsi que par Mme Simone, envoyée par la mairie pour nous faciliter les démarches administratives.

40 Grande, assez corpulente, le sourire facile, Mme Simone était notre fée et notre amie. Assistante sociale, elle essaya au début de nous expliquer sa fonction et son rôle, mais pour nous c'était un ange envoyé par Dieu pour nous accueillir dans cette ville où tout était
45 difficile. Elle parlait quelques mots d'arabe et nous disait qu'elle avait vécu et travaillé à Beni Melal[1].

Moi, j'étais rebelle. Je ne parlais qu'avec mes parents. Ma langue, c'était le berbère, et je ne comprenais pas qu'on utilise un autre dialecte pour com-
50 muniquer. Comme tous les enfants, je considérais que ma langue maternelle était universelle. J'étais rebelle, et même agressive, parce que les gens ne me répondaient pas quand je leur parlais. Mme Simone me disait des mots arabes qui étaient pour moi aussi
55 étranges que ceux qu'elle prononçait dans sa propre langue. Je me disais : elle ne m'aime pas puisqu'elle ne me parle pas berbère. Alors je crachais, je criais, je jetais par terre des objets.

Je n'étais ni gâtée ni difficile. J'étais assaillie de
60 choses nouvelles et je voulais comprendre. J'avais l'impression d'être devenue, du jour au lendemain, sourde-muette, jetée, et oubliée par mes parents dans une ville où tout le monde me tournait le dos, où personne ne me regardait ni ne me parlait. Peut-être
65 que j'étais transparente, invisible, que la couleur sombre de ma peau faisait qu'on me confondait avec les arbres. Je passais des heures à côté d'un arbre. Personne ne s'arrêtait. J'étais un arbre, disons un arbuste, à cause de ma petite taille et de ma mai-
70 greur. J'étais bonne pour servir d'épouvantail. Mais il n'y avait guère de champs de blé et encore moins d'oiseaux. Il y avait bien des pigeons, mais tellement mous et stupides qu'ils faisaient honte à leur tribu !

TAHAR BEN JELLOUN, *Les Yeux baissés,* © Éditions du Seuil, 1991, « Points », 1997.

1. Beni Melal : ville située dans le centre du Maroc.

J'observe

1. Quelle impression se dégage du regard de la fillette ?
2. Que ressens-tu en regardant cette photographie ?

Je comprends

3. Réponds par vrai ou faux :
   a. C'est en fin de journée que la narratrice et ses parents arrivent à Paris.
   b. La narratrice voyage en compagnie de son frère Driss.
   c. Mme Simone est la concierge de l'immeuble où la famille de la narratrice est logée.

4. À quels passages du texte correspondent les affirmations suivantes ?
   a. La narratrice ne sait pas auprès de qui obtenir des réponses aux questions qu'elle se pose.
   b. La narratrice ne souhaite s'exprimer que dans sa langue maternelle.
   c. La narratrice se sent complètement abandonnée par tout le monde.

5. À quels détails devine-t-on les circonstances dans lesquelles s'effectue ce voyage ?

6. Dans les deux derniers paragraphes du texte, repère deux difficultés auxquelles la narratrice se heurte dans son pays d'accueil.

7. Le comportement de la narratrice te semble-t-il compréhensible ? Explique ta réponse.

Je découvre

8. Quelle vision de la France a la narratrice dès son arrivée ?

9. Comment décrit-elle ce pays qu'elle ne connaît pas ? Quel champ lexical utilise-t-elle ?

10. Quels sont les autres personnages mentionnés dans le texte ? Relève et classe les détails donnés sur chacun d'eux.

11. Quels détails évoquent l'environnement dans lequel s'intègrent les personnages ?

Je retiens

● Dans un roman qui veut donner l'illusion du réel, l'auteur soigne particulièrement la **description** :
  – des **lieux**, sur lesquels il donne de nombreux détails précis.
  – des **personnages**, qu'il situe dans un **milieu social** facilement reconnaissable, et auxquels il donne un nom, un caractère, un métier.
  – de la **société** dans laquelle évoluent les personnages : celle-ci est représentée dans un contexte historique précis, avec des détails véritables.

vocabulaire

Le champ lexical de la tristesse

Je pleurais en silence, et je savais que mes parents devaient avoir les mêmes visions. Ma mère ne dormait pas. Elle ne quittait pas des yeux mon père, qui ravalait ses larmes. ■

1. Relève les mots et expressions qui expriment le sentiment des personnages.

2. Modifie ces phrases pour exprimer le sentiment contraire.

Je retiens

● La **tristesse** est une douleur morale pénible et durable.

● De nombreux termes permettent d'exprimer ce sentiment → *l'abattement, le chagrin, la peine, le tourment*… Certains ne sont employés que dans un niveau de langue soutenu → *le marasme, l'affliction, la torpeur*… D'autres expressions sont plus familières → *avoir le bourdon, avoir le cafard*…

● Le **tracas**, le **découragement** ou l'**inquiétude** sont de faible intensité, au contraire de la **détresse**, de l'**accablement** ou du **désarroi**.

Je m'entraîne

1. Complète les phrases à l'aide des mots suivants : *blessé, contrariété, nostalgie, amertume, neurasthénique*.

Endalé éprouve toujours beaucoup de … lorsqu'elle se souvient de son village, elle regrette ses jeux d'enfant. • Mon frère n'a pas quitté sa chambre depuis une semaine, les médecins le disent … . • Le bébé se met à pleurer à la moindre … . • Aissatou aime Michel mais il en a épousé une autre, elle en éprouve de l'… . • Tu as été … par cette remarque.

conjugaison

Le passé simple

Nous **arrivâmes** à Paris à l'aube. […] Notre installation **se fit** assez rapidement. Nous **fûmes aidés** par d'autres familles marocaines […]. ■

1. Quel est le point commun aux verbes en gras ?

2. Donne l'infinitif et le groupe de chaque verbe, ainsi que la voix (active ou passive) à laquelle il est conjugué.

Je retiens

● Au passé simple, les terminaisons des verbes varient en fonction de leur groupe :
– 1er groupe : **-ai, -as, -a, -âmes, -âtes, -èrent.**
– 2e groupe : **-is, -is, -it, -îmes, -îtes, -irent.**
– 3e groupe : **-us, -us, -ut, -ûmes, -ûtes, -urent**, à l'exception de certains verbes en **-ir** (*partir*) et en **-re** (*vendre*) : **-is, -is, -it, -îmes, -îtes, -irent.**

● Le radical des verbes en **-eindre, -aindre, -oindre, -oudre** est modifié au passé simple :
– Peindre → *je peignis*.
– Craindre → *je craignis*.
– Joindre → *je joignis*.
– Résoudre → *je résolus*.

● D'autres verbes changent de radical au passé simple :
– Être → *je fus*.
– Avoir → *j'eus*.
– Savoir → *je sus*.

● Reporte-toi au tableau de conjugaison p. 160.

Je m'entraîne

1. Conjugue les verbes suivants au passé simple à la 1re personne du singulier et aux 1re et 3e personnes du pluriel.

Choisir son chemin • abattre un arbre • faire des pirouettes • vivre de ses rentes • devenir triste • accroître ses bénéfices • prendre une décision • pouvoir marcher la tête haute • coudre un vêtement • peindre un paysage.

2. Conjugue les verbes entre parenthèses au passé simple.

L'annonce de leur départ (plonger) la jeune fille dans une profonde tristesse. Comme son petit frère ne devait pas faire partie du voyage, elle (vouloir) passer ses derniers instants au pays avec lui. Ce (être) lui qui (venir) la réveiller au petit matin. Il lui (apporter) une cuvette d'eau pour sa toilette, mais n'(avoir) pas le courage de lui adresser la parole.

3. Même consigne.

Dès que la voiture (emprunter) le sentier qui menait vers la grande route, la jeune fille ne (pouvoir) retenir ses larmes. Assise seule sur la banquette arrière, elle (garder) obstinément le regard fixé sur la maison familiale, qui bientôt (disparaître) à l'horizon. Sa mère s'en (rendre) compte et, d'une voix pleine d'amour et de tendresse, lui (promettre) qu'elle reviendrait vite chercher son petit frère. L'enfant (comprendre) par ce geste que sa mère partageait sa peine. Un peu apaisée, elle s'(endormir) presque aussitôt.

Les compléments essentiels du verbe

La bouche métropolitaine vomissait **des hordes d'employés hagards,** robots de cire téléguidés qui gravissaient **les escaliers** sans même s'apercevoir **de sa présence** […]. ■

1. Précise la nature et la fonction de chaque groupe de mots en gras.

2. Ces groupes de mots peuvent-ils être supprimés ? Pourquoi ?

Je retiens

● Le verbe peut être suivi d'éléments qu'on ne peut ni supprimer ni déplacer sans modifier le sens de la phrase. Ce sont les **compléments essentiels** du verbe.

● On distingue :
– le **complément d'objet direct** (COD) : il complète, sans préposition, des **verbes transitifs directs.**
Exemple : Je me frottais *les yeux.*
– le **complément d'objet indirect** (COI) : il complète des **verbes transitifs indirects** par l'intermédiaire d'une préposition.
Exemple : Il pensait *à s'en aller.*
– le **complément d'objet second** (COS) : il complète un **verbe transitif direct ou indirect** déjà accompagné d'un **premier complément (COD ou COI).**
Exemple : Les pêcheurs louent leurs embarcations *aux passeurs.*

● Certains verbes sont obligatoirement suivis de **compléments essentiels de lieu.**
Exemples : Je vais *à Dakar.* J'habite *en ville.*

● Les **attributs du sujet** sont des constituants essentiels de la phrase : on ne peut pas employer sans attribut les verbes d'état comme «être», «paraître», «sembler»…

● Les compléments essentiels du verbe peuvent avoir différentes natures : **GN, infinitif, proposition subordonnée** ou **pronom personnel.**

Je m'entraîne

1. En t'aidant d'un dictionnaire, dis si les verbes suivants sont transitifs directs ou transitifs indirects. Emploie ensuite chacun d'eux dans une phrase.

Plaire • agréer • convenir • préférer • adopter • contenir • dominer • définir.

2. Complète chacune des phrases suivantes à l'aide d'un complément essentiel de la nature donnée entre parenthèses.

Chaque jeune Africain rêve… (groupe infinitif) • Amina pensait sans cesse… (groupe nominal prépositionnel) • Le médecin a révélé… (GN + GN prépositionnel) • Tous les voisins de son quartier se souviennent de… (pronom personnel) • Les candidats à l'émigration clandestine se rendent… (GN prépositionnel) • Ces gens … (pronom personnel) ont offert tout ce qu'ils avaient. • Ils mesurent tous… (GN) de leur entêtement. • Interrogés par la police, les rescapés ont révélé… (proposition subordonnée)

3. Emploie chaque verbe dans deux phrases où il sera transitif direct puis transitif indirect.
Exemple : Passer ➜ Les réfugiés **ont passé** la frontière. Le professeur
                                  Transitif direct
              passe sur toutes les erreurs commises par ses élèves.
      Transitif indirect

Tenir • souffrir • compter • assurer • manquer • veiller.

4. Emploie chaque verbe dans une phrase où il sera suivi d'un complément essentiel.
Exemple : Compter ➜ Cet athlète **compte** plusieurs trophées à son palmarès.

Durer • se rendre • valoir • peser • aller • se trouver.

5. Indique la nature et la fonction de chacun des groupes de mots soulignés.
Exemple : Je pense <u>à mon départ</u>. ➜ Nature : GN prépositionnel ; fonction : COI.

La jeune fille souhaitait <u>exprimer sa déception</u>. • L'enfant était plongé dans ses pensées mais ses parents ne <u>le</u> regardaient pas. • Le voyage avait duré <u>plus de dix heures</u> et personne n'avait vu <u>le temps passer</u>. • L'enfant voulait seulement <u>qu'on réponde à ses multiples questions</u>. • Personne ne pensait vraiment <u>à lui</u>.

6. Repère les compléments essentiels du verbe. Précise ensuite pour chacun sa nature et sa fonction.
Exemple : La jeune fille n'osait pas adresser <u>la parole</u> <u>à son père</u>.
                                  GN, COD   GN, COS

Ma langue, c'était le berbère, et je ne comprenais pas qu'on utilise un autre dialecte pour communiquer. Comme tous les enfants, je considérais que ma langue maternelle était universelle. J'étais rebelle, et même agressive, parce que les gens ne me répondaient pas quand je leur parlais. Mme Simone me disait des mots arabes qui étaient pour moi aussi étranges que ceux qu'elle prononçait dans sa propre langue. Je me disais : elle ne m'aime pas puisqu'elle ne me parle pas berbère. Alors je crachais, je criais, je jetais par terre des objets. ■

2 Une ville malade

Je vous souhaite la pluie est le premier roman d'Élizabeth Tchoungui. Dans cet extrait, l'écrivaine livre les premières impressions de l'héroïne sur son nouveau cadre de vie.

Le cœur malade de Paris battait trop vite. Lorsque Ngazan s'engouffrait dans le métro, vers 18 heures, pour le service du soir au Voodoo Lounge, elle était à contresens. La bouche métropolitaine vomissait des hordes[1] d'employés hagards, robots
5 de cire téléguidés qui gravissaient les escaliers sans même s'apercevoir de sa présence, et qui l'auraient probablement écrasée comme une fourmi si elle n'avait pas croisé ses bras devant elle en un bouclier de fortune.

Et puis il y avait les serveurs rogues[2] au café, qui jetaient la
10 monnaie sur la table sans un sourire ni un merci. Les chauffeurs de taxi bougons[3], qui, lorsqu'elle prenait place dans leur véhicule qui empestait la transpiration, le tabac froid et le poil de chien mouillé, lui jetaient un regard soupçonneux et crachaient : « Je vous préviens tout de suite je ne vais pas en
15 banlieue. » Les mal lunés des grandes villes, toujours prêts à lâcher un scud[4] raciste. Comme cette sexagénaire en apparence respectable dans le bus 95, qui, alors que Ngazan n'avait même pas remarqué sa présence, plongée dans le dernier livre de Toni Morrison, marmonna assez fort pour
20 qu'elle l'entende :

– Et en plus ça s'assied sur les places réservées aux personnes âgées ! Chez elle, elle mourrait de faim et elle ferait moins la maligne, cette noiraude !

ÉLIZABETH TCHOUNGUI, *Je vous souhaite la pluie*, © Plon, 2006.

1. **Hordes** : bandes nombreuses, souvent violentes.
2. **Rogues** : arrogants, méprisants.
3. **Bougons** : grincheux, grognons.
4. **Scud** : Missile soviétique. Au sens figuré, remarque désagréable.

1. Quels détails donnent à ce texte un caractère réaliste ?
2. Quels personnages types sont décrits dans ce texte ?
3. Quels termes négatifs l'auteur utilise-t-elle ?

J'apprends à raconter selon le point de vue d'un personnage.

Tu peux adopter le point de vue d'un personnage en :
• Définissant les **personnages** auxquels l'histoire que tu racontes est arrivée et en précisant le **rôle joué par chacun d'eux**.
• Choisissant le **personnage** à travers le regard et les pensées de qui les faits seront perçus.
• Déterminant le **regard** que celui-ci va porter sur les événements : positif (vocabulaire **mélioratif**) ou négatif (vocabulaire **péjoratif**).
• Utilisant des **verbes de perception**.

Je m'entraîne

1. Cette photographie montre de jeunes immigrés clandestins attendant dans un camp de rétention leur renvoi dans leurs pays d'origine.

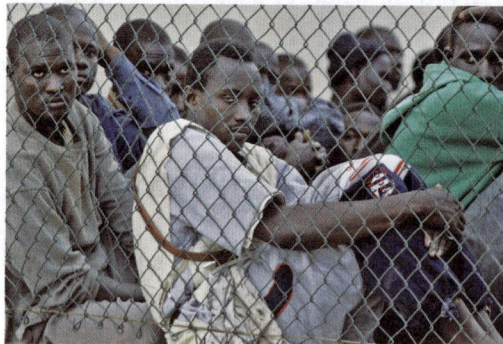

a. À l'oral, formule des hypothèses sur l'histoire de ces hommes : que peuvent-ils voir à travers le grillage ? Quel jugement portent-t-ils vraisemblablement sur ce qui leur arrive ? Sur les gens qui les entourent ?
b. À partir des hypothèses formulées, rédige une description de ce que ces hommes voient derrière le grillage.

2. À l'oral, transforme le texte 2 (ci-contre) en un récit à la première personne. Quels passages du texte ne subissent aucune modification ? Compare le texte obtenu avec le texte de départ. Quelle relation s'établit entre la narratrice et le lecteur du fait de l'emploi de la première personne ?

3. Récris le texte 2 (ci-contre) en transformant le regard négatif de la narratrice en regard positif.

4. Lis le texte ci-dessous.
Fatou Diome est une jeune Sénégalaise arrivée depuis peu en France. Pour financer ses études à l'université, elle se présente pour un emploi de baby-sitter.
– Toi en France, combien de temps ? »
Pour corroborer l'image idiote qu'elle se faisait de moi, je me contentai d'indiquer le mois.
– Janvier, madame. »
Elle se tourna légèrement vers sa fille pour donner l'impression de ne pas parler de moi et dit avec une moue de dédain :
– Avec ça on est bien avancé ma fille. »

Fatou Diome, « Le visage de l'emploi », in *La Préférence nationale et autres nouvelles*, © Présence Africaine Éditions, 2001.

a. Qui raconte l'histoire ?
b. À quelles difficultés se trouve confrontée la narratrice ? Explique ta réponse.
c. Rédige en une vingtaine de lignes la suite ou bien le début de cette histoire, en adoptant le point de vue de la jeune fille.

L'Ici et l'Ailleurs

Compétence citoyenne : Comprendre le phénomène de l'émigration.

Compétence disciplinaire : Analyser et produire des récits réalistes.

Étape **4**

Intégrations réussies

- **Savoir :** L'autobiographie.
- **Savoir-faire :** Je sais raconter une expérience personnelle.

Oral

Le savais-tu ?

S'intégrer, c'est s'adapter au mode de vie d'un pays étranger. Les difficultés d'intégration peuvent être d'ordre **racial** (différence de couleur de la peau), **linguistique** (ignorance de la langue du pays d'accueil), **culturel** (méconnaissance des habitudes, des modes de vie propres au pays d'accueil), **économique** (on n'a pas d'argent et on ne peut donc pas s'intégrer dans la vie économique). Mais parfois, de ces difficultés naissent des personnalités riches et complexes, au parcours plein de réussite.

Naomi Campbell est une top model britannique d'origine jamaïquaine et chinoise.

Adama Amanda Ndiaye, alias Adama Paris, styliste sénégalaise, s'est installée à Paris.

J'observe l'image

1. **Quel point commun ont ces quatre personnalités ?**

2. **Dans quels secteurs d'activité évoluent-elles ?**

3. **En quoi ces personnalités ont-elles réussi leur intégration ?**

4. **Connais-tu d'autres personnalités qui ont réussi à l'étranger ?**

5. **Quelles difficultés peut-on rencontrer en allant vivre dans un pays étranger ?**

6. **Quels bénéfices peut-on tirer en allant vivre ailleurs ?**

Manu Dibango, saxophoniste camerounais, vit en France.

Malamine Koné, fondateur de la marque Airness, est né au Mali et habite en France.

Note sur l'auteur

Waris Dirie est un ancien mannequin d'origine somalienne. Excisée selon la tradition, elle s'enfuit de son pays à l'âge de 13 ans pour échapper à un mariage forcé avec un vieillard. À Londres, elle rencontre un photographe de mode. C'est le début de sa carrière, qu'elle raconte dans son autobiographie, *Fleur du désert*.

L'homme à la queue de cheval

1

Dans cet extrait, la narratrice évoque sa rencontre avec le photographe de mode qui va changer sa vie…

Cela faisait deux ans que je vivais à Londres et je devais avoir environ seize ans. Je m'étais suffisamment adaptée à la vie occidentale pour savoir que nous étions en 1983.

5 Cet été-là, une sœur de l'oncle Mohammed est morte en Allemagne, laissant une petite fille. Sophie est venue vivre avec nous, et mon oncle l'a inscrite à la All Souls Church School. Chaque matin, en plus de mon travail quotidien, j'accompagnais Sophie à 10 l'école qui se trouvait à quelques rues de là.

Un jour, nous nous dirigions tranquillement vers le vieux bâtiment de brique quand j'ai remarqué un homme étrange qui me regardait. C'était un Blanc d'une quarantaine d'années coiffé avec une queue 15 de cheval. Il m'observait sans se cacher et avait l'air assez sûr de lui. Après avoir quitté Sophie à la porte de l'école, il est venu vers moi et m'a parlé. Je ne comprenais pas l'anglais et je n'avais pas la moindre idée de ce qu'il me racontait. Effrayée, sans même 20 lui jeter un regard, j'ai couru jusqu'à la maison. Le même manège s'est répété souvent : je quittais Sophie, l'homme à la queue de cheval m'attendait, essayait de me parler, et je m'enfuyais.

[…] Un jour que j'étais arrivée un peu en retard, 25 Sophie m'attendait devant l'école en compagnie d'une autre fillette. Elle m'a dit fièrement :

— Waris, c'est mon amie !

À côté d'elles se tenait l'homme à la queue de cheval, celui qui m'ennuyait obstinément depuis 30 presque un an.

Sans le quitter des yeux, j'ai dit vivement à Sophie :
— Viens vite, partons !

Mais l'homme s'est penché vers elle et lui a murmuré quelque chose à l'oreille. Sophie comprenait
35 l'anglais, l'allemand et le somali. Je lui ai pris la main :
— Allons, Sophie, viens ! Ne restons pas à côté de cet homme. […]

Un matin, peu de temps après cette rencontre, alors que j'avais accompagné Sophie à l'école
40 comme d'habitude, que j'étais rentrée à la maison et que je me trouvais au premier étage, en train de faire le ménage, on a sonné à la porte d'entrée. Je descendais déjà les escaliers, quand tante Maruim est allée ouvrir. Cachée derrière la rampe, j'avais du
45 mal à croire ce que je voyais : M. Queue-de-cheval se tenait sur le pas de la porte. Il devait m'avoir suivie. J'ai tout de suite pensé qu'il était venu raconter des histoires à ma tante, lui dire par exemple que j'avais fait quelque chose de mal : volé, flirté ou
50 même couché avec lui. Ils ont parlé un moment, et j'ai vu que tante Maruim avait l'air furieuse.

En remontant les escaliers, je me sentais malade et je me demandais ce qu'il pouvait bien lui dire mais, très vite, j'ai entendu la porte d'entrée cla-
55 quer. Je me suis précipitée vers ma tante qui partait comme une flèche en direction de la cuisine.
— Qui était cet homme ?

— Je ne sais pas. Il m'a dit qu'il t'avait suivie et m'a raconté une histoire absurde… il voulait
60 prendre une photo de toi.

Elle m'a observée attentivement.

— Ma tante, je ne lui ai pas dit de faire ça ! Je ne lui ai jamais parlé…

— Je le sais, et c'est pourquoi il est venu ici. Re-
65 tourne travailler et ne pense plus à tout ça. Je me suis occupée de lui.

Elle s'est éloignée, refusant de me donner plus de détails sur leur conversation, mais le fait de la voir tellement en colère m'a fait croire que cet
70 homme avait de mauvaises intentions. J'étais bouleversée, et je n'ai plus reparlé de cet incident.

À partir de ce moment-là, l'homme à la queue de cheval ne m'a plus adressé la parole.

Waris Dirie et Cathleen Miller, *Fleur du désert,* traduction française
Josiane et Alain Deschamps, Albin Michel, 1998.

J'observe

1. Comment la fillette est-elle mise en valeur sur la photographie ?

2. En quoi cette photographie peut-elle illustrer le texte ?

Je comprends

3. Choisis la bonne réponse :
   a. La narratrice :
   – est inscrite à la All Souls Church School.
   – est bonne à tout faire dans une famille somalienne.
   – est inscrite dans une école de mannequins.
   b. La narratrice refuse de parler à l'homme à la queue de cheval :
   – parce qu'elle est intimidée par sa coiffure.
   – parce qu'il lui a manqué de respect.
   – parce que c'est un inconnu et qu'elle ne sait pas quelles sont ses intentions.

4. Quel est le souvenir évoqué dans cet extrait ?

5. Qu'est-ce que la narratrice pense que cet homme a raconté à sa famille ?

6. Quels sont les personnages en présence ? Précise leur rôle dans ce souvenir.

7. Quels sentiments successifs la narratrice éprouve-t-elle à l'époque où se déroulent ces événements ?

8. Relève trois passages du texte où la narratrice commente les événements ou ses sentiments passés

Je découvre

9. Qui est l'auteur de ce texte ? À quelle personne est-il rédigé ? Qui en est le narrateur ? De qui parle-t-on ?

10. À quel moment de la vie de l'auteur se situent les événements racontés ?

11. À ton avis, pour quelle raison Waris Dirie a-t-elle tenu à raconter ce moment de sa vie en particulier ?

12. De façon plus générale, et en t'appuyant sur les éléments donnés dans la présentation de l'auteur, trouve deux raisons qui l'ont poussée à écrire son autobiographie.

Je retiens

● Une **autobiographie** est le récit de sa propre vie par un auteur, à la 1re personne (l'**auteur** est donc le **narrateur** et le **personnage principal** du récit). Les faits rapportés sont réels, mais l'auteur fait un choix et peut taire certains événements.

● On écrit son autobiographie pour **faire revivre des souvenirs** personnels ; comprendre comment s'est **formée sa personnalité** ; **communiquer son expérience** à d'autres ; **justifier** ce qu'on est et ce qu'on a fait ; apporter un **témoignage** dans le cadre d'événements historiques ; **dénoncer** une situation dont on a été victime.

vocabulaire

Le champ lexical du souvenir

Pour écrire son autobiographie, Waris Dirie s'est rappelé les événements marquants de son passé. Grâce à sa mémoire, elle peut revivre, avec beaucoup d'émotion, différentes époques de sa vie.

1. Quel lien vois-tu entre les mots et groupes de mots soulignés ?

2. Quel genre littéraire fait appel à ce champ lexical ?

Je retiens

● Le champ lexical du **souvenir** regroupe un ensemble de mots de natures différentes :
– Des **verbes** → *se rappeler, se remémorer, garder en mémoire…*
– Des **noms** désignant des époques de la vie (*l'enfance, la jeunesse…*) ou des sentiments (*remords, nostalgie, attendrissement…*).
– Des **adjectifs** qualifiant le souvenir (*émouvant, vivace…*) ou l'enfant qu'on a été (*capricieux, casse-cou, enthousiaste, sage…*).

Je m'entraîne

1. Trouve dans chaque liste le mot intrus.
a. Garder en mémoire • se remémorer • se décourager • revivre • évoquer.
b. Souvenir • perturbation • réminiscence • commémoration • rappel • évocation.
c. Indélébile • ineffaçable • inoubliable • national • gravé • marquant.
d. À présent • le jour de mes dix ans • peu de temps après • cet après-midi-là • à la veille du Nouvel An • dès cet instant-là.

2. Rédige un court texte d'une dizaine de lignes qui présentera ton plus beau souvenir d'enfance en employant le plus possible de mots tirés de la leçon ci-contre.

orthographe

L'accord du participe passé

Un jour, il m'a **fait** peur en apparaissant soudain à côté de moi, et m'a **tendu** une carte. Je l'ai **enfouie** dans ma poche et je suis **rentrée** précipitamment à la maison, la tête **baissée**.

1. Qu'ont en commun les mots en gras ?

2. De quelle manière chacun d'eux est-il accordé ?

Je retiens

● Le participe passé **s'accorde** en genre et en nombre :
– **avec le nom auquel il se rapporte**, quand il est employé comme adjectif qualificatif → *Les vêtements détrempés.*
– **avec le sujet**, quand il est conjugué avec « **être** », à la voix active ou passive → *Sophie a été inscrite à l'école.*
– avec le **COD** si celui-ci est placé avant le verbe et si le verbe est conjugué avec « **avoir** » → *Mon oncle l'a inscrite à l'école. J'ai la carte de visite qu'il m'a remise.*

● Le participe passé conjugué avec « **avoir** » ne s'accorde jamais :
– **avec le sujet** → *Sophie a couru.*
– **avec le COD** s'il est placé après le verbe → *Elle m'a raconté des histoires.*

Je m'entraîne

1. Mets les verbes de ces phrases au passé composé. Accorde le participe passé lorsque c'est nécessaire.

Les deux enfants quittent le salon et se réfugient dans leur chambre. • Quelle triste histoire que celle qu'on me raconte ! • Ces craintes, elle les exprime toujours. • La peur rend la jeune fille méfiante. • En l'absence de sa femme, l'homme s'assied près de la porte et l'attend. • Elle se rend compte de la peine qu'elle cause à ses parents.

2. Dans chacune des phrases suivantes, remplace le COD souligné par un pronom personnel. Accorde le participe passé lorsque c'est nécessaire.
Exemple : Les voleurs ont pillé les boutiques.
   → Les voleurs **les** ont pillées.
Adama Paris a réussi sa carrière de styliste. • Ces quatre personnalités africaines ont réussi leur intégration sociale. • Waris Dirie a fui son pays. • À Londres, elle a vécu des moments difficiles. • Le premier jour, l'homme lui a donné une carte de visite.

3. Relève tous les participes passés de cet extrait et justifie leur accord.
Exemple : Ces hommes, je les ai vus. → « Vus » s'accorde au masculin pluriel avec le pronom personnel « les », qui remplace « ces hommes » et est placé avant le verbe.
Je descendais déjà les escaliers, quand tante Maruim est allée ouvrir. Cachée derrière la rampe, j'avais du mal à croire ce que je voyais : M. Queue-de-cheval se tenait sur le pas de la porte. Il devait m'avoir suivie. J'ai tout de suite pensé qu'il était venu raconter des histoires à ma tante, lui dire par exemple que j'avais fait quelque chose de mal : volé, flirté ou même couché avec lui. Ils ont parlé un moment, et j'ai vu que tante Maruim avait l'air furieuse. ■

Les compléments circonstanciels ou compléments de phrase

Un matin, peu de temps après cette rencontre, alors que j'avais accompagné Sophie à l'école comme d'habitude, que j'étais rentrée à la maison et que je me trouvais au premier étage, en train de faire le ménage, on a sonné à la porte d'entrée. ▪

1. Quels éléments de la phrase peuvent être déplacés ou supprimés ?

2. Quel type d'informations ces éléments apportent-ils à la phrase ?

Je retiens

● Les compléments **circonstanciels** ou **compléments de phrase** complètent l'ensemble de la phrase et non pas uniquement le verbe. La plupart du temps, ils peuvent être **déplacés** ou **supprimés**.
Exemple : En remontant les escaliers, je me sentais malade.

● Ils peuvent appartenir à **différentes classes grammaticales** : GN prépositionnel, gérondif, proposition subordonnée, adverbe, participe (passé ou présent)…

● Dans un texte **narratif**, ils marquent le **déroulement** des événements autant que les circonstances de **temps**, de **lieu**, de **but**, de **cause**, de **manière**, de **conséquence** et de **condition** dans lesquelles ils se sont passés.
Exemple : Une sœur de l'oncle Mohammed est morte cet été-là → Complément circonstanciel de temps.

Je m'entraîne

1. Dans chacune des phrases suivantes, indique si le complément souligné est complément essentiel ou complément circonstanciel.
Exemple : Ses parents viendront la voir après les vacances.
→ Complément circonstanciel.

Les amis de Momar sont rentrés hier soir. • L'étranger a frappé avec précaution à notre porte. • La conversation a duré quelques minutes. • Le cœur battant et la peur au ventre, la jeune fille a descendu les escaliers. • Sans cesser de regarder le mystérieux étranger, elle a répondu aux questions de ses parents.

2. Relève les compléments circonstanciels contenus dans ces phrases. Indique ensuite la nature de chacun d'eux, puis la circonstance exprimée.
Parce qu'il avait peur d'être consigné, l'élève en retard n'a pas osé se présenter. • Ayant vu la police entrer dans sa maison, le jeune délinquant a pris ses jambes à son cou. • Chaque matin, elle accompagnait Sophie à son école, à pied. • Il a quitté la ville pendant un mois, pour des vacances bien méritées.

3. Réponds par écrit à chacune des questions suivantes. Dans les phrases obtenues, souligne le complément circonstanciel et précise la circonstance exprimée.
Exemple : Où passeras-tu tes prochaines vacances ? → Je passerai mes prochaines vacances dans mon village.
→ Complément circonstanciel de lieu.
Pourquoi la jeune fille avait-elle peur de l'homme à la queue de cheval ? • Dans quel but voulait-il absolument la rencontrer ? • À quel moment s'est-il rendu chez la jeune fille ? • Comment la tante de la jeune fille l'a-t-elle accueilli ?

4. Indique quelles circonstances expriment les groupes nominaux soulignés.
Exemple : Malgré sa peur, elle a accepté de lui tendre la main.
→ Opposition.
Dès son retour à la maison, elle s'est précipitée dans sa chambre. • Pour réussir sa carrière de mannequin, elle a dû vaincre sa timidité. • La jeune fille s'est rendue dans la chambre de sa tante. • À cause de cet inconnu, elle a passé une mauvaise soirée. • Quelques années plus tard, elle est devenue un mannequin de renommée mondiale.

5. Enrichis le texte suivant à l'aide de compléments de phrase de la nature indiquée.
Exemple : Nous irons en promenade… (prop. sub ; CC temps)
→ quand la pluie aura cessé.
L'inconnu s'est excusé (adverbe, CC manière), puis s'est adressé à ma tante : « J'ai repéré chez votre nièce des qualités qui feront d'elle un mannequin célèbre (GN prép., CC temps). J'aimerais que vous m'autorisiez à prendre des photos (GN prép., CC lieu). » (Prop. sub., CC cause), ma tante lui a demandé de lui laisser ses coordonnées (prop. sub., CC but + prop. sub., CC temps).

6. Récris cet extrait de *Fleur du désert* en supprimant tous les compléments circonstanciels. Compare le texte obtenu avec le texte initial. Que constates-tu ?
Quand je le rencontrais devant l'école, il se contentait de me sourire poliment et s'éloignait. Pourtant, un jour, alors que je venais chercher Sophie, il m'a fait sursauter en apparaissant soudain à côté de moi, et m'a tendu une carte. Sans cesser de le dévisager, j'ai enfoui ce bout de papier au fond de ma poche.

Waris Dirie et Cathleen Miller, *Fleur du désert*, traduction française Josiane et Alain Deschamps, Albin Michel, 1998.

Expression

orale & écrite

2 La carte de visite

Cet extrait est la suite du texte des pages 22-23. Le temps a passé, mais l'homme à la queue de cheval ne s'est pas découragé.

[Un] jour, alors que je venais chercher Sophie, il m'a fait sursauter en apparaissant soudain à côté de moi, et m'a tendu une carte. Sans cesser de le dévisager, j'ai enfoui ce bout de papier au fond de ma poche. Je l'ai regardé faire demi-tour,
5 puis je l'ai insulté en somali :
– Tire-toi, vicieux, espèce de sale cochon !
En arrivant à la maison, j'ai vite grimpé les escaliers et je me suis précipitée au dernier étage. Tous les enfants dormaient là, c'était notre sanctuaire, loin des adultes. Je me suis ren-
10 due dans la chambre de Basma, interrompant, comme d'habitude, sa lecture, et je lui ai dit en tirant la carte de ma poche :
– Tu te souviens de l'homme dont je t'ai parlé, celui qui m'ennuyait toujours et m'a suivie jusqu'ici ? Il m'a donné ça aujourd'hui. Qu'est-ce qu'il y a d'écrit ?
15 – Il s'appelle Malcolm Fairchild, et il est photographe.
– Photographe ?
– Il prend des photos !
– Oui, mais quel genre de photos ?
– Sur la carte il y a écrit : « photographe de mode ».
20 – Photographe de mode ! Tu veux dire qu'il photographie des vêtements ? Il voudrait prendre des photos de moi portant des vêtements ?
– Je ne sais pas, Waris, je n'en sais rien. […]
En la quittant, je suis allée cacher la carte dans ma chambre.
25 Une petite voix me disait de la garder bien soigneusement.

WARIS DIRIE ET CATHLEEN MILLER, *Fleur du désert*, traduction française Josiane et Alain Deschamps, Albin Michel, 1998.

1. Quel objet est au centre de l'anecdote racontée ?
2. Que symbolise la rencontre avec l'homme mystérieux ?
3. À quel moment la narratrice fait-elle un commentaire d'adulte sur cet épisode d'enfance ?

J'apprends à raconter une expérience personnelle.

Pour raconter une expérience personnelle, tu peux :
• **Sélectionner un moment de ta vie** particulier (enfance, entrée à l'école, entrée au collège, découverte de l'amour, etc.).
• Réfléchir aux **raisons** pour lesquelles tu racontes cette expérience.
• Exprimer les **sentiments** que tu as éprouvés avec des expressions comme je sentais, j'avais le pressentiment que, je me sentais envahi(e) par, il m'apparaissait que…
• Insérer dans ton récit des **commentaires** rétrospectifs.

Je m'entraîne

1. Tu te souviens sans doute d'une bêtise que tu as faite autrefois, alors que tu étais enfant. Raconte-la oralement devant tes camarades en respectant le plan suivant : les circonstances exactes de l'événement, le récit de la bêtise en elle-même, ses conséquences, sa découverte par les autres, les sentiments que tu avais alors éprouvés. Termine ton récit par un commentaire que t'inspire aujourd'hui le souvenir de cette bêtise.

2. Remémore-toi la première fois où tu t'es séparé(e) de tes parents pour quelques jours (pour des vacances chez un membre de ta famille, pour une excursion organisée par ton établissement) ou bien la première fois où tu es allé(e) au cinéma ou à une soirée. Sur l'une ou l'autre de ces deux situations, écris un paragraphe dans lequel tu feras part d'au moins deux émotions que tu as alors ressenties.

3. Quels plats t'obligeait-on à manger quand tu étais enfant ? Écris un passage autobiographique, en commençant ton texte avec la phrase suivante : « Enfant, je n'aimais pas du tout manger… ». Dans quelles circonstances exactes t'obligeait-on à manger ? Quelles sensations visuelles, olfactives, gustatives étaient à l'origine de ton dégoût pour ces plats ? Quels arguments utilisait-on pour te convaincre de manger ces plats ? Comment manifestais-tu ton refus ? Aide-toi de ces questions pour construire ton récit.

4. Lis le texte ci-dessous.
Hassan Ali Said est maintenant un homme heureux. Avant l'âge de 18 ans, il avait déjà perdu toute sa famille au cours d'une guerre civile meurtrière en Somalie.
Pendant 12 ans, il a vécu en exil en Ouganda.
Là-bas, il a brutalement été attaqué parce que ses parents étaient originaires de deux pays en conflit : son père venait de la Somalie et sa mère, de l'Éthiopie.
Au cours des huit années qui ont suivi, il a vécu dans un camp de détention préventive, où un couvre-feu de 18 h lui était imposé.
Par la suite, il a immigré au Canada, et a obtenu la citoyenneté canadienne le 23 novembre.

Ministère de la Citoyenneté et de l'Immigration du Canada, d'après Dana Brown, *The Hamilton Spectator* (D.R.).

Récris ce texte de façon à en faire un récit autobiographique. Effectue pour cela tous les changements que tu jugeras nécessaires.

Évaluation

Vocabulaire (sur 10 points)

Je sais manier des termes appartenant au champ lexical de la migration, de la critique et du souvenir.

1. Utilise chacun des mots suivants dans une phrase de ton invention. **(/3)**
Émigrer • naturalisation • expulsé • rapatriement • immigré • demandeur d'asile.

2. Pour critiquer un livre, un film ou un spectacle que tu n'as pas aimé, rédige trois phrases en employant un vocabulaire dévalorisant. **(/3)**

3. Emploie chacun des mots ou expressions suivants, appartenant au lexique du souvenir, dans une phrase de ton invention. **(/4)**
Un souvenir inoubliable • une pensée émue • garder en mémoire • un regard nostalgique.

Orthographe (sur 10 points)

Je sais accorder le mot « tout » et le participe passé.

4. Complète chacune des phrases suivantes par « tout », « tous » ou « toutes », selon le cas. **(/5)**
… le temps que dura la traversée, ils ne cessèrent de dire que … ce qui leur arrivait était le juste prix à payer pour changer de vie. Ils se voyaient déjà, revenant de leur aventure en Europe, … auréolés de leurs nombreux succès là-bas, les poches … pleines d'argent, et désormais capables de résoudre … les problèmes quotidiens de leurs familles.

5. Choisis la bonne orthographe du participe passé. **(/5)**
Les passeurs se sont (fait/faits) prendre au piège que leur a (tendus/tendu/tendue) la police des frontières. Avec courage et ténacité, les immigrés clandestins, (abandonné/abandonnés) en plein désert par les passeurs, ont (surmonté/surmontés) toutes les difficultés avant d'être finalement (récupéré/récupérés) par une patrouille de l'armée.

Conjugaison (sur 10 points)

Je sais analyser le mode, le temps et l'aspect d'un verbe et conjuguer un verbe au passé simple.

6. Quel est le mode de l'ensemble des verbes en gras ? Indique le temps de chacun et l'aspect sous lequel il présente le fait exprimé. **(/5)**
Une réalisatrice **a présenté** son film aux journalistes. Elle explique que :
– l'idée de ce film **s'est imposée** à elle en voyant la détresse dans laquelle **vivent** aujourd'hui les jeunes Africains ;
– la radio et la télévision nous **informent** régulièrement sur les drames de l'émigration clandestine. Et pourtant, toujours plus de jeunes Africains **veulent** partir.

Alors elle **s'est dit** qu'il fallait faire quelque chose pour que cela cesse. Par son film, elle **souhaite** donc sensibiliser les jeunes sur les dangers qui les **guettent**, et interpeller les chefs d'États d'Afrique et d'Occident. Si les jeunes ne **songent** qu'à partir, c'est qu'ils **n'ont pas trouvé** leur bonheur où ils sont.

7. Écris les verbes entre parenthèses au passé simple. **(/5)**
Déçue de ne pas être écoutée par ses parents, la jeune fille (se résoudre) à se taire. Elle (se replier) sur elle-même et (devenir) taciturne. Elle (refuser) la proposition que ses parents lui (faire) d'aller jouer avec les enfants du voisin. Sa mère (être) la première à percevoir ce changement. Elle (entreprendre) de comprendre, l'(interroger), mais l'enfant ne (répondre) pas. Sa mère en (conclure) qu'elle était gravement malade.

Grammaire (sur 20 points)

Je sais manier les différentes expansions du groupe nominal et analyser des adjectifs.

8. Repère les expansions du GN dans le texte ci-dessous **(/4)**, puis recopie le texte, souligne les adjectifs qualificatifs et indique leur fonction **(/5)**. Lesquels d'entre eux sont des adjectifs objectifs ? Lesquels sont des adjectifs subjectifs ? **(/4)**
Dans la région de Louga, au Sénégal, le taux d'émigration est très élevé. En raison du chômage endémique qui y sévit, les jeunes gens de la région pensent que l'émigration est la seule clé de la réussite. Les conséquences de ces départs pour l'étranger sont dramatiques pour la région car la majorité des hommes valides partent. Avant même l'âge adulte, les habitants aveuglés se laissent attirer par l'Europe mais ses sirènes sont trompeuses et les migrants s'aperçoivent souvent à leurs dépens que la vie idéale qu'ils espéraient n'est en fait qu'un leurre.

Je sais distinguer les compléments essentiels du verbe et les compléments de phrase, et reconnaître leur nature et leur fonction grammaticales.

9. Dans l'extrait suivant, relève les mots ou expressions compléments et classe-les en deux catégories selon qu'ils sont compléments essentiels du verbe ou compléments de phrase. Précise ensuite leur nature et leur fonction. **(/7)**
Je me suis trompé. Aucune frontière n'est facile à franchir. Il faut forcément abandonner quelque chose derrière soi. Nous avons cru pouvoir passer sans sentir la moindre difficulté, mais il faut s'arracher la peau pour quitter son pays. Et qu'il n'y ait ni fils barbelés ni poste frontière n'y change rien. J'ai laissé mon frère derrière moi, comme une chaussure que l'on perd dans la course. Aucune frontière ne vous laisse passer sereinement. Elles blessent toutes.

Laurent Gaudé, *Eldorado*, © Actes Sud, 2006.

Expression orale et écrite

Lis le texte suivant.

Contrairement aux idées reçues[1] l'Afrique reste […] la première destination des migrants africains qui osent braver les séparations tracées par les colonisateurs bien avant de se lancer à l'assaut de l'Europe.
5 Tout comme nous avons rencontré des Béninois installés un peu partout en Afrique pendant cette tournée, le Bénin accueille également une diaspora africaine impressionnante.

[Il] suffit de bifurquer vers le marché Tokpa, plus
10 grand marché d'Afrique de l'Ouest, pour croiser Maliens, Ivoiriens, Nigériens, Nigérians, Togolais et autres Congolais installés dans ce petit pays couloir jadis révolutionnaire. De Lomé, Lagos, Kinshasa, Abidjan ou Ndjamena : ils sont nombreux à choisir
15 de vivre à Cotonou pour sa sécurité, sa stabilité et le poumon économique que constitue le marché. Véritable kaléidoscope[2], le marché Tokpa est un précipité[3] actif des conflits et des enjeux économiques qui secouent la région. Ici les Ibos du Nigeria gèrent la
20 fripe, les Congolais l'alimentation, Sénégalais et Maliens les tissus et pagnes, sous l'œil des prêtres évangélistes de toutes nationalités. Le marché a même sa radio qui diffuse ses programmes en 14 langues […].

ÉLODIE MAILLOT, « Cotonou, foyer d'immigration africaine »,
Route 66 : made in Africa, blog LeMonde.fr, 20 mai 2010.

1. **Idées reçues :** opinions communément admises, préjugés, clichés.
2. **Kaléidoscope :** suite rapide de réalités diverses.
3. **Précipité :** ici, mélange (sens figuré).

1. **Quel est le genre de ce texte ? Justifie ta réponse.**
2. **Quels indices te permettent de dire que ce texte est un récit réaliste ?**
3. **Quel est le temps dominant du texte ? Pourquoi ?**

Rédaction

Un drame de l'immigration clandestine vient d'être révélé par la radio. Rédige un récit réaliste, à publier dans le journal de ton collège, dans lequel tu feras revivre cette catastrophe.

Expression orale

Es-tu de ceux qui ne songent qu'à partir, ou bien de ceux qui, malgré l'attrait de l'ailleurs, pensent comme la réalisatrice camerounaise Joséphine Ndagnou que « le paradis c'est chez soi » ? Défends ton point de vue à l'aide de trois arguments et trois exemples.

Création d'un jardin scolaire

Phase 1 : Un jardin scolaire, qu'est-ce que c'est ?

La classe de troisième est la dernière année de collège. À cette occasion, tu vas avec tes camarades, sous la conduite de votre professeur, créer un jardin scolaire, afin de réaliser un projet collectif, de vous impliquer, presque « professionnellement », dans une activité relevant de l'économie et de la production. Les résultats de ce projet, qui s'inscrit dans le cadre des activités annuelles de la coopérative scolaire, seront solennellement présentés au grand public au cours de la semaine culturelle de votre établissement.

Pour commencer

1. Organisez-vous en petits groupes pour visiter des plantations situées à proximité. Notez les **principales caractéristiques** de chaque exploitation : est-elle consacrée à une seule culture ou à plusieurs cultures ? Quelle(s) plante(s) y est (sont) cultivée(s) ? Est-ce une grande, une moyenne ou une petite exploitation ? Combien de personnes y travaillent ? À quelle(s) période(s) de l'année les cultures se font-elles ? Pourquoi ?

2. Toujours en petits groupes, rencontrez ensuite les propriétaires de ces plantations et informez-vous sur :
– les principales étapes à franchir dans la création d'une activité agricole ;
– les principales difficultés que ces personnes ont rencontrées au moment de créer leur plantation ;
– la zone climatique (région de forêt et de savane humide ou région soudano-sahélienne) dans laquelle se situe votre village ou votre région ;
– la ou les période(s) adaptée(s) pour telle ou telle culture dans ton village ou ta région (calendrier agricole) ;
– les différentes opérations à effectuer pour la culture de telle ou telle plante ;
– la manière de se procurer les premières semences ;
– le cycle de la ou des plante(s) cultivée(s) dans la plantation ;
– les principales maladies qui attaquent cette ou ces plante(s) et la façon la plus efficace de les combattre ;
– les débouchés des produits de leur plantation.

3. En classe, analysez les informations recueillies pour bien comprendre les différents aspects de votre projet. Terminez cette phase en énonçant les différentes implications liées à la création d'un jardin scolaire.

Les savoir-faire requis pour effectuer la tâche commandée

Savoir-faire :
• Je sais travailler en équipe et prendre part à un travail collectif.
• Je sais recueillir des informations et les analyser.

Séquence

2

Science et progrès technique

Compétence citoyenne : S'interroger sur les progrès techniques et scientifiques en Afrique et dans le monde.

Compétence disciplinaire : Identifier et analyser les caractéristiques des récits fantastiques et de science-fiction.

Étape **1**

Progrès et croyances populaires

- **Savoir :** Le récit fantastique.
- **Savoir-faire :** Je sais rédiger une scène fantastique.

Oral

Le savais-tu ?

L'Afrique est un continent dans lequel les traditions demeurent et les croyances sont nombreuses. Par exemple, la maladie ou l'échec sont presque toujours considérés comme relevant d'un mauvais sort jeté par un jaloux ! Mais l'Afrique est aussi un terrain de choix pour les technologies modernes. La téléphonie mobile, Internet, mais aussi les dernières innovations techniques font partie de la vie moderne et offrent des solutions à certains problèmes. Ainsi, les fours solaires, par exemple, sont un remède à la rareté des combustibles en milieu rural.

J'observe l'image

1. Où se passe la scène photographiée ?

2. Qu'est-ce qui se trouve devant ces cases à ton avis ?

3. Sais-tu à quoi ces appareils servent ?

4. En quoi peut-on dire que la photo joue sur le contraste entre tradition et modernité ?

5. Quels équipements modernes connais-tu et/ou as-tu vu dans les villes ou villages environnants ?

29

Note sur l'auteur

Bathie Ngoye Thiam est un auteur sénégalais résidant à Rotterdam, qui écrit des articles de journaux, des pièces de théâtre et des nouvelles. Architecte de formation, il explore aussi d'autres domaines artistiques, comme la peinture.

Croyances ancestrales

Dans le village de Battal, une créature maléfique rôde et fait de nombreuses victimes…

Les amateurs de cinéma savent qu'on met de l'ail et des croix dans les maisons pour se protéger de Dracula et de sa bande de vampires. […] Le *deume* de chez nous ne mange jamais de *diakhatou*, cette
5 aubergine africaine un peu amère que l'on trouve dans bon nombre de nos plats. […]

Koura n'allait jamais au marché sans acheter des *diakhatous* qu'elle mettait bien en évidence dans sa calebasse, histoire de montrer qu'elle n'était pas une
10 *deume*. Seulement, ces *diakhatous* n'entraient pas dans ses mets ; elle les jetait derrière sa case. Et quand elle avait de la visite, elle les faisait bouillir à part et les posait sur le plat au moment de servir, mais n'en mangeait jamais. Ndiogou l'avait remarqué, mais ne
15 dit rien cependant. Il fit comme s'il n'y voyait que du feu. Après le repas et quelques heures de palabres, il remit ses sandales en prenant congé de ses hôtes. Diouma le raccompagna jusqu'à la porte de la maison.

La nuit commençait à vieillir. Il n'y avait pas un
20 chat dans les rues de Battal. Ndiogou rajusta les manches de son boubou et ralluma sa pipe. Il était à quelques dizaines de mètres de chez lui. Il prit son chemin habituel. Soudain, il sentit son corps frissonner et ses cheveux se dresser sur sa tête.
25 Il comprit qu'il n'était pas seul dans la rue. Il était suivi. Il entendit d'étranges bruits derrière lui, mais ne se retourna pas. Quand il arriva devant le puits du village où se trouvait le piège qu'il avait aisément repéré, il s'arrêta et attendit. La fraîcheur nocturne
30 ne l'empêcha pas de flairer le vent glacial qui essayait de s'infiltrer en lui. Un tourbillon se produisit sous ses yeux. Le vent, soulevant la poussière, tournait et prenait des formes effrayantes. Ndiogou le pointa du petit doigt et se mit à l'injurier. Le vent disparut. Ce
35 fut à ce moment qu'il vit un singe qui tentait de le culbuter en tirant son boubou. D'un geste prompt, il saisit la queue de l'animal. Il se retrouva avec un foulard dans la main. Le singe n'était plus qu'un morceau de tissu. L'atmosphère redevint normale.
40 Dès que Ndiogou arriva chez lui, il creusa un trou dans le sol de sa case, y mit le foulard qu'il enterra et s'allongea sur son lit. Le lendemain, à son réveil, il le déterra et le noua au fil à sécher le linge. Il s'assit tout près et demanda à Farba, son petit frère, de lui
45 apporter son petit-déjeuner. Quand il finit de manger, il alluma sa pipe et se mit à attendre patiemment. Quelqu'un devait venir réclamer ce foulard.

Catherine Michel

L'attente ne fut pas longue. Une femme voilée entra dans la cour, marchant d'un pas hésitant. Tête
50 basse, elle alla s'agenouiller devant lui et l'implora :

– S'il te plaît, Ndiogou, pardonne-moi et rends-moi mon foulard !

C'était Koura, la mère de Diouma. Il lui fallait récupérer ce foulard, sinon elle allait perdre tous ses
55 pouvoirs et être à la merci de ses ennemis.

J'ai entendu Kor Ndiaya dire que seules les femmes *deumes* se transforment en singes, la nuit, pour barrer la route aux passants. « Quand vous vous trouvez face à une telle situation, avait-il ajouté, tout
60 ce que vous avez à faire, si vous en avez le courage, c'est d'attraper le singe par la queue. Il se transforme alors en mouchoir de tête. Et le lendemain, la *deume* viendra demander pardon et vous prier de lui rendre son mouchoir. »

65 – *Djeufrou*! tonna Ndiogou, ou je te détruis !

Djeufrou. Là, j'utilise le mot wolof car je ne crois pas qu'il y ait un équivalent en français. Cela se passe quand un *deume* en mauvaise posture entre dans une espèce de transe et raconte tout ce qu'il a fait.
70 « J'ai tué untel, untel, etc. » Quand il reprend ses esprits, il n'est plus *deume*, mais peut guérir ceux qui sont possédés par des *deumes*. De l'axe du mal, il passe à l'axe du bien.

– Ndiogou, aie pitié de moi! Pense à Diouma,
75 ta fiancée. Elle n'est pas une *deume*, elle n'est qu'une *gniokhôre*, tu le sais bien. Tu peux l'épouser aujourd'hui même, si tu veux. Elle n'aime que toi, Ndiogou. Je t'en prie, ne me couvre pas de honte !

Inflexible, Ndiogou répéta :

80 – *Djeufrou* ou la destruction ! Seuls les fous osent m'attaquer.

Il s'adressa à son frère.

– Farba, va appeler les habitants du village, pour qu'on en finisse.

85 Ce matin-là, Koura fit, devant tous les habitants de Battal, la kilométrique liste de ses victimes.

Ndiogou détacha le foulard qu'il lui jeta à la figure.

– Reprends ton foulard et sauve-toi! Je ne veux plus vous voir, ta fille et toi, dans ce village. Vous êtes
90 bannies de Battal. Faites vos bagages et déguerpissez !

BATHIE NGOYE THIAM, « Un singe en pleine nuit »,
in *Nouvelles fantastiques sénégalaises*, © L'Harmattan, 2005.

J'observe

1. Combien vois-tu de scènes sur l'illustration ?

2. Que symbolise la couleur bleue selon toi ?

Je comprends

3. Dans quels lieux se déroule l'histoire ?

4. Combien y a-t-il de personnages dans le récit ?

5. Qu'est-ce qu'un *deume* ?

6. À quelle créature célèbre le *deume* est-il comparé ?

7. À quoi reconnaît-on les *deumes* ?

8. Comment agissent-ils pour piéger leurs victimes?

9. Pourquoi Ndiogou soupçonne-t-il Koura d'être une *deume* ?

10. Comment se défend-on des *deumes* ?

Je découvre

11. À quel moment de la journée Ndiogou ressent-il quelque chose d'anormal ?

12. Quelles sensations physiques éprouve-t-il ?

13. Quelle explication rationnelle peux-tu trouver à la peur nocturne de Ndiogou ? Quelle explication surnaturelle ?

14. Quel objet est doté de pouvoirs dans le texte ?

15. Quels sont ces pouvoirs ?

16. En quoi les *deumes* incarnent-t-ils la mort ?

Je retiens

● Le **fantastique** est un genre littéraire dont on date généralement l'apparition à la fin du XVIIIe siècle, en France. Dans le **récit fantastique** :

– le **surnaturel intervient dans la réalité**. On peut toujours expliquer de deux manières l'événement fantastique : une manière rationnelle et l'autre irrationnelle, surnaturelle. Le fantastique naît de l'hésitation entre les deux lectures.

– il règne une **atmosphère de peur et d'angoisse**, qui touche les personnages et les rend nerveux.

– on trouve un champ lexical lié au surnaturel, exprimant l'**incertitude**.

vocabulaire

Le champ lexical de la peur

▌ Soudain, il sentit son corps frissonner et ses cheveux se dresser sur sa tête. Il comprit qu'il n'était pas seul dans la rue. ■

1. Relève les mots et les expressions qui expriment la peur.

2. Comment celle-ci se manifeste-t-elle ?

Je retiens

● La **peur** est un sentiment pénible ressenti face à un danger réel ou supposé.

● Pour exprimer les **degrés** et les **nuances** de la peur, on peut utiliser des **noms** (*le trac, la phobie, l'angoisse, la panique, l'appréhension, la hantise, l'épouvante, le stress, la terreur…*), des **verbes** (*craindre, redouter, terroriser…*) ou des **adjectifs** (*épouvantable, terrible…*).

● La peur peut se manifester **physiquement** : sueur, frisson, cœur qui bat très fort, cheveux qui se dressent sur la tête…

●●●●● Je m'entraîne

1. Retrouve le nom de la leçon ci-contre qui correspond à chaque définition.
Angoisse devant certaines situations, certains objets ou animaux. • Terreur collective extrême. • Peur violente et soudaine causée par quelque chose de menaçant. • Genre cinématographique. • Angoisse avant d'affronter un public. • Malaise psychique et physique né du sentiment d'un danger.

2. Emploie chacune des expressions suivantes dans une phrase qui en illustrera le sens.
Avoir la chair de poule • avoir une peur bleue • avoir le souffle coupé • glacer jusqu'au sang • avoir la gorge sèche • être paralysé • rester sans voix.

conjugaison

La voix passive

▌ Quand il reprend ses esprits, il n'est plus *deume*, mais peut guérir ceux qui sont possédés par des *deumes*. ■

1. Relève les verbes conjugués de cette phrase. À quel temps sont-ils conjugués ?

2. Lesquels sont employés à la voix active ? À la voix passive ?

Je retiens

● À la voix passive, le sujet subit l'action. Le COD est mis en valeur et transformé en sujet.

● Quand elle est complète, une phrase à la voix passive se décompose ainsi : **sujet** + **verbe à la voix passive** (auxiliaire « **être** » + **participe passé**) + **complément d'agent** (introduit par la préposition « **par** » ou « **de** »).
Exemple : Ils sont possédés **par** des deumes.

● Seuls les **verbes transitifs directs** (qui acceptent un COD) peuvent se mettre à la **voix passive**.

● C'est l'**auxiliaire** « **être** » qui porte les **marques du temps**.
Exemple : Ils **sont/seront/étaient/furent** aidés par leur oncle.

●●●●● Je m'entraîne

1. Souligne les verbes à la voix passive.
Les cris de Marie réveillèrent tout le monde alentour. Son voisin avait eu un malaise. Étendu sur un matelas, Abou bavait et se tordait de douleur. Il fut transporté à l'hôpital par cinq personnes, puis fut déposé sur un lit métallique. Le médecin regarda le malade et lui prit la température. Ensuite, il se tourna vers son chef et lui parla dans un langage mystérieux. L'esprit d'Abou fut traversé par un vent d'inquiétude.

2. Recopie les phrases et les propositions à la voix passive et souligne leur complément d'agent.
À son arrivée, la reine fut accueillie par un profond silence. Elle était grande et d'une blancheur éclatante. Les coins de sa bouche se dessinaient fermement et ses lèvres bleues semblaient pleines de bonté. Cependant, la douceur de son visage était démentie par son regard qui transperçait quiconque osait lever les yeux sur elle.

3. Mets les phrases suivantes à la voix passive en respectant les temps employés.
Exemple : Une couche de chaux recouvre le parquet.
➜ *Le parquet est recouvert d'une couche de chaux.*
L'homme obtient son passeport. • Ndiogou attrape la queue du singe. • Les mères portent leur enfant sur leur tête. • Les prisonniers rejoignent l'usine dès les premières lueurs. • Le journal donne des informations erronées. • Le peuple offre des cadeaux à sa reine.

4. Mets les phrases suivantes à la voix active en respectant les temps employés.
Les caisses de matériel étaient chargées par les hommes les plus forts. • Des louanges sont chantées par les femmes. • Les esprits des ancêtres sont honorés par l'ensemble de la population. • La station de radio fut fermée par les autorités. • Les passants n'ayant pas de badge seront arrêtés par les policiers.

Les propositions subordonnées infinitives, participiales et interrogatives indirectes

Je n'ai hélas pas entendu Kor Ndiaya en <u>expliquer</u> le pourquoi. • La nuit <u>tombant</u>, Ndiogou décide de rentrer chez lui. • Ndiogou se demande **si** Koura <u>est</u> une *deume* ou non.

1. Distingue dans les trois phrases ci-dessus les propositions principales des propositions subordonnées.

2. Quels sont les sujets des formes verbales soulignées ?

3. Quelle est la nature du mot en gras ?

Je retiens

● La **proposition subordonnée infinitive** comporte un **verbe à l'infinitif** ayant un **sujet propre** exprimé.

Exemple : Ndiogou vit | Koura jeter les diakhatous.
　　　　PROP. PRINCIPALE　PROP. SUBORDONNÉE INFINITIVE
　　　　　　« Koura » = sujet du verbe « jeter »

● La **proposition subordonnée participiale** comporte un **verbe au participe** (**présent ou passé**) ayant un **sujet propre** exprimé.

Exemple : La femme se taisant, | Ndiogou l'interrogea.
　　　PROP. SUBORDONNÉE PARTICIPIALE　PROP. PRINCIPALE

● La **proposition subordonnée interrogative** indirecte est introduite par un **pronom** (*qui, ce qui, lequel, quoi…*) ou un **adverbe interrogatif** (*si, quand, comment, pourquoi…*).

Exemple : Ndiogou se demandait | qui elle était.
　　　PROP. PRINCIPALE　　PROP. SUBORDONNÉE
　　　　　　　　　　INTERROGATIVE INDIRECTE

●●●●● Je m'entraîne

1. Transforme les propositions indépendantes suivantes en une phrase complexe comportant une proposition subordonnée infinitive.

Exemple : Ma tante coud une robe, je le lui ai demandé.
　　　➜ J'ai demandé à ma tante de coudre une robe.

La fatigue le gagnait, il le sentait. • Sheik jouait de la guitare, tout son cercle d'amis l'écoutait. • Idriss nous rejoindra cet été à Kribi, je le lui ai proposé. • Les ouvriers du chantier travaillent à des hauteurs vertigineuses, je les regarde avec angoisse. • La kora lance ses sonorités mélodieuses, l'entendez-vous ?

2. Relève la proposition subordonnée participiale et la proposition subordonnée infinitive qui se cachent dans ces phrases. Explique ta réponse.

Je vois les éoliennes tourner dans le champ. • Les éoliennes tournant dans le champ, je décide de les photographier. • Tournant dans le champ, les éoliennes font un spectacle captivant. • Ces éoliennes devraient tourner dans ce champ.

3. Relève les propositions subordonnées participiales dans le texte suivant.

Prise au piège, elle commença à frissonner. Une fois la porte fermée à clé, son ravisseur s'éloigna. Elle s'efforça de se calmer. La nuit tombant, plus personne ne passerait près de sa prison. Il faudrait qu'elle parvienne à forcer la fenêtre fermée. Cette opération réalisée, elle pourrait se glisser à l'extérieur.

4. Relève les propositions subordonnées interrogatives indirectes de ce texte et indique par quel mot interrogatif elles sont introduites.

Il essaya d'extraire de sa mémoire quelque souvenir d'enfance qui lui indiquerait si Londres avait toujours été tout à fait comme il la voyait. […] Il ne savait ce qui l'avait poussé à déverser ce torrent d'absurdités, mais le curieux était que, tandis qu'il écrivait, un souvenir totalement différent s'était précisé dans son esprit, au point qu'il se sentait presque capable de l'écrire.

Georges Orwell, *1984*, traduit par Amélie Audiberti, © Éditions Gallimard.

5. Transforme les phrases suivantes de manière à obtenir une phrase complexe comportant une proposition subordonnée interrogative indirecte.

Exemple : « Que dois-je faire ? », demanda Paul.
　　　➜ Paul demanda ce qu'il devait faire.

« Pourquoi ne recyclez-vous pas vos déchets ? », demanda Momar. • « Combien coûte un litre d'essence ? », veut savoir Simon. • « Mais que va-t-il se passer ? », s'inquiètent nos parents. • « Est-ce que vous vous rendez compte des conséquences de vos actes ? », voulaient savoir nos professeurs.

6. Complète les propositions principales suivantes par une subordonnée de la nature indiquée entre parenthèses.

Exemple : … (sub. participiale), je me sentais seul.
　　　➜ **Mon ami parti**, je me sentais seul.

… (sub. participiale), les belligérants déposèrent les armes. • Je regarde… (sub. infinitive). • Tu ne sais pas… (sub. interrogative). • Le maître a vu… (sub. infinitive). • … (sub participiale), les villageois émigraient vers la ville.

2 Le sorcier Internet

Au Mali, les villages de brousse se livrent à une expérience incroyable : pratiquer la médecine par le biais d'un ordinateur, et permettre à un médecin spécialisé d'établir un diagnostic à distance.

Prenons l'exemple d'un mineur de la région de Kayes, province qui compte plusieurs sites d'extractions d'or. Dans le cadre de la médecine du travail, notre mineur se rend à l'hôpital de la ville. Les radios révèlent un problème, mais les mé-
5 decins sont incapables de savoir de quelle pathologie il s'agit. C'est alors qu'Ikon[1] prend le relais. Via un simple appareil photo de 5 millions de pixels[2], le docteur Foumba, responsable local du projet, photographie la radio puis charge le cliché dans l'interface[3] du site Web d'Ikon. Vue la connexion,
10 très lente à Kayes, il lui faut parfois plus d'un quart d'heure et plusieurs essais. Reste que pour les patients, le dispositif relève parfois un peu de la sorcellerie.

À Bamako, à 600 kilomètres d'ici, le docteur Touré reçoit la radioscopie sur son ordinateur. En spécialiste, il examine alors
15 à distance le dossier du patient. Détail surprenant, il n'hésite pas à jouer, via l'éditeur d'image de son ordinateur, avec les outils « contraste » et « lumière » pour mieux éclairer et révéler un problème. Il rédige alors un diagnostic précis, qu'il envoie au médecin traitant de Kayes. Le patient n'aura déboursé
20 en tout que 2 500 francs CFA (4 euros). Une somme encore conséquente, mais qui reste plus accessible.

JEAN ABBIATECI et ANTONIN SABOT, « Au Mali, les espoirs de la télé-médecine », http://africascopie.blog.lemonde.fr, 31 octobre 2009.

1. **Ikon** : nom du projet de télé-médecine dont il est question dans le texte.
2. **Pixels** : tout petits éléments constitutifs d'une image.
3. **Interface** : lien entre deux éléments d'un système informatique qui permet un transfert d'informations.

1. Quel est le genre de ce texte ?
2. Pourquoi le dispositif relève-t-il de la sorcellerie ?
3. En quoi pourrait-on dire que c'est un événement « fantastique » ?

J'apprends à rédiger une scène fantastique.

Pour rédiger une scène fantastique, tu peux :
• Utiliser un **cadre spatio-temporel caractéristique** : lieux propices aux manifestations surnaturelles (endroit isolé, château, cimetière…), la nuit, souvent à minuit, de préférence en pleine tempête, sous des pluies torrentielles…
• Choisir des **éléments** (vent, animal, être humain…) **qui peuvent provoquer la peur**.
• **Décrire la peur** qui envahit progressivement le narrateur.
• Décrire des personnages aux **caractéristiques physiques effrayantes**.

Je m'entraîne

1. Qu'est-ce qui est synonyme de progrès, selon toi, dans le monde actuel ? En classe, sous la conduite de votre professeur, élaborez une liste de tout ce qui relève du progrès (économique, technique, scientifique, social). Choisis un ou deux des thèmes de la liste et explique de manière argumentée en quoi ils constituent une avancée pour l'humanité.

2. Rédige :
a. un texte argumenté qui explique ce que l'informatique apporte à notre société.
b. un texte fantastique où tu imagines un jeune homme qui voit pour la première fois un ordinateur. Il a peur et lui prête des pouvoirs maléfiques. Compose un texte en deux parties, avec une description de l'objet étrange que constitue l'ordinateur à ses yeux et un passage narratif qui raconte comment l'ordinateur se met en marche et l'effet que cela produit sur le narrateur, qui croit à une vision surnaturelle.

3. Observe la photographie ci-dessous.

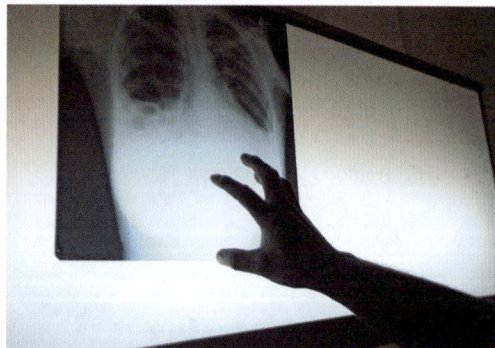

À partir du texte 2 (ci-contre), rédige une scène fantastique dans laquelle le narrateur voit sur un écran la radio présentée sur la photo ci-dessus. Fais une description de la scène qui mette en relief la peur du narrateur.

4. Imagine une suite au texte 1 (p. 30-31). Koura est en réalité une scientifique avertie. Son foulard est en fait un tissu innovant qui permet de protéger les villageois du soleil trop intense. Elle revient avec une équipe technique expliquer rationnellement ce qui s'est passé avec Ndiogou, qui a pris son échantillon de tissu pour un foulard maléfique, entraînant ainsi des peurs pleines de superstitions au village.

Séquence

2

Science et progrès technique

Compétence citoyenne : S'interroger sur les progrès techniques et scientifiques en Afrique et dans le monde.

Compétence disciplinaire : Identifier et analyser les caractéristiques des récits fantastiques et de science-fiction.

Étape 2

Énergies

• **Savoir :** Les éléments du fantastique.
• **Savoir-faire :** Je sais exprimer l'incertitude et le doute.

Oral

Le savais-tu ?

L'homme puise depuis toujours dans les matières premières pour vivre, s'éclairer, se déplacer, produire des biens de consommation... Le charbon et le pétrole ont d'abord constitué une source d'énergie pour l'homme. Pour pallier l'épuisement de ces ressources, on cherche de nouvelles sources d'énergie – en dehors de l'énergie nucléaire, controversée en raison du risque d'accident. Ainsi, on utilise de plus en plus le vent (énergie éolienne), l'eau (énergie hydraulique) et le soleil (énergie solaire), c'est-à-dire les énergies dites « renouvelables ».

J'observe l'image

1. Quel est le sujet de la photo du haut ?

2. À quoi sert ce dispositif ?

3. Que représente la photo du bas ?

4. Quel genre d'énergie ces équipements produisent-ils ?

5. Connais-tu de tels dispositifs dans ton environnement immédiat ?

6. Quelles sont les autres sources d'énergie dont l'homme dispose ?

Note sur l'auteur

Les *Nouvelles fantastiques sénégalaises* de Bathie Ngoye Thiam, publiées en 2005, s'inspirent des nombreux récits que les Sénégalais entendent depuis l'enfance. C'est une occasion pour l'auteur, par le biais de la littérature fantastique, de traiter des thèmes de la sorcellerie, de l'occultisme et de leur place dans la société africaine, en particulier sénégalaise.

1

Par une nuit de fort vent

Un jeune couple emménage dans une nouvelle maison. Alors que les travaux d'aménagement ne sont pas encore finis, la jeune femme s'aventure, une nuit, dans sa future demeure…

Il était, je crois, deux heures du matin, peut-être bien trois heures. C'était la première fois que je me rendais dans ces lieux à une heure si avancée. J'avais garé ma voiture devant le portail.

5 Seule dans la cour, adossée à un mur, mon joint de *Lopito*[1] dans une main, mon *Johnny Walker*[2] dans l'autre, je pensais à des choses et à d'autres. Je rêvassais, tout bonnement. J'étais peinarde[3].

À un moment donné, il se produisit quelque 10 chose d'extraordinaire. Un vent d'une puissance inouïe fit irruption dans la baraque. Tout se mit à trembler, et moi avec. Bien que ce fût la pleine lune, le ciel trouva le moyen de porter son manteau le plus obscur, et la terre se mit à concurrencer la mer dans 15 l'agitation. Tout bougeait autour de moi, même le bout de carton sur lequel j'avais posé mes fesses. Le vent se matérialisa et prit des formes et des couleurs si merveilleuses que je regrettai de n'avoir pas pris mon appareil photo. J'étais surprise, étonnée et fas- 20 cinée, mais je n'avais pas peur. […] Le vent émettait des hurlements démentiels qui couvraient les râles assourdissants des vagues kamikazes qui s'écra- saient contre la rocaille. Il entrait dans la bâtisse, faisant claquer portes et fenêtres, puis revenait, fu- 25 rieux, tourbillonner dans la cour. Il prit enfin, sous mes yeux, une forme bien distincte : la silhouette d'un cheval. Plus qu'une silhouette, c'était un che- val bien réel, un cheval tout blanc dont la robe lui-

sante brillait autant que ses yeux rouges de sang. Il 30 n'avait qu'une patte sous le ventre et se déplaçait par petits bonds. Pas de doute, c'était Leuk Dawour Mbaye, tel que les anciens l'ont décrit. Ma grand- mère me racontait que dans sa jeunesse, il lui ar- rivait, la nuit, de se blottir dans son lit, transie de 35 frayeur, car elle entendait des « Klop ! Klop ! Klop ! » Les pas de Leuk Dawour inspectant les rues. J'étais en présence de l'unique et indéniable maître de Da- kar, celui qui, depuis des temps immémoriaux, avait mainmise sur la ville. Je fus saisie d'effroi, tétani- 40 sée. Je n'osais faire aucun mouvement, pas même cligner de l'œil, malgré toute la poussière qu'il y avait dans la cour. Je transpirais dans mon T-shirt et dans mon vieux jean troué, à tel point qu'on eût dit que je prenais une douche, tout habillée. Des 45 sueurs froides. J'observais Leuk Dawour s'élever vers le ciel et se suspendre au-dessus de ma tête,

dans un gigantesque et impressionnant feu d'arti-
fice. Soudain, un hennissement se fit entendre tout
près de moi et me fit sursauter. Je me retournai. Il
50 n'y avait qu'une échelle en bois posée contre le mur
lézardé. Il m'avait pourtant semblé que le hennissement venait de cette échelle. Je n'eus pas le temps
de me remettre de ma stupeur. Je vis l'échelle se
trémousser, comme sous l'emprise d'une décharge
55 électrique, et s'enfoncer lentement dans la terre,
provoquant d'horribles bruits de craquements d'os.
Si j'en avais eu le courage, je me serais pincée pour
m'assurer que je ne rêvais pas. Je vis l'échelle des-
cendre jusqu'à être complètement engloutie par la
60 terre. Leuk Dawour aussi disparut. Puis, plus rien.
Le calme revint, calme que perturbaient, par in-
termittence, les cris larmoyants des vagues agoni-
santes.

« Bizarre ! Bizarre ! » me disais-je. Je sortis de la
65 cour en chancelant. J'étais dans tous mes états, excepté celui de conduire une voiture. Je me rendis
à une grande route pour héler un taxi. Et si Leuk
Dawour s'était déguisé en chauffeur de taxi ? J'avais
toutes les angoisses du monde, mais je n'avais pas
70 le choix. Tout se passa bien, heureusement. Néanmoins, j'étais sûre que le *rab*[4] de Dakar n'allait pas
me lâcher la grappe[5] si facilement. Je sentais son
regard sur mon dos. Il me suivait…

Bakary dormait. Je me déshabillai et me cou-
75 chai près de lui. Jamais je ne l'avais serré aussi fort
dans mes bras que cette nuit-là. Il s'était réveillé
plusieurs fois pour me demander si j'allais bien. Je
répondais : « Oui ». Je ne voulais pas lui raconter…
De toute façon, il allait me dire que j'avais eu des
80 hallucinations[6].

BATHIE NGOYE THIAM, « Leuk Dawour Mbaye »,
in *Nouvelles fantastiques sénégalaises*, © L'Harmattan, 2005.

---

1. Joint de *Lopito* : cigarette contenant une drogue obtenue à partir
du cannabis.
2. *Johnny Walker* : marque de scotch (alcool).
3. Peinarde : tranquille, insouciante.
4. *Rab* : mot wolof signifiant « esprit » (bienfaisant ou malfaisant).
5. Lâcher la grappe : laisser tranquille.
6. Hallucinations : perceptions de choses qui n'existent pas réellement.

J'observe

1. En quoi cette photographie peut-elle illustrer
le texte ?

2. Quel élément est mis en valeur dans ce paysage
nocturne ?

Je comprends

3. Où se rend la narratrice ?

4. Quelles substances prend la jeune femme ?
Dans quel état cela la met-elle ?

5. Que fait la narratrice au début du texte ?

6. Quel phénomène naturel lui fait peur ?

7. En quoi se matérialise le vent ?

8. Dans quel état d'esprit cela met-il la narratrice ?

9. À quoi correspond Leuk Dawour ?

Je découvre

10. À quel moment de la journée l'histoire
se passe-t-elle ?

11. Identifie les différents personnages (humains
ou non) du récit.

12. Indique le rôle que joue chacun d'eux.

13. Relève tous les éléments qui sont surnaturels
ou invraisemblables.

14. Quelle est l'atmosphère créée dans le récit
par l'intervention de ces éléments ?

15. Relève les termes qui expriment la peur
et l'angoisse du personnage.

16. Quelle explication logique peut-on trouver
à l'apparition de Leuk Dawour ?

17. Quelle explication rationnelle peut-on donner
à la disparition de l'échelle ? Quelle explication
irrationnelle ?

Je retiens

On trouve de nombreux **éléments** dans la **littérature fantastique** :

● des **personnages hors norme** : des créatures
démoniaques (comme les vampires), des femmes
séductrices et porteuses de mort, des sorciers, des
hommes qui se transforment en animaux (comme
les loups-garous), des créatures doubles…

● des **objets qui s'animent** et ont un pouvoir singulier (un foulard, une statue, un meuble…).

● une **temporalité floue** : frontières troubles entre
rêve et réalité, arrêt du temps, répétitions de
mêmes phénomènes.

● la **mort**, qui s'incarne dans divers objets ou personnages.

vocabulaire

L'expression du doute

Il était, je crois, deux heures du matin, peut-être bien trois heures. ■

1. Relève les termes qui expriment le doute.

2. Donne la nature de chacun de ces termes.

Je retiens

● Le doute se manifeste par l'emploi de mots de nature différente : **adjectifs** (*douteux, incertain, vraisemblable…*), **adverbes** (*peut-être, probablement, vraisemblablement…*), **verbes d'opinion** (*croire, supposer, douter…*).

● Pour nuancer son propos, l'énonciateur peut utiliser des **constructions impersonnelles** (*il semble que, il se peut que, il est possible que…*), des **expressions** (*à ce qu'on dit, je ne sais quoi…*).

● Le **conditionnel** sert également à exprimer le doute.
*Exemple : Leuk Dawour **serait** l'esprit protecteur de la ville.*

◐◐◐◐◐ Je m'entraîne

1. Quelles phrases expriment le doute ?
Je suis sûr qu'il a réussi. • Il est possible qu'il ait réussi. • Il a vraisemblablement réussi. • C'est évident, il a réussi. • Je certifie qu'il a réussi. • Je pense qu'il a réussi. • À ce que j'entends, il a réussi. • Il a sans doute réussi.

2. Classe les mots exprimant le doute selon leur nature grammaticale.
Selon toute vraisemblance, l'esprit du village était un âne ailé. Mathieu supposait qu'en plus de ses ailes, il avait quatre pattes. Il s'imaginait que la couleur de sa robe était bleue. Arame, elle, prétendait que l'âne était probablement noir. Quant à leur mère, elle l'aurait aperçu au coin d'une rue.

---

orthographe

Les emplois de « même »

Je n'osais faire aucun mouvement, pas <u>même</u> cligner de l'œil […] ■

1. Le mot souligné est-il variable ?

2. Quelle est sa nature ?

Je retiens

● Le **déterminant indéfini « même »** s'emploie avec un **article** ou un **déterminant démonstratif**. Il s'accorde en nombre avec le nom qu'il détermine. Il a alors le sens de « pareil », « semblable ».
*Exemple : Les **mêmes** idées.*

● Le **pronom indéfini « le même »** (*la même, les mêmes, du même, aux mêmes…*) renvoie à un antécédent avec lequel il s'accorde en nombre.
*Exemple : Ses problèmes sont **les mêmes**.*

● « Même » peut aussi être un **adverbe qui modifie ou précise le sens d'un nom, d'un verbe ou d'un adjectif**. Dans ce cas, il est invariable. Il signifie alors « y compris ».
*Exemples : Ils sont tous venus, **même** Paul, **même** nos cousins ! **Même** malade, il va au travail.*

● Quand « même » est placé **derrière un nom**, il est **adjectif qualificatif**.
*Exemple : La patience **même**.*

● Après les **pronoms toniques** (*moi, toi, soi, nous, vous, eux*), il faut un **trait d'union**.
Exemples : Moi-même ; eux-mêmes.

◐◐◐◐◐ Je m'entraîne

1. Indique la nature de « même » dans chacune des phrases suivantes.
Exemple : Même le couronnement du roi ne l'a pas intéressé.
→ *Adverbe.*
Vous n'avez absolument pas changé, vous êtes restés les mêmes. • Même les rues ont été inondées par les eaux. • Ces enfants sont la sagesse même. • Les mêmes produits ont été vendus sur les mêmes marchés. • Tous ont réussi cet examen, même les plus médiocres. • Puisque c'est ainsi, fais-le toi-même. • Ces livres portent la même indication.

2. Accorde le mot « même » quand il y a lieu.
Les enfants prennent les (même) bus aux (même) horaires tous les matins. • Comment les persuader alors que nous n'y croyons pas nous-(même) ? • Sois raisonnable, (même) les lutteurs ne s'entraînent pas la nuit. • Personne ne les aidera à transporter leurs meubles, ils devront le faire eux-(même). • (Même) tes sœurs ont refusé de m'adresser la parole.

3. Récris chaque phrase en remplaçant « même » par un mot ou une expression de même sens.
*Exemple : Même malade, ma grand-mère a tenu à assister au mariage. → **Bien qu'elle soit** malade, ma grand-mère a tenu à assister au mariage.*
Tous les moteurs polluent, même les plus modernes. • Je voudrais refaire les mêmes voyages, revoir les mêmes paysages. • Vous préparerez vous-mêmes votre repas. • Même usés, tous les livres ont été vendus. • Ils ont rencontré les mêmes difficultés. • Cette lessive lave les taches incrustées même à très basse température.

Les propositions subordonnées relatives et conjonctives

[C'était] un cheval tout blanc dont la robe luisante brillait autant que ses yeux rouges de sang. […] Ma grand-mère me racontait que dans sa jeunesse, il lui arrivait, la nuit, de se blottir dans son lit, transie de frayeur […]. ■

1. Relève les propositions subordonnées.

2. Laquelle complète un nom ? Un verbe ?

Je retiens

La proposition subordonnée complète la proposition principale dont elle dépend. On distingue :

● La **proposition subordonnée relative**, qui **complète un nom** et est introduite par un **pronom relatif** (*qui, que, quoi, dont, où*) ou un **pronom relatif composé** (*lequel, duquel…*).
Exemple : La maison abritait une créature *qui effrayait la jeune femme*.

● La **proposition subordonnée conjonctive** :
– **complétive**, qui **complète un verbe** et est introduite par la **conjonction de subordination** « **que** ».
Exemple : La jeune femme attend *que le vent tombe*.
– **circonstancielle**, qui **complète une autre proposition** et est introduite par une **conjonction de subordination** (*quand, dès que, puisque, parce que, pour que, si, bien que…*).
Exemple : La jeune femme rentrera *dès qu'elle aura compris ce qui s'est passé*.

Je m'entraîne

1. Relève les propositions subordonnées et classe-les en deux colonnes selon qu'elles sont relatives ou conjonctives complétives.
Exemple : Décris-moi encore ce génie dont tout le monde parle.
➜ « Dont tout le monde parle » : proposition subordonnée relative.

Je ne pense pas que Leuk Dawour existe réellement. • Les pas du cheval fantôme qu'elle entend l'effraient, même si elle sait que cette apparition n'est sans doute qu'une hallucination due à la drogue. • Mon mari, qui a l'esprit très rationnel, n'accepte pas que je me laisse influencer par les histoires de ma mère.

2. Relève les propositions subordonnées qui complètent les mots en gras puis indique la classe grammaticale de chacune d'entre elles.
Exemple : Nous **savons** *que nos ancêtres étaient très superstitieux*. ➜ Subordonnée conjonctive complétive.

Il n'est **personne au village** qui ne connaisse ce récit ancien. • Certains **pensent** que les phénomènes paranormaux existent. • Les plus optimistes **espèrent** qu'ils pourront un jour éradiquer les créatures malveillantes. • Un conducteur de taxi **affirme** que c'est un **esprit** qui a provoqué cette catastrophe.

3. Complète les phrases ci-dessous avec les pronoms relatifs suivants : *que, dont, qui, sur laquelle, dans lequel*.
Quel progrès pour quel monde ? Voilà une question … il faut nous interroger. • Si certaines découvertes relèvent d'un progrès évident, il y en a d'autres … ne sont pas forcément nécessaires. • Le monde … nous vivons est en pleine mutation et nous n'avons pas conscience de tous les changements … nous sommes les témoins. • Les choix … nous faisons engagent les générations futures.

4. Crée des phrases complexes comportant des propositions subordonnées conjonctives complétives à partir des verbes suivants.
Exemple : Rêver ➜ Mon père rêve que son vœu se réalise.

Croire • dire • suggérer • annoncer • falloir • reconnaître.

5. Relève les propositions subordonnées conjonctives circonstancielles et précise la fonction de chacune d'elles.
Exemple : Une réunion est organisée *pour que le problème des morts suspectes soit soulevé*. ➜ Proposition subordonnée conjonctive, complément circonstanciel de but.

Parce que Samia croyait à l'existence des esprits, tous la traitaient de folle. • Quand les douze coups de minuit sonnèrent, on se dit qu'il fallait rentrer, de sorte que le travail fut laissé au lendemain. • Je ne viendrai pas avec toi bien que tu sois le plus adorable des amis.

6. Récris les phrases suivantes de façon à obtenir une proposition subordonnée conjonctive circonstancielle à partir de la proposition en gras.
Exemple : Vous êtes en colère, **vous n'avez aucune raison de l'être**. ➜ Vous êtes en colère **alors que vous n'avez aucune raison de l'être**.

Le cancer est une maladie grave, il est nécessaire de financer la recherche. • **Guéris de cette maladie** et tu pourras reprendre le cours de ta vie. • Il écrivait un article sur les pratiques vaudous, **à ce moment-là le téléphone sonna**. • Tu es parvenu à photographier un spectre, **tu as convaincu ton frère de l'existence des fantômes**.

2 Un combat surnaturel

Le héros du « Horla », une nouvelle de Maupassant, se croit poursuivi par une créature surnaturelle. Entre raison et folie, il nous confie ses visions.

Nous sommes si infirmes, si désarmés, si ignorants, si petits, nous autres, sur ce grain de boue qui tourne délayé dans une goutte d'eau.

Je m'assoupis en rêvant ainsi au vent frais du soir.

5 Or, ayant dormi environ quarante minutes, je rouvris les yeux sans faire un mouvement, réveillé par je ne sais quelle émotion confuse et bizarre. Je ne vis rien d'abord, puis, tout à coup, il me sembla qu'une page du livre resté ouvert sur ma table venait de tourner toute seule. Aucun souffle d'air
10 n'était entré par ma fenêtre. Je fus surpris et j'attendis. Au bout de quatre minutes environ, je vis, je vis, oui, je vis de mes yeux une autre page se soulever et se rabattre sur la pré- cédente, comme si un doigt l'eût feuilletée. Mon fauteuil était vide, semblait vide ; mais je compris qu'il était là, lui, assis à
15 ma place, et qu'il lisait. D'un bond furieux, d'un bond de bête révoltée, qui va éventrer son dompteur, je traversai ma chambre pour le saisir, pour l'étreindre, pour le tuer !… Mais mon siège, avant que je l'eusse atteint, se renversa comme si on eût fui devant moi… Ma table oscilla, ma lampe tomba
20 et s'éteignit, et ma fenêtre se ferma comme si un malfaiteur surpris se fût élancé dans la nuit, en prenant à pleines mains les battants.

Donc, il s'était sauvé : il avait eu peur, peur de moi, lui !

GUY DE MAUPASSANT, *Le Horla*, 1887.

1. Quelle vision a le narrateur ?

2. Quelle énergie semble faire bouger les objets ?

3. Quelle double explication (rationnelle/irrationnelle) peut-on donner à cette scène ?

J'apprends à exprimer l'incertitude et le doute.

Pour rédiger un récit fantastique, il faut créer une impression de doute. Tu peux pour cela :
• Mettre le narrateur en **situation de fatigue, d'ivresse**… La nuit est propice à une modification de ses perceptions.
• Utiliser des **adverbes** (peut-être, probablement, sans doute, vraisemblablement…), le **conditionnel** (on aurait dit…), le **subjonctif** (on eût dit…), des **types de phrase expressifs** (l'interro- gation, l'exclamation), des **verbes attributifs** (sembler, avoir l'air, paraître…), des **périphrases** (une sorte de, une espèce de…).

Je m'entraîne

1. Lis le texte ci-dessous.

L'Afrique jouit de ressources en énergies renou- velables diversifiées et très abondantes : éolien, hydraulique, solaire, géothermie, énergies de la mer, biomasse. Ces ressources ne sont pas toutes exploitables au même coût. L'hydroélectricité est ainsi l'énergie la meilleure marché. Et de très loin. Le coût de production standard du kWh hydroélec- trique est deux fois plus faible que le kWh-charbon, et trois fois moindre par rapport au kWh nucléaire.

« L'autonomie énergétique de l'Union africaine grâce aux énergies renou- velables », par Olivier Danielo, 15.07.09, www.cleantechrepublic.com.

a. Quelles sont les différents types d'énergie que l'on peut exploiter en Afrique ? Peux-tu donner une définition de chaque énergie mentionnée ?

b. Connais-tu dans ton environnement immédiat des installations modernes exploitant ces nou- velles énergies ?

c. Effectue des recherches sur chacune de ces éner- gies et prépare un exposé sur l'énergie de ton choix (Qu'est-ce que c'est ? À quoi ça sert ? Qu'est- ce que cela apporte sur les plans économique, environnemental ?).

2. Observe la photographie ci-dessous.

Lors d'une promenade dans les champs, tu dis- tingues au loin des silhouettes étranges… Ré- dige une scène fantastique dans laquelle le nar- rateur, en proie au doute, a une hallucination et croit voir une créature fantastique aux pouvoirs maléfiques. Inspire-toi de la photo ci-dessus pour définir le lieu et le temps de ton récit et uti- lise le vocabulaire de l'incertitude et du doute.

3. Rédige la suite du texte 2 (ci-contre). Imagine que la créature invisible parle au narrateur. N'ou- blie pas de souligner les sentiments qui animent ce dernier et fais en sorte qu'on hésite sur la réa- lité de la scène. Le narrateur doit toujours se de- mander s'il rêve ou non.

Séquence 2

Science et progrès technique

Compétence citoyenne : S'interroger sur les progrès techniques et scientifiques en Afrique et dans le monde.

Compétence disciplinaire : Identifier et analyser les caractéristiques des récits fantastiques et de science-fiction.

Étape 3

Villes du futur

- **Savoir :** L'univers de science-fiction.
- **Savoir-faire :** Je sais rédiger un récit de science-fiction.

Oral

Le savais-tu ?

La démographie est une science qui étudie les populations. En 2009, l'Afrique comptait déjà 820 millions d'habitants et on prévoit que la population atteindra les 2 milliards d'habitants en 2050. Les villes sont particulièrement concernées par cet accroissement : dans 30 ans, 50 % des Africains vivront en zone urbaine. Cette urbanisation sauvage pose déjà des problèmes : les infrastructures ne sont pas adaptées à une croissance aussi rapide de la population et de nombreux nouveaux arrivants sont contraints de s'entasser dans des bidonvilles insalubres.

J'observe l'image

1. De quels éléments se compose cette image ? Comment sont-ils disposés ?

2. Quel moyen de locomotion le personnage mis en valeur enfourche-t-il ?

3. À ton avis, pourquoi la circulation s'effectue-t-elle sur plusieurs niveaux (au sol, dans les airs) ?

4. L'image offre-t-elle une représentation fidèle de la réalité contemporaine ?

5. Une telle représentation symbolise-t-elle le progrès, pour toi ?

6. Quels aspects positifs et négatifs se dégagent de cette image ?

Né en 1951, **Enki Bilal** est un artiste français d'origine yougoslave. S'il s'est fait connaître par l'intermédiaire de ses bandes dessinées, son talent de graphiste l'a mené vers des domaines aussi divers que le théâtre, le cinéma – pour lesquels il fait des créations de décors et costumes – ou encore le timbre-poste ! En 2006, il a en effet illustré le timbre de France Europa sur le thème de l'intégration.

Passage au poste-frontière

Dans un Paris de science-fiction, en 2023, Enki Bi...
d'accomplir un voyage dans le temps depuis l'...
son corps et lui donne des instructions, car il souha...

1

et en scène *Alcide Nikopol*, humain qui vient
...993. Le dieu Horus vient de prendre possession de
...iliser Alcide pour se venger d'autres divinités…

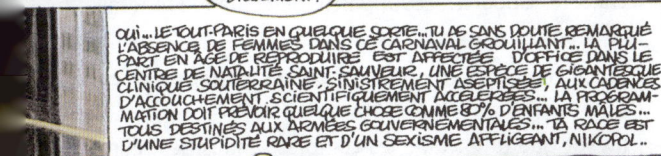

ENKI BILAL, extrait de l'ouvrage *La Foire aux immortels*, © Casterman.

1. Aseptisée : stérilisée, à l'abri des risques.
2. Tares : défauts.
3. Séculaires : qui datent de plusieurs siècles.

J'observe

1. Combien de vignettes comportent ces deux planches de bande dessinée ?
2. Sont-elles toutes du même format ? Pourquoi ?

Je comprends

3. Quels différents personnages trouve-t-on dans cette BD ?
4. Qui est le personnage principal ?
5. Dans quel état d'esprit le personnage principal est-il montré ?
6. Où veut-il aller ? Comment s'y prend-il ?
7. En quoi se déguise-t-il une fois le poste-frontière passé ?
8. Combien de bulles sont utilisées pour exprimer des paroles ?
9. À quoi servent les autres bulles ?

Je découvre

10. À quoi sert le cartouche de la première vignette ?
11. Quelle ville est décrite dans cette bande dessinée ?
12. Quelles sont les caractéristiques de cette ville ?
13. Quelle couleur est majoritairement utilisée dans cette BD ?
14. Quel effet cela produit-il ?
15. Comment sont représentés les habitants de la ville, sur la dernière vignette ? En quoi cela illustre-t-il le mot « tare » auquel pense Alcide ?
16. L'univers représenté illustre-t-il de manière optimiste le progrès technique ?

Je retiens

● La **science-fiction** est un genre narratif que l'on trouve aussi bien en littérature qu'au cinéma, ou encore dans les bandes dessinées.

● L'univers de science-fiction est marqué par un **cadre spatio-temporel précis** : l'action se passe dans un temps futur éloigné, dans des lieux marqués par le progrès technique et scientifique.

● L'atmosphère est généralement **angoissante**.

● Les personnages sont souvent **déshumanisés**, sans âme. Le personnage principal porte en lui les dernières valeurs humaines.

vocabulaire

Le champ lexical de la ville

▌ Voilà le poste-frontière… Au-delà c'est le premier <u>arrondissement</u>… ▪

1. Que signifie le mot souligné ?

2. Récris la phrase en le remplaçant par un synonyme.

Je retiens

● On parle d'«**urbanisation**» pour nommer la concentration de la population dans les villes. On emploie les termes d'«**agglomération**» pour désigner une ville entourée de ses banlieues et de «**métropole**» pour désigner la ville principale d'une région ou d'un pays, au large rayonnement économique et culturel.

● Les **grandes villes africaines** se composent d'un **centre-ville**, d'un **quartier historique**, d'un **quartier européen** et d'un **quartier des affaires**. On trouve le plus souvent les habitats les plus misérables à la périphérie des villes, dans les **bidonvilles**.

Je m'entraîne

1. Trouve un verbe, un nom et un adjectif appartenant à la famille du mot «**urbanisation**» (du latin *urbs*, la ville).

2. Complète le texte ci-dessous en plaçant au bon endroit les mots suivants : *quartier historique, habitants, périphériques, métropole, bidonvilles*.

Située le long du fleuve Komo sur la côte du golfe de Guinée, Libreville est la plus importante … du Gabon. Elle regroupe presque la moitié des … du pays. Les plus défavorisés vivent dans des … . Les touristes aiment visiter le … Sainte-Marie et sa cathédrale. Le transport local est assuré par des bus qui desservent la cité et les villes … .

orthographe

Les terminaisons verbales en *é* ou *è*

▌ Il passait au poste-frontière pour gagner Paris, transformé en monde d'êtres aseptisés.

1. Relève les formes verbales de cette phrase.

2. Laquelle est à l'imparfait ? À l'infinitif ? Au participe passé ?

Je retiens

● Lorsqu'on entend le son é, comme dans «beauté», ou è, comme dans «flèche», à la fin d'un verbe, plusieurs terminaisons sont possibles :

– **-er** si le verbe est à l'**infinitif**.
Exemple : Tu devrais terminer cette histoire.

– **-é(e)(s)** s'il s'agit d'un **participe passé**.
Exemple : Cette lecture terminée, nous irons dormir.

– **-ai** si un verbe du 1er groupe ou le verbe «aller» est à la première personne du **passé simple**.
Exemple : Tout à coup, je sursautai.

– **-ais/ait/aient** s'il s'agit des trois premières personnes ou de la 3e personne du pluriel de l'**imparfait** (*je connaissais, tu connaissais, il connaissait, ils connaissaient*), ou de certains verbes au **présent de l'indicatif** (*faire, savoir…*).

– **-aie/aies/ait/aient** s'il s'agit du verbe «**avoir**» au **présent du subjonctif**.
Exemple : Il se peut que Safietou ait trouvé du travail.

Je m'entraîne

1. Recopie ces phrases en les complétant par «-é(e)(s)» ou «-er».

Pour économis… l'énergie, nous avons install… des panneaux solaires. • La fusée a emport… deux satellites qui vont tourn… autour de la Terre. • Chaque jour, de nouvelles applications pour téléphone portable sont cré… . • Bien utilis…, ce logiciel vous permettra de regard… en différé votre série préfér… . • Les récits de science-fiction ont captiv… des générations de lecteurs. • Nicolas a décid… de rapport… ces appareils défectueux à l'endroit où il les a achet… .

2. Recopie ces phrases en les complétant par «-ai», «-ais», «-ait», «-aie», «-aies» ou «-aient».

Il veut que tu … tapé les comptes rendus des réunions pour lundi prochain. • Tu disparaiss… derrière une montagne de documents. • C'ét… une belle journée pour ceux qui voul… tester leur nouvel équipement en titane, pourtant je décid… de ne pas participer à l'expédition. • Il faut que j'… de l'expérience pour résoudre ces problèmes de configuration. • Les sportifs pag… avec leurs rames en carbone.

3. Orthographie correctement les formes verbales erronées de ce texte.

Il resta de longs moments sur la berge **désoler** et vide, sans conscience. L'âme **déchirais** par l'atroce révélation… Car désormais il **savaient** qu'il n'**été** qu'une abjecte abomination, issue d'un effroyable croisement de races… Un demi-homme dont le père **étai** l'ignoble créature qui **avais parler** dans l'ombre…

Enki Bilal, *L'Appel des étoiles*, © Éditions Gallimard.

grammaire

Les types et les formes de phrases

Montre-moi tes papiers et ta carte magnétique ! Je reste silencieux. Mes papiers et ma carte magnétique, je ne les ai pas.

1. Combien de phrases relèves-tu ?

2. Quelles phrases sont à la forme affirmative ? Quelle phrase est à la forme négative ?

3. Quelle phrase contient un procédé d'insistance ?

Je retiens

● Il existe **quatre types de phrases** exprimant l'intention de l'énonciateur :

– La **phrase déclarative** transmet une information. Elle se termine par un point.
Exemple : La plupart des casques comportent une visière.

– La **phrase impérative** exprime un ordre, une interdiction ou un conseil. Le point d'exclamation n'est pas obligatoire.
Exemples : Éteins cet ordinateur ! Libérez-la.

– La **phrase exclamative** traduit des émotions ou des sentiments. Elle se termine par un point d'exclamation.
Exemple : Ras-le-bol !

– La **phrase interrogative** s'emploie pour poser une question. Elle se termine par un point d'interrogation.
Exemple : Où vas-tu ?

● Chaque phrase peut prendre la forme **affirmative** (*Patou aime la danse*), **négative** (*Patou n'aime pas la danse*) ou **emphatique**, c'est-à-dire qui marque l'intensité (*Patou, elle, aime la danse*).

Je m'entraîne

1. Classe chaque phrase selon le type auquel elle appartient.

– Eh bien voilà : j'ai décidé que j'allais m'évader de cette prison.
– Qu'est-ce que tu racontes ? Tu vas te faire tuer !
– Tout est préférable à ce monde sans âme dans lequel on nous fait vivre. Viens avec moi, Gregor, et essayons de retrouver notre liberté.
– Les robots guetteurs ne nous laisseront jamais passer !

2. Pose les questions qui correspondent aux réponses suivantes en variant les mots interrogatifs : *est-ce que, comment, quand, pourquoi…*
Exemple : J'ai presque terminé mon compte rendu.
→ Où en es-tu dans ton compte rendu ?
Tu as installé ton téléviseur à écran plat. • Je participerai à l'enregistrement d'une émission de radio jeudi soir. • Les

dernières innovations nous passionnent car elles améliorent notre quotidien. • Cet acteur incarnera un aventurier de l'espace grâce à une intense préparation physique.

3. Explique le règlement en vigueur sur la planète Cirkase à un nouvel arrivant. Emploie pour cela le présent de l'impératif.
Exemple : Montrer sa carte magnétique au surveillant
→ Montre ta carte magnétique au surveillant.

Choisir une cellule libre. • Se lever chaque matin à 5 h 30. • Se rendre au réfectoire pour avaler les pilules du petit déjeuner. • Ne jamais regarder les gardes dans les yeux. • Ne pas adresser la parole aux autres humains pendant les heures de travail. • Être capable de réciter son numéro de matricule.

4. Invente des phrases déclaratives en réponse aux questions ci-dessous.
Exemple : Comment les robots appellent-ils les hommes ?
→ Les robots appellent les hommes « xénions », ce qui signifie « moucherons ».

Quand les robots ont-ils envahi la Terre ? • Comment considèrent-ils les êtres humains ? • Qu'ont-ils fait pour les asservir ? • Où vivent les hommes aujourd'hui ? • Combien en reste-t-il ? • De quoi se nourrissent-ils ? • Comment les humains espèrent-ils se libérer de l'emprise des robots ?

5. Transforme les phrases affirmatives en phrases négatives en utilisant les négations suivantes : *ne … guère, ne … pas, ne … plus, ne … goutte, ne … que.*
*Exemple : Je … veux … te voir. → Je **ne** veux **plus** te voir.*

Il … y a … rien à espérer. • Cette femme … porte … l'uniforme gris des Epsilons. • Le brouillard est dense, on … y voit … . • Les prisonniers … sont … couchés avant minuit. • Je … pense … pouvoir tenir encore longtemps.

6. Souligne les éléments mis en valeur dans les phrases emphatiques suivantes.
Exemple : Je te dis, <u>moi</u>, qu'il faut que nous partions.

Une chose étonna vraiment beaucoup Zorg, c'était l'air résigné d'absolument tous les hommes qu'il croisait. • C'est de solidarité que nous manquons pour reprendre nos droits. • Ceux-là, ne t'en occupe pas, ils font partie de la plus basse caste de la société !

7. Récris les phrases suivantes en supprimant les mises en relief.
Cet avertissement, je ne vous le donnerai pas deux fois. • C'est à Londres que les rebelles se sont réfugiés. • Toi, va surveiller la façade est, quant à moi, je m'occupe de garder l'entrée. • Vous avez vu ces chariots ? Ils transportent des tonnes et des tonnes de marchandises. • C'est pour retrouver Agathe que je veux m'enfuir.

2 Ville du futur

Jérôme Sita, directeur artistique d'une radio à succès, fait partie de la classe sociale privilégiée d'un Paris futuriste, qu'il domine depuis son bureau.

Le lendemain matin, le soleil se leva encore plus chaud que la veille. Depuis plus de deux mois, Paris n'avait pas reçu une goutte de pluie. L'après-midi, une telle chaleur montait du sol que les Parisiens évitaient de sortir, sauf s'ils s'y trouvaient
5 obligés. La capitale vivait derrière ses volets.

Les Villes Hautes ne subissaient pas les effets de cette canicule. Leurs murs de façade étaient en verre, mais clos, sans fenêtres. À l'intérieur circulait un air dépoussiéré, oxygéné, dont la température variait selon le désir de chaque locataire.
10 Il suffisait de déplacer une manette sur un minuscule cadran pour passer en quelques secondes de la chaleur de l'équateur à la fraîcheur de la banquise.

Jérôme Seita, le front au mur transparent de son bureau, contemplait Paris. De tous côtés, jusqu'au fond plat de l'hori-
15 zon, rampait le troupeau infini des maisons. La ville semblait écrasée au sol, laminée par le poids de la tristesse et de la fumée des siècles. Ses toits formaient une croûte écailleuse coupée par les rues et les avenues comme par des cicatrices. Des fumées montaient, retombaient lentement, se mêlaient
20 en un brouillard qui capitonnait la capitale.

RENÉ BARJAVEL, Ravage, © Éditions Denoël, 1943.

1. En quoi Paris est-il une ville séparée en deux ?

2. À quel problème climatique est confronté Paris ?

3. La technologie sert-elle tous les hommes de la même façon dans la ville décrite par ce texte ?

J'apprends à rédiger un récit de science-fiction.

Pour rédiger un récit de science-fiction, tu peux :

• Choisir un **lieu existant** et le projeter dans le futur, en le transformant en un monde gouverné par la technique, l'informatique.

• **Donner à voir ce lieu** et utiliser pour sa description des couleurs froides, sombres, des matières lisses, des bâtiments imposants, pour provoquer une **atmosphère angoissante**.

• Trouver un **problème** auquel les personnages devront se confronter (dérèglement du climat, invasion de robots…).

• Utiliser des **termes scientifiques et techniques**.

Je m'entraîne

1. Que penses-tu des villes du futur telles qu'elles sont illustrées page 41 et pages 42-43 ? Fais la liste des points qui te paraissent positifs et de ceux qui te paraissent négatifs. Qu'est-ce que cela t'inspire ? L'avenir dans l'univers de la science-fiction te paraît-il optimiste ?

2. Rédige une description de la ville futuriste présentée p. 41. Organise-la selon les points suivants : l'architecture, les rues, les moyens de transport, les habitants de la ville.

3. Lis le texte ci-dessous.

Le ministère de l'Amour était le seul réellement effrayant. Il n'avait aucune fenêtre. Winston n'y était jamais entré et ne s'en était même jamais trouvé à moins d'un kilomètre. C'était un endroit où il était impossible de pénétrer, sauf pour affaire officielle, et on n'y arrivait qu'à travers un labyrinthe de barbelés enchevêtrés, de portes d'acier, de nids de mitrailleuses dissimulés. Même les rues qui menaient aux barrières extérieures étaient parcourues par des gardes en uniformes noirs à face de gorille, armés de matraques articulées.

Georges Orwell, *1984*, traduit par Amélie Audiberti, © Éditions Gallimard.

a. À ton avis, à quoi sert le ministère de l'Amour ?

b. Imagine que le personnage principal, Winston, veut pénétrer dans le bâtiment pour anéantir ce ministère et rétablir la démocratie dans son pays.

4. Observe l'image ci-dessous.

a. En quoi peut-on dire que l'homme a entièrement modelé le paysage ?

b. Qu'est-ce qui est mis en œuvre dans cette ville pour répondre au problème de la surpopulation ?

c. Effectue des recherches sur Dubaï et trouve des illustrations des dernières innovations architecturales de la ville. Compare les éléments que tu as trouvés avec ceux de tes camarades.

d. À partir de la photo ci-dessus, rédige une description futuriste de Dubaï.

Séquence 2

Science et progrès technique

Compétence citoyenne : S'interroger sur les progrès techniques et scientifiques en Afrique et dans le monde.

Compétence disciplinaire : Identifier et analyser les caractéristiques des récits fantastiques et de science-fiction.

Étape **4**

Les dérives de la technologie

- **Savoir :** Les enjeux du récit de science-fiction.
- **Savoir-faire :** Je sais intégrer un débat scientifique dans un récit de science-fiction.

Le savais-tu ?

L'agriculture est confrontée à une nouvelle problématique, celle des OGM, organismes génétiquement modifiés. Appelés aussi «organismes transgéniques», ce sont des organismes vivants dont le patrimoine génétique a été modifié par l'homme grâce à la science. Avec cette découverte, les surfaces qui sont cultivées avec des OGM (soja, maïs, coton…) auraient atteint en 2008 les 125 millions d'hectares et le secteur agricole parvient à intensifier son activité. Cette pratique est mise en doute par certains organismes scientifiques, qui évoquent des risques possibles sur la santé et l'environnement.

Oral

J'observe l'image

1. Identifie les différents éléments qui composent cette image.

2. À quel type d'image appartient-elle ?

3. Comment est présenté l'épi de maïs ?

4. Que signifie le slogan en anglais ?

5. En quoi la nourriture peut-elle «nuire à la santé», selon toi ?

6. À quels autres problèmes l'Afrique est-elle confrontée en matière de nourriture ?

The Future of Food

Un documentaire de Deborah Koons Garcia

LA NOURRITURE PEUT-ELLE NUIRE À LA SANTÉ ?

René Barjavel (1911-1985) est un auteur français. Dans ses romans de science-fiction, il évoque la destruction de notre civilisation trop influencée par les sciences et les techniques, où les valeurs d'amour et de solidarité humaine n'ont plus beaucoup de place. Ses ouvrages les plus connus sont *La Nuit des temps* et *Ravage*.

La brasserie du futur

François est à Paris pour connaître les résultats du concours d'entrée de l'École supérieure de chimie agricole et retrouver la jeune fille qu'il aime.

François poussa la porte de la Brasserie 13, trouva une table vide près d'un palmier nain, et s'assit. Un garçon surgit, posa d'autorité devant lui un plat fumant. Il était de tradition, dans cet établissement,
5 de manger le bifteck-frites, et tout client s'en voyait automatiquement servir une généreuse portion.

François mangea de bon appétit. Fils de paysans, il préférait les nourritures naturelles, mais comment vivre à Paris sans s'habituer à la viande chimique,
10 aux légumes industriels ?

L'humanité ne cultivait presque plus rien en terre. Légumes, céréales, fleurs, tout cela poussait à l'usine, dans des bacs.

Les végétaux se trouvaient là, dans de l'eau ad-
15 ditionnée des produits chimiques nécessaires, une nourriture bien plus riche et plus facile à assimiler que celle dispensée chichement[1] par la marâtre[2] nature. Des ondes et des lumières de couleurs et d'intensité calculées, des atmosphères condition-
20 nées, accéléraient la croissance des plantes, et permettaient d'obtenir, à l'abri des intempéries saisonnières, des récoltes continues, du premier janvier au trente et un décembre.

L'élevage, cette horreur, avait également disparu.
25 Élever, chérir des bêtes pour les livrer ensuite au couteau du boucher, c'étaient bien là des mœurs dignes des barbares du xxᵉ siècle. Le « bétail » n'existait plus. La viande était « cultivée » sous la direction de chimistes spécialistes et selon les méthodes, mises au
30 point et industrialisées, du génial précurseur Carrel, dont l'immortel cœur de poulet vivait encore au Musée de la Société protectrice des Animaux. Le produit

de cette fabrication était une viande parfaite, tendre, sans tendons, ni peaux, ni graisses, et d'une grande
35 variété de goûts. Non seulement l'industrie offrait au consommateur des viandes au goût de bœuf, de veau, de chevreuil, de faisan, de pigeon, de chardonneret, d'antilope, de girafe, de pied d'éléphant, d'ours, de chamois, de lapin, d'oie, de poulet, de
40 lion et de mille autres variétés, servies en tranches épaisses et saignantes à souhait, mais encore des firmes spécialisées, à l'avant-garde de la gastronomie, produisaient des viandes extraordinaires qui, cuites à l'eau ou grillées, sans autre addition qu'une
45 pincée de sel, rappelaient, par leur saveur et leur fumet, les préparations les plus fameuses de la cuisine traditionnelle, depuis le simple bœuf miroton jusqu'au civet de lièvre à la royale.

Pour les raffinés, une maison célèbre fabriquait
50 des viandes à goût de fruit ou de confiture, à parfum de fleurs. L'Association chrétienne des Abstinents, qui avait pris pour devise : « Il faut manger pour vivre et non pas vivre pour manger », possédait sa propre usine. Afin de les aider à éviter le péché de
55 gourmandise, elle y cultivait pour ses membres une viande sans goût.

La Brasserie 13 n'était qu'une succursale de la célèbre usine de bifteck-frites, qui connaissait une grande prospérité. Il n'était pas une boucherie parisienne qui
60 ne vendît son plat populaire. Le sous-sol de la brasserie abritait l'immense bac à sérum où plongeait la « mère », bloc de viande de près de cinq cents tonnes.

Un dispositif automatique la taillait en forme de cube, et lui coupait, toutes les heures, une tranche
65 gigantesque sur chaque face. Elle repoussait indéfiniment. Une galerie courait autour du bac. Le dimanche, le bon peuple consommateur était admis à circuler. Il jetait un coup d'œil attendri à la « mère » et remontait à la brasserie en déguster un morceau,
70 garni de graines de soja géant coupées en tranches, et frites à l'huile de houille. La fameuse bière 13, tirée de l'argile, coulait à flots.

François, son bifteck achevé, se fit servir une omelette et un entremets au lait.

RENÉ BARJAVEL, *Ravage*, © Éditions Denoël, 1943.

---

1. **Chichement** : de manière modeste, pauvrement.
2. **Marâtre** : belle-mère. Par extension, mauvaise mère, femme méchante.

J'observe

1. Qui est représenté sur cette illustration ?
2. Que vois-tu en bas de l'image ?

Je comprends

3. Réponds par vrai ou faux :
   a. La Brasserie 13 sert traditionnellement du riz.
   b. L'agriculture a été supprimée.
   c. L'élevage traditionnel a été maintenu.
4. Choisis la bonne réponse :
   a. Les céréales sont produites par des effets chimiques.
   b. La viande est produite par l'élevage des animaux.
   c. La cuisine est faite de manière traditionnelle par les hommes.
5. Comment l'homme maîtrise-t-il l'agriculture ?
6. La viande est-elle naturelle ?
7. Qu'est-ce qu'une « viande parfaite » ?
8. Comment est alimentée en viande la Brasserie 13 ?
9. Que prône l'Association chrétienne des Abstinents ?

Je découvre

10. Quelles sont les caractéristiques de la Brasserie 13 ?
11. Comment le personnage principal est-il défini ?
12. Quelle est l'atmosphère du texte ?
13. Cite les éléments qui relèvent d'un monde différent du nôtre.
14. Qu'est-ce que cette évocation d'un univers futuriste provoque en toi ?
15. Quelles questions d'ordre scientifique ce texte peut-il soulever ?

Je retiens

● Les récits de **science-fiction** permettent à l'homme de se **projeter dans l'avenir** et de s'interroger sur l'impact des progrès de la science.

● Le récit de science-fiction sert donc à **provoquer le débat** : doit-on intervenir artificiellement sur la nature ? Doit-on laisser de plus en plus de place à l'informatique ? Doit-on détruire la nature pour laisser place à une urbanisation croissante ?

● Le débat ainsi provoqué permet une réflexion sur de grands thèmes comme le **bonheur**, la **justice**, la **liberté**… et sur ce que serait une société idéale.

vocabulaire

Le champ lexical de la science

▌ Un dispositif <u>automatique</u> la taillait en forme de cube […]. ◾

1. De quelle langue est issu le mot souligné ?
2. Explique son sens à partir de son étymologie.

Je retiens

● De nombreux **mots scientifiques** de la langue française sont bâtis à partir de **radicaux grecs** :
- **-géo** (de *gé*, la Terre) → *géologue (personne qui étudie la structure et l'évolution de l'écorce terrestre), géographe, géographie, géométrique…*
- **-gene** (de *genos*, l'origine, la naissance) → *génétique (science des lois de l'hérédité), génome, généalogique…*
- **-logie** (de *logos*, la théorie, le discours) → *pathologie (science qui étudie les causes et les symptômes des maladies), philologie, ethnologie…*

Je m'entraîne

1. À partir des radicaux grecs suivants, forme deux mots français et explique leur sens.
Exemple : Theos (dieu) → **théogonie** *(récit de la naissance des dieux),* **théologie** *(étude des questions religieuses).*

Chronos (le temps) • *démos* (le peuple) • *techno* (de *tekhnê*, le métier, le procédé) • *bios* (la vie).

2. Associe chaque mot à sa définition.
Entomologie • ornithologie • mythologie • anthropologie • archéologie.

Étude des vestiges des civilisations disparues. • Étude des origines de l'homme. • Étude des mythes et légendes. • Étude des oiseaux. • Étude des insectes.

conjugaison

Les transformations verbales de la voix active à la voix passive.

▌ La viande était « cultivée » sous la direction de chimistes spécialistes […]. ◾ • L'industrie offrait des viandes aux goûts variés.

1. Dans quelle phrase reconnais-tu un verbe à la voix active ? Souligne le COD de ce verbe.
2. Quelle phrase est à la voix passive ? Souligne le sujet du verbe et son complément d'agent.

Je retiens

● Les **phrases passives** sont souvent l'équivalent de **phrases actives**.
*Exemple : Un tigre **attaqua** (voix active) mon frère.*
   → *Mon frère **fut attaqué** (voix passive) par un tigre.*

Présent	Passé composé	Imparfait	Plus-que-parfait
Il **est** attaqué.	Il **a été** attaqué.	Il **était** attaqué.	Il **avait été** attaqué.
Futur simple	**Futur antérieur**	**Passé simple**	**Passé antérieur**
Il **sera** attaqué.	Il **aura été** attaqué.	Il **fut** attaqué.	Il **eut été** attaqué.

● Parfois **le complément d'agent n'est pas exprimé** parce qu'il est inconnu, peu important ou évident. On utilise alors la forme passive sans complément d'agent (*Les lampes **ont été allumées***) ou la forme active avec le pronom personnel «on» pour sujet (**On** *a allumé les lampes de la rue*).

Je m'entraîne

1. Dis si les phrases suivantes sont à la voix active ou passive. Donne la fonction des groupes en gras.
Les médecins ont pu être avertis **de ce cas mortel**. • Les populations déplacées sont arrivées au camp **par voie terrestre**. • Les dauphins sont frappés **par un virus mortel**. • Où êtes-vous allés **par un temps pareil** ? • Le flacon est tombé **par terre**. • Fodié a été relevé **par sa mère**. • Ce roi était apprécié **de ses sujets**.

2. Mets les phrases qui suivent à la voix passive en respectant le temps employé.
Exemple : Un incident les aura retardés.
   → *Ils auront été retardés par un incident.*

Aminata et Seydou racontèrent une histoire terrifiante. • Des robots ont envahi la ville. • Ce récit ancien avait traversé les générations. • Les habitants expérimentent chaque jour de nouveaux produits alimentaires. • Un jour, les hommes inventeront la machine à voyager dans le temps.

3. Transforme ces phrases actives en phrases passives en remplaçant le pronom «on» par un complément d'agent équivalent.
Exemple : On a découvert un nouveau virus.
   → *Un nouveau virus a été découvert **par les savants**.*

On fait le bilan des opérations. • On gaspille l'énergie dans cette zone. • On mange de la viande de singe dans ce pays. • On constate les dégâts. • On a vaincu la délinquance. • On menace la paix dans le monde.

Les subordonnées relatives explicatives et déterminatives

Les chimistes, qui ont mis au point une nouvelle molécule, ont été récompensés. • Les chimistes qui ont mis au point une nouvelle molécule ont été récompensés.

1. Relève la proposition subordonnée présente dans chaque phrase.

2. Quelle différence de sens fais-tu entre ces deux phrases ?

Je retiens

● La **proposition subordonnée relative** est dite **explicative** quand elle apporte une information supplémentaire mais **non indispensable** au sens de la phrase et quand elle **ne joue aucun rôle dans l'identification de l'antécédent** (c'est-à-dire le nom ou le GN qu'elle complète). Elle est alors souvent placée entre virgules.
Exemple : *Ce champion,* **qui a gagné plusieurs médailles olympiques,** *forme de jeunes athlètes.*

● Elle est dite **déterminative** lorsqu'elle est **essentielle pour définir l'antécédent**. Elle **ne peut être supprimée** sans que cela nuise au sens de la phrase.
Exemple : *Ce champion forme les jeunes athlètes* **qui participeront aux Jeux olympiques.**
➔ *Ces athlètes-là et pas d'autres.*

Je m'entraîne

1. Relève les subordonnées relatives dans les phrases suivantes et indique si elles sont explicatives ou déterminatives.

Les parcs entraînent de nouvelles dépenses qui sont vraiment inutiles. • Le gardien, qui a des années d'expérience, fait bien son travail. • Les jeunes qui habitent le quartier ne sont pas toujours faciles. • Les oiseaux, qui sont habitués à ces lieux, vivent tranquillement sur les arbres. • La nuit, qui est couleur de charbon, fait fuir les touristes étrangers. • La mer, qui mugit à côté, fait rêver les enfants qui l'admirent.

2. Relève les subordonnées relatives dans le texte suivant et indique si elles sont explicatives ou déterminatives.

Les aliments dont les clients de la brasserie raffolent sont industriels. Ils sont produits à l'aide de techniques révolutionnaires inventées par des chimistes qui voulaient accroître la productivité des usines agroalimentaires. Ces dernières, qui tournent à plein régime, permettent de nourrir une population toujours plus importante. Certains résistants, qui se souviennent de la saveur des nourritures naturelles, luttent contre le tout-industriel. Parmi eux, François, qui a grandi à la campagne, tente de convaincre les personnes qui préfèrent la viande chimique.

3. Transforme les phrases qui suivent de manière à obtenir des subordonnées relatives explicatives.
Exemple : *Le Népal, je rêve d'y aller ! Ce pays se trouve en Asie.*
➔ *Le Népal, où je rêve d'aller, se trouve en Asie.*

La lune donnera du courant électrique pour éclairer toute la ville. • Les scientifiques ayant découvert une nouvelle source d'énergie gèrent la nouvelle centrale du pays. • Ces élèves lauréats du concours général disposeront d'une bourse pour l'enseignement supérieur. • La machine équipée de piles énergétiques fonctionne de manière continue.

4. Relève la subordonnée relative déterminative et la subordonnée relative explicative. Remplace ensuite la relative explicative par une subordonnée conjonctive circonstancielle. Quelle circonstance exprime-t-elle ?

[S]ur la chaussée à peine éclairée par les becs de gaz qui paraissaient mourants, une file de voitures de légumes allait aux Halles. […] Là, je m'aperçus que je n'avais jamais vu une nuit si sombre, car je ne distinguais pas même la colonne de Juillet, dont le Génie d'or était perdu dans l'impénétrable obscurité.

Guy de Maupassant, *La Nuit (cauchemar)*, 1887.

5. Complète ces phrases en employant des subordonnées relatives déterminatives de ton choix. Varie les pronoms relatifs employés.
Exemple : *Je cherche une voiture…*
➔ *Je cherche une voiture* **qui soit confortable.**

Le fleuve… est profond. • Après de nombreux essayages, j'ai acheté la seule robe… • Y a-t-il un élève… • L'enfant… se lève tôt. • Omar prit la route… • Awa est la jeune fille…

6. Explique les différences de sens entre les couples de phrases suivants.

Les fruits, qui étaient trop mûrs, se sont mal vendus./Les fruits qui étaient trop mûrs se sont mal vendus. • L'enfant, qui commençait à être fatigué, nageait difficilement./L'enfant qui commençait à être fatigué nageait difficilement.

7. Décris en quelques lignes la stupéfaction que tu as ressentie alors que tu découvrais une invention révolutionnaire. Emploie trois subordonnées relatives déterminatives et trois subordonnées relatives explicatives.

orale & écrite

Savoir-faire

Je sais intégrer un débat scientifique dans un récit de science-fiction.

2 Le Procédé Bokanovsky

Dans Le Meilleur des mondes, *Aldous Huxley imagine une société dans laquelle les progrès de la science bouleversent l'ordre humain. Dans l'extrait suivant, le Directeur du Centre d'incubation et de conditionnement explique aux étudiants comment on peut démultiplier les individus.*

Il montra comment, au bout de dix minutes, le vase était retiré du liquide et son contenu examiné de nouveau ; comment, s'il y restait des ovules non fécondés, on l'immergeait une deuxième fois, et, si c'était nécessaire, une troisième ; com-
5 ment les ovules fécondés retournaient aux couveuses ; où les Alphas et les Bêtas demeuraient jusqu'à leur mise en flacon définitive, tandis que les Gammas, les Deltas et les Epsilons en étaient extraits, au bout de trente-six heures seulement, pour être soumis au Procédé Bokanovsky.
10 « Au Procédé Bokanovsky », répéta le Directeur, et les étudiants soulignèrent ces mots dans leurs calepins.
Un œuf, un embryon, un adulte, – c'est la normale. Mais un œuf bokanovskifié a la propriété de bourgeonner, de proliférer, de se diviser : de huit à quatre-vingt-seize bourgeons, et
15 chaque bourgeon deviendra un embryon parfaitement formé, et chaque embryon, un adulte de taille complète. On fait ainsi pousser quatre-vingt-seize êtres humains là où il n'en poussait autrefois qu'un seul. Le progrès.

ALDOUS HUXLEY, *Le Meilleur des mondes,* © Plon, 1932.

1. Qui sont les personnages de cet extrait et où se trouvent-ils ?

2. Qu'est-ce que le Procédé Bokanovsky ?

3. À quoi sert-il ?

J'apprends à intégrer un débat scientifique dans un récit de science-fiction.

Pour rédiger un texte de science-fiction en y intégrant un débat scientifique, tu peux :
• Définir un **sujet scientifique** qui porte l'histoire :
– relatif au domaine de la **technique** : êtres artificiels, modifications génétiques, omniprésence des machines, de l'informatique…
– relatif aux **grandes questions d'avenir** : le réchauffement climatique, la disparition des espèces, la démographie non maîtrisée, la quête de l'immortalité…
• Faire des recherches de **vocabulaire** en relation avec le thème choisi.
• Élaborer une histoire et décrire les personnages en fonction de la **problématique scientifique** choisie.

Je m'entraîne

1. Qu'est-ce que le clonage ? Fais une recherche sur ce thème, en rassemblant des documents (articles de journaux, revues scientifiques, manuels scolaires, articles d'encyclopédies, informations trouvées sur Internet…). Présente à l'oral le résultat de tes recherches et dis en quoi le texte 2 (ci-contre) en est une illustration.

2. « Élever, chérir des bêtes pour les livrer ensuite au couteau du boucher, c'étaient bien là des mœurs dignes des barbares du XXe siècle. » (texte 1, p. 48-49). Penses-tu que l'élevage est une pratique barbare ? Formule ta thèse à l'oral et développe-la avec trois arguments et trois exemples.

3. À l'écrit, transforme les lignes 1 à 56 du texte 1 (p. 48-49) en un texte qui se situe en Afrique. Veille à transposer tous les détails du texte de Barjavel en détails plus proches de l'Afrique (lieux, noms des personnages, noms des plats cuisinés…).

4. Observe l'image ci-dessous.

À CE MOMENT MÊME, LE BLUE NILE EXPRESS CROISE MBARARA, LE PLUS VIEIL ÉLÉPHANT DU MONDE

Enki Bilal, extrait de l'ouvrage *Froid équateur,* © Casterman.

En t'inspirant de ce dessin, rédige une description de la Terre en l'an 3024. Évoque la disparition de la plupart des espèces vivantes au profit des machines et autres robots.

5. Imagine un quartier de ta ville en l'an 3000 et raconte des scènes de la vie quotidienne. N'oublie pas de relever les transformations dues aux progrès de la science et de la technique, et d'utiliser des termes scientifiques. Inclus dans ton récit des personnages clonés.

6. À partir du texte 2 (ci-contre), imagine qu'un étudiant utilise le Procédé Bokanovsky à l'insu du directeur. Le résultat est catastrophique : des milliers d'hommes identiques envahissent la planète. Rédige le récit en trois parties : l'expérience de l'étudiant, le résultat obtenu et l'invasion du monde par ses créatures.

Évaluation

Vocabulaire (sur 10 points)

Je sais exprimer la peur.

1. **Complète les phrases ci-dessous en employant les termes exprimant la peur qui conviennent. (/4)**
L'autre soir, au stade, certains supporters ont tenté d'entrer sur le terrain, créant un mouvement de … dans les gradins. • Je ne peux pas supporter la vision d'un rongeur, c'est une … qui date de mon enfance. • Le cinéma de mon quartier passe un film d'… ce soir. • Il est normal de ressentir une légère … avant de prononcer un discours public.

Je sais utiliser des mots scientifiques d'origine grecque.

2. **Construis six mots scientifiques à partir de ces racines grecques et explique leur sens. (/6)**
Gê (la Terre) • *logos* (le discours) • *genos* (la famille, l'espèce).

Orthographe (sur 10 points)

Je connais les différents emplois de « même ».

3. **Donne la nature de « même » dans chacune des phrases ci-dessous et accorde-le lorsque c'est nécessaire. (/5)**
Les même avantages ont été accordés à tous. • Même déchaînés, la mer et le fleuve étaient pour lui des alliés. • Mon ami n'a pas changé, il est toujours le même. • Omar et Ahmed n'ont pas osé annoncer eux-même à leurs femmes qu'ils avaient été licenciés. • Fatou donne tout ce qu'elle a aux plus démunis, c'est la bonté même.

Je sais distinguer les terminaisons verbales en *é* ou *è*.

4. **Orthographie correctement les formes verbales erronées de ce texte. (/5)**
Il était rester de longs moments assis dans la maison désolai et vide. L'âme déchirais par cette horrible révélation : Mehdi n'été pas son fils. Désormais il savais que sa femme lui avai menti depuis le début. Il aimaient cet enfant comme le sien et aurait voulu dire à Asma : « Je veux que tu ait confiance en moi, pourquoi n'as-tu pas oser me parlé ? »

Conjugaison (sur 10 points)

Je sais repérer des phrases à la voix passive et les mettre à la voix active.

5. **Relève les phrases à la voix passive et souligne leur complément d'agent. (/5)**
La foule se prosternait devant le patriarche qui était respecté de tous. Les enfants étaient portés par leurs mères. Tous étaient comme possédés par un esprit. Sur un signe du vieil homme, le ciel changea de couleur et la pluie commença à tomber. Lentement, un chant retentit et emplit la contrée. Il était entonné par des milliers de voix. Cette cérémonie était très appréciée des anciens.

6. **Mets les phrases suivantes à la voix passive en respectant le temps employé. (/5)**
Deux hommes armés chassèrent mon père de ses terres. • Mamadou change les bougies de la voiture de son oncle. • Le conducteur du véhicule avait pris un raccourci. • Sekou dirigera les enfants de cette chorale pour leur spectacle de fin d'année. • Les généraux ont décidé le retrait immédiat des troupes.

Grammaire (sur 20 points)

Je sais repérer et construire des propositions subordonnées.

7. **Complète chacune des phrases suivantes à l'aide d'une proposition subordonnée relative, complétive ou circonstancielle et indique sa nature. Utilise au moins trois subordonnées circonstancielles différentes. (/8)**
Ce médecin espère… • Le père de Mohamed n'a pu assister au mariage de son fils… • Connais-tu ces jeunes filles… ? • Keshia a remporté la course haut la main… • Je n'aime pas les fleurs… • Le président voudrait… • Vous pourrez manger… • Vois-tu la maison…

8. **Relève les subordonnées des phrases suivantes et classe-les en trois groupes, selon qu'elles sont infinitives, participiales ou interrogatives indirectes. (/8)**
Le détenu semblant prêt à parler, le policier l'interrogea. • Yembe se demandait si cet homme se cachait. • L'enfant écoutait les oiseaux chanter. • Une fois les douze coups de minuit sonnés, tout le monde rentra chez soi. • Nous sentions le vent glisser dans nos cheveux. • La partie étant perdue, Messan regretta d'avoir dilapidé son argent. • La population veut savoir pourquoi on l'a tenue si longtemps dans l'ignorance. • Les enfants regroupés, les professeurs commencèrent la classe.

Je sais identifier les différents types et formes de phrases.

9. **Classe chaque phrase de ce texte selon son type. Laquelle est à la forme emphatique ? (/4)**
– Pourquoi mon ordinateur ne fonctionne-t-il pas ? Cette fichue machine, c'est extrêmement désagréable de ne pas pouvoir l'utiliser lorsque j'en ai besoin !
– Téléphone à Ibrahim, il est informaticien.
– Tu as raison, je te remercie.

Expression orale et écrite

Lis le texte suivant.

La société démocratique idéale en Globalia était parvenue à un stade de haute maturité, fondé sur une longévité maximale. Toutes les ressources étaient mobilisées vers le maintien en santé et en activité
5 d'individus à l'avenir de plus en plus grand. Plutôt qu'une multiplication sociale désordonnée par des naissances anarchiques, l'Harmonie sociale avait pour fonction d'achever la grande révolution démographique pour atteindre peu à peu l'objectif « mor-
10 talité zéro, fécondité zéro ». Grâce à cette politique, la jeunesse était extrêmement réduite en Globalia : elle avait perdu le rôle de classe dominante et de modèle social. Cela n'avait que des avantages : la tendance à l'instabilité et à la violence des sociétés trop
15 jeunes avait disparu. L'Harmonie sociale préparait en quelque sorte naturellement la Protection sociale. Les dépenses d'éducation, injustement concentrées jadis sur les jeunes, pouvaient se répartir tout au long de la vie, avec plus de profit : les personnes qui en
20 bénéficiaient étaient déjà pourvues d'une grande expérience. La jeunesse devenait seulement une force d'appoint, un matériau destiné à mûrir longtemps et docilement, avant de prendre à son tour sa part du grand avenir assuré désormais à chacun.

Jean-Christophe Rufin, *Globalia*, © Éditions Gallimard, 2004.

1. Selon toi, l'extrait ci-dessus relève-t-il du fantastique ou de la science-fiction ? Pourquoi ?

2. Sur quel principe repose l'idéal de société décrit ?

3. À quoi est confrontée la jeunesse dans cette société ?

Rédaction

Rédige un récit de science-fiction dans lequel tu imagineras que les hommes contrôlent le climat terrestre et choisissent les saisons au gré de leurs envies. Veille à installer le récit dans un cadre de lieu et de temps précis et utilise des termes à connotations scientifiques et techniques.

Expression orale

La société décrite dans le texte ci-dessus est-elle une société idéale selon toi ? Expose ta réponse de manière argumentée, puis décris ce que serait pour toi une société idéale.

Projet

Phase 2 : Organisez-vous !

Mettez en place une organisation qui vous permettra de réaliser avec le maximum d'efficacité chaque phase de votre projet :

1. Identifiez **les tâches** que vous aurez à accomplir ensemble pour réaliser votre projet, de même que les personnes dont vous aurez à solliciter l'aide.

2. Choisissez parmi **les plantes** dont la culture est pratiquée dans votre village ou dans votre région celle(s) **que vous comptez cultiver** dans votre jardin, en tenant compte du calendrier agricole spécifique à votre village ou à votre région. Établissez une fiche détaillée sur la ou les plante(s) qui sera (seront) cultivée(s) et sur son (leur) cycle(s).

3. Établissez **un calendrier d'exécution** des tâches liées à la culture de la ou des plante(s) retenue(s), en prenant en compte le nombre de semaines dont vous disposez jusqu'à la date à laquelle se tiendra la semaine culturelle de votre établissement et le temps que vous comptez consacrer chaque semaine à cette activité.

4. Avec l'aide de votre professeur, établissez **un budget** pour l'ensemble de votre projet, après avoir identifié les principales dépenses que vous aurez à effectuer (dépenses d'équipement et de matériel, approvisionnement en eau, semences, fertilisants, produits phytosanitaires, dépenses diverses, etc.).

5. Mettez en place l'équipe dirigeante du projet, en choisissant parmi vous ceux qui veilleront à la bonne exécution de chaque étape du projet et qui vous représenteront auprès de l'administration de votre établissement et de vos différents partenaires (bureau de la coopérative scolaire, association des parents d'élèves, délégation de l'agriculture, mairie, etc.).

Exemple de calendrier agricole		
Culture	Période de semis	Durée de culture
Aubergine	Toute l'année	4 mois
Carotte	Septembre à juin	2 à 3 mois
Chou	Octobre à mai	4 mois
Haricot vert	Toute l'année	2 à 3 mois
Oignon	Octobre à mars	4 mois
Tomate	Octobre à mars	3 mois
Pomme de terre	Octobre à mars	3 mois
Salade	Octobre à mars	2 à 3 mois

Les savoir-faire requis pour effectuer la tâche commandée

Savoir-faire :
• Je sais élaborer un calendrier.
• Je sais élaborer un budget.

Amour(s)

Compétence citoyenne : Développer des valeurs simples ;
amour, paix et fraternité.

Compétence disciplinaire : Reconnaître le registre lyrique
et savoir le distinguer dans différents types de textes.

Étape **1**

Amour et idéal

- **Savoir :** Les formes et thèmes du lyrisme.
- **Savoir-faire :** Je sais rédiger des textes lyriques.

Oral

Le savais-tu ?

Dans les pays ravagés par les guerres civiles, l'unité, la paix et la cohésion sociale sont menacées. Le peuple, guidé par une personnalité charismatique, peut agir. Nelson Mandela, par amour pour son pays, est devenu le militant le plus célèbre d'Afrique du Sud. D'abord berger de Qunu en pays xhosa, il lutte contre l'apartheid et passe 27 ans en prison pour parvenir à concrétiser son idéal : bâtir une société sud-africaine débarrassée des préjugés fondés sur la couleur de la peau.

Élèves de Côte d'Ivoire, espoirs de demain, donnons-nous la main pour retrouver l'Unité, la Paix et la Cohésion sociale dans notre beau Pays. Lycée Moderne de Man

J'observe l'image

1. Qui sont les jeunes qui brandissent la banderole ?

2. Quels mots sont mis en valeur sur cette banderole ?

3. Quels problèmes rencontrés par la Côte d'Ivoire expliquent cette banderole ?

4. Quelle relation vois-tu entre le message de cette banderole et Nelson Mandela ?

5. Que représente Mandela pour toi ?

Note sur l'auteur

Patrice Lumumba est une personnalité politique congolaise, célèbre pour son action en faveur de l'indépendance du Congo. Il est mort assassiné en 1961.

Léopold Sédar Senghor est un auteur sénégalais connu pour sa participation au mouvement de la négritude, qui exprime l'affirmation des valeurs culturelles des hommes noirs.

Alphonse de Lamartine est un poète et homme politique français du XIXᵉ siècle.

Yahia Belaskri, journaliste d'origine algérienne, a contribué à un recueil de nouvelles sur le foot publié à l'occasion de la Coupe du monde de football de 2010.

1 Passions

Voici quatre textes bien différents, au premier abord. Tous ont cependant un point commun : la passion et l'exaltation.

Texte 1-A

Car cette indépendance du Congo, si elle est proclamée aujourd'hui dans l'entente avec la Belgique, pays ami avec qui nous traitons d'égal à égal, nul Congolais digne de ce nom ne pourra jamais
5 oublier cependant que c'est par la lutte qu'elle a été conquise (applaudissements), une lutte de tous les jours, une lutte ardente et idéaliste, une lutte dans laquelle nous n'avons ménagé ni nos forces, ni nos privations, ni nos souffrances, ni notre sang. Cette
10 lutte, qui fut de larmes, de feu et de sang, nous en sommes fiers jusqu'au plus profond de nous-mêmes, car ce fut une lutte noble et juste, une lutte indispensable pour mettre fin à l'humiliant esclavage qui nous était imposé par la force.

PATRICE LUMUMBA, *Discours à la cérémonie de l'indépendance congolaise,*
Léopoldville, 30 juin 1960, http://lumumba.org.

Texte 1-B

Femme nue, femme obscure !
Fruit mûr à la chair ferme, sombres extases
[du vin noir, bouche qui fais lyrique ma bouche
Savane aux horizons purs, savane qui frémis aux
[caresses ferventes du Vent d'Est
5 Tam-tam sculpté, tam-tam tendu qui grondes sous
[les doigts du Vainqueur
Ta voix grave de contre-alto[1] est le chant spirituel
[de l'Aimée.

LÉOPOLD SÉDAR SENGHOR, extrait de « Femme noire », *Chants d'ombre*
(1945), in *Œuvre poétique*, © Éditions du Seuil, 1964, 1973, 1979,
1984 et 1990.

Texte 1-C

Éternité, néant, passé, sombres abîmes,
Que faites-vous des jours que vous engloutissez ?
Parlez : nous rendrez-vous ces extases sublimes
Que vous nous ravissez ?

5 Ô lac ! rochers muets ! grottes ! forêt obscure !
Vous que le temps épargne ou qu'il peut rajeunir,
Gardez de cette nuit, gardez, belle nature,
Au moins le souvenir !

ALPHONSE DE LAMARTINE, extrait de « Le lac », in *Méditations poétiques,* 1820.

Texte 1-D

But. Splendide but. Comme un beau gâteau au chocolat. La balle est à gauche, au pied d'un attaquant qui prend de vitesse son adversaire, il centre, du gauche. La balle fuse, monte, contourne
5 les défenseurs. Au deuxième poteau, le coéquipier, totalement démarqué, est sur son pied d'appui, bien en place. Il allonge le droit en extension et reprend la balle du coup-de-pied. Une volée. Le ballon se loge dans la lucarne. Le gardien de but, hébété, genou à
10 terre, tête en l'air, constate les dégâts. But. Au milieu de ses partenaires qui veulent le retenir, le faire basculer, le buteur s'en va dans une folle course, il trébuche, manque de tomber, se relève, continue sa course, triture[2] son maillot, l'embrasse, se jette sur le
15 gazon, glisse sur plusieurs mètres, bras ouverts. Les remplaçants, sur le banc durant le match, sont déjà sur lui, les autres arrivent, se jettent sur le groupe. Les uns sur les autres, les joueurs exultent. Le public jubile, bras en l'air, les poitrines se gonflent, les
20 chants fusent :

*Les blancs et noirs/Ma vie durant/Je les suivrai/
Par tous les temps.*

Les cris montent, les larmes coulent sur des visages, les accolades se donnent. But. Un but pour une place.
25 Une sacrée place pour un but.

YAHIA BELASKRI, « Blanc et noir », in *Nouvelles d'Afrique, Nouvelles de foot,
Enfants de la balle*, © Éditions Jean-Claude Lattès, 2010.

1. Contre-alto : voix féminine la plus grave.
2. Triture : tord, malaxe, tripote.

J'observe

1. Quels textes les photos illustrent-t-elles ?

2. Quels sentiments semblent animer les personnes photographiées ?

Je comprends

3. Quel est le genre du texte 1-A ? Quels éléments t'ont permis de répondre ?

4. À qui s'adresse l'orateur ?

5. Quel mot est sans cesse répété ?

6. Comment est définie la lutte de tous les Congolais pour leur indépendance ?

7. Quel est le genre du texte 1-B ? Quels éléments t'ont permis de répondre ?

8. À quoi est comparée la femme ?

9. Quel est le genre du texte 1-C ? Quels éléments t'ont permis de répondre ?

10. À qui s'adresse le poète, globalement ?

11. Quelle ponctuation expressive utilise-t-il ?

12. Quel est le genre du texte 1-D ? Quels éléments t'ont permis de répondre ?

13. Quels sentiments exalte-t-il ?

Je découvre

14. Trouves-tu que ces textes se ressemblent, à première lecture ?

15. Quels sont les différents thèmes abordés ?

16. Peut-on dire que tous ces textes évoquent des sentiments particuliers ? Explique ta réponse.

17. En quoi peux-tu dire que tous ces textes sont rythmés ? Comment ?

18. Quel est le point commun entre les trois premiers textes ?

Je retiens

● Au sens littéraire, un texte lyrique (du mot « lyre », instrument à cordes) est un texte expressif, personnel, écrit dans un style imagé et rythmé, à l'émotion communicative.

● Dans un sens plus courant, un être (une musique, un film…) lyrique est un être passionné, intense, exalté.

● Les thèmes lyriques sont variés (l'amour, la mort, la communion avec la nature, l'idéal politique, le bonheur, l'insatisfaction…). Ils ont tous en commun d'exprimer un sentiment intense.

● Le lyrisme touche toutes les formes littéraires (discours, poésie, roman) mais aussi artistiques (peinture par exemple).

vocabulaire

Sensations, émotions et sentiments

Les uns sur les autres, les joueurs exultent. Le public jubile, bras en l'air, les poitrines se gonflent, les chants fusent […]. ■

1. Dans cet extrait, à quelle émotion sont en proie les joueurs et le public ?

2. Relève les termes qui t'ont permis de trouver la réponse.

Je retiens

● La **sensation** passe par les cinq sens (vue, odorat, ouïe, goût, toucher).
Exemples : La brûlure, l'éblouissement, l'amertume…

● L'**émotion** est un état affectif intense et éphémère lié à des sensations physiques.
Exemples : La peur, la surprise, la joie, la colère…

● Le **sentiment** est un état affectif plus durable.
Exemples : L'amour, la haine, la tristesse…
On distingue de nombreuses nuances d'intensité dans l'expression d'un même sentiment.

Je m'entraîne

1. Les mots suivants appartiennent au lexique de la joie, de l'inquiétude et de la honte. Classe-les par ordre d'intensité.

a. Joie : enthousiasme • liesse • gaieté • satisfaction • allégresse • béatitude.

b. Inquiétude : appréhension • souci • tourment • souffrance • stress • angoisse.

c. Honte : gêne • pudeur • retenue • embarras • confusion • réserve.

conjugaison

Les modes personnels et impersonnels

«Monsieur l'arbitre!» Les remplaçants ont quitté leur banc, comme un seul homme, poussant des «Oh!», «Non!», «Vous ne voyez pas l'agression?».

1. Relève les formes verbales dans la phrase ci-dessus.

2. Lesquelles se conjuguent et peuvent varier en personne ? Laquelle ne se conjugue pas et ne varie pas en personne ?

Je retiens

● Il existe quatre **modes personnels** : l'**indicatif**, le **subjonctif**, l'**impératif** et le **conditionnel**. Ils varient selon la personne.

– L'**indicatif** exprime une **réalité** ➜ *Mon mari est malade.*

– Le **subjonctif** exprime une **éventualité** ➜ *Qu'il s'en aille et je me sentirai mieux.*

– L'**impératif** exprime un **ordre** ou un **conseil** ➜ *Ne parlez pas !*

– Le **conditionnel** exprime une **hypothèse** ➜ *Cette pièce pourrait avoir du succès.*

● Les **modes impersonnels** ne varient pas selon la personne. Il s'agit du **participe** (**présent** ➜ *envoyant, finissant, tenant…* ou **passé** ➜ *envoyé, fini, tenu…*), du **gérondif** (*en envoyant, en finissant, en tenant…*) et de l'**infinitif** (*envoyer, finir, tenir…*).

Je m'entraîne

1. Dans le texte suivant, identifie les verbes employés à des modes impersonnels et précise de quel mode il s'agit : participe, gérondif ou infinitif.

Exemple : Je prends le train de 18 h en espérant arriver à temps.
MODE GÉRONDIF

Le match de football commence dans quelques minutes et les enfants, entassés sur le canapé, n'écoutent pas les appels de leur mère qui veut les envoyer dormir. Le père arrive en bougonnant, il veut profiter du spectacle lui aussi ! Finalement, la mère abandonne et s'assied avec le reste de la famille, profitant d'une soirée de repos bien méritée.

2. Donne le mode et la valeur des formes verbales soulignées.

Exemple : Si j'avais de l'argent, je t'en donnerais. ➜ *Mode conditionnel, valeur d'hypothèse.*

Fatou est amoureuse de Richard depuis l'école primaire, cependant elle n'a jamais osé lui en parler. Si elle était aussi jolie que Sité, elle oserait l'aborder. Qui pourrait s'intéresser à une fille banale comme elle ? Elle a envie que ses cheveux soient plus doux, ses yeux plus clairs. Mais voilà qu'il arrive et s'approche d'elle. Va-t-elle lui parler ? Elle se lance : «Où vas-tu Richard ?» Il hausse les épaules : «Au terrain de foot, à la sortie du village, accompagne-moi si tu veux.»

3. Compare les verbes soulignés dans les phrases de chaque série et explique la différence de sens en t'appuyant sur la valeur des modes.

Solange a aimé les mangues./Solange aurait aimé les mangues.

Tu te demandes si tu sais grimper sans aide./Tu te demandes si tu saurais grimper sans aide.

Ils ont accepté l'idée que tu viendras./Ils ont accepté l'idée que tu viennes.

Je sais que tu comprends./J'aimerais que tu comprennes.

Les marques de l'énonciation

« Ô mon pays ! Que de souffrances tu as endurées et combien je te comprends ! »
Le poète s'arrête un instant et se recueille.

1. Dans le passage entre guillemets, relève les pronoms personnels qui se rapportent à celui qui parle et à son destinataire.

2. Dans le reste du texte, les pronoms personnels employés sont-ils les mêmes ?

3. Quelle différence fais-tu entre les deux parties du texte ?

Je retiens

● La situation d'énonciation est une situation de communication. Elle répond à cinq questions :
– **Qui parle ?** → l'énonciateur.
– **À qui ?** → le destinataire.
– **Quand ?**
– **Où ?**
– **Dans quel but ?**

● Il existe **deux types d'énoncés** qui présentent ou non des indices de la situation d'énonciation.

	Présence de marques de l'énonciation	Absence de marques de l'énonciation
Textes	Dialogue (roman, théâtre), lettre, journal intime…	Roman, nouvelle, conte…
Marques de la personne	Je, me, tu, toi, nous…	Il, elles, leur…
Temps verbaux	Présent d'énonciation, passé composé, futur simple…	Passé simple, imparfait, plus-que-parfait…
Indicateurs de temps	Aujourd'hui, demain, ce soir, la semaine prochaine…	Ce jour-là, le lendemain, le soir-même, la semaine suivante…
Indicateurs de lieu	Ici, chez ma sœur, derrière toi…	Là, chez sa sœur, derrière elle…
Exemples	**Hier, à la maison, j'ai préparé** un bon repas.	**La veille, chez lui, il avait préparé** un bon repas.
Situation de l'énoncé	Énoncé ancré dans la situation d'énonciation (discours).	Énoncé coupé de la situation d'énonciation (récit).

●●●●● Je m'entraîne

1. Dans le texte suivant, repère les indices de la situation d'énonciation qui répondent aux cinq questions de la leçon « Je retiens » ci-contre.

Chers parents,

Je viens d'arriver chez oncle Paul à Douala. Mon voyage s'est bien passé et je me porte bien. Et vous de votre côté, comment allez-vous ? Est-ce que les chèvres donnent toujours autant de souci à papa ?
Mon oncle m'a très bien reçu ainsi que toute la famille, je vais à présent défaire ma valise et je vous écrirai plus longuement dès que je me serai habitué à ma nouvelle vie.

Votre fils respectueux Thomas

2. Pour chaque extrait, dis s'il est ancré ou non dans la situation d'énonciation et relève les indices qui t'ont permis de répondre.

a. Fatigué, l'homme posa son sac à terre. La veille, il avait traversé toute la forêt à pied.

b. Salu, c Madou. T ou ? Moi sui o marché pour ma mer, te rejoin chez toi kan g fini. Vers 12h, j pense. Envoi nouvo SMS kan g par. A +

c. Émile voyageait depuis des semaines à travers l'Afrique pour tenter de trouver une solution au conflit et il désirait maintenant se reposer.

3. Ajoute aux énoncés suivants les éléments nécessaires à la création d'une situation d'énonciation. Tiens compte du niveau de langage de chaque énoncé.

Exemple : « J'en ai vraiment marre d'attendre, on reviendra demain ».
→ « Voilà une heure qu'on est dans la salle d'attente (Où ?) et personne ne vient nous chercher. En plus, il est bientôt 16 h (Quand ?) et je (Qui parle ?) dois aller chercher Ibrahim à l'école. Allez, Serge (À qui ?), viens, on y va (Dans quel but ?) ! »

a. « Nous vous serions reconnaissants de bien vouloir signer cette pétition pour la paix en Afghanistan. »

b. « Ce texte est trop provocateur, je refuse de le lire. »

c. « Pensez-vous que cette banderole conviendra ou préférez-vous porter un T-shirt à message ? »

4. Récris le texte ci-dessous de manière à en faire un énoncé coupé de la situation d'énonciation.

Exemple : « Au secours, le feu a pris dans la case de Bouba vers 20 h. Appelez quelqu'un ! » → Ce soir-là, le feu avait pris dans la case de Bouba et son voisin décida qu'il lui fallait de l'aide.

« Oh, non ! Ce n'est pas possible ! L'entraînement a déjà commencé, il est 8 h 15 et je suis en retard. Que va dire M. Niambele ? Je vais être puni. Mon Dieu, maman, pourquoi tu ne m'as pas réveillé ? »

Expression Orale & écrite

2 Ode au Saint-Laurent

Gatien Lapointe est un auteur québécois. Son poème dédié au Saint-Laurent, le grand fleuve du Québec, est un hommage lyrique à son pays.

Ma langue est d'Amérique
Je suis né de ce paysage
J'ai pris souffle dans le limon du fleuve
Je suis la terre et je suis la parole
5 Le soleil se lève à la plante de mes pieds
Le soleil s'endort sous ma tête
Mes bras sont deux océans le long de mon corps
Le monde entier vient frapper à mes flancs

J'entends le monde battre dans mon sang

10 Je creuse des images dans la terre
Je cherche une ressemblance première

Mon enfance est celle d'un arbre
Neiges et pluies pénètrent mes épaules
Humus et germes montent dans mes veines
15 Je suis mémoire je suis avenir
J'ai arraché au ciel la clarté de mes yeux
J'ai ouvert mes paumes aux quatre vents
Je prends règne sur les saisons

> GATIEN LAPOINTE, extrait de l'*Ode au Saint-Laurent*, Écrits des Forges (Trois Rivières), 2000, © Écrits des Forges inc.

1. Quel est le thème du poème ?
2. Quel sentiment le poète a-t-il pour son pays ?
3. Quelles métaphores illustrent la fusion du poète avec son pays ?

J'apprends à rédiger des textes lyriques.

Pour rédiger un texte lyrique, tu dois relier un **thème lyrique** à un ou plusieurs sentiments.

• Un **thème lyrique** doit être choisi en fonction de sa capacité à faire partager une émotion. Il faut que le lecteur se sente concerné par le choix de l'écrivain.

• Une fois le thème choisi, il faut veiller à définir **quel sentiment personnel va être mis en valeur**.

• **Thèmes lyriques** : amour, amitié, beauté, nature, religion, mort…

• **Sentiments** : bonheur, enthousiasme, exaltation, souffrance, angoisse, insatisfaction, nostalgie, mélancolie, fatalisme…

Je m'entraîne

1. En classe, cherchez des situations actuelles, en Afrique ou ailleurs, qui vous paraissent inacceptables. Une fois que vous aurez établi une liste avec votre professeur, choisis une situation et fais des recherches à son sujet. Selon les sentiments que cela éveille en toi, rédige un discours que tu adresseras à tes camarades.

2. Chez toi, relis à haute voix chacun des textes présentés dans cette première étape. Soigne ta déclamation et essaie d'adopter un ton qui rende le sentiment exprimé communicatif. Apprends par cœur ton texte préféré et présente-le en classe.

3. Observe la photo ci-dessous.

Imagine ce que la jeune femme peut déclamer en regardant l'horizon, par-delà les dunes de sable. Pour préparer ton travail, fais une courte description du paysage, puis utilise-la pour ta rédaction. Attention ! Il faut utiliser le pronom « je ».

4. Lis le texte ci-dessous.

Sur mes refuges détruits
Sur mes phares écroulés
Sur les murs de mon ennui
J'écris ton nom

Sur l'absence sans désir
Sur la solitude nue
Sur les marches de la mort
J'écris ton nom

> Paul Eluard, extrait de « Liberté », in *Au rendez-vous allemand*, © Les Éditions de Minuit, 1945.

Écris un poème d'amour en prenant cet extrait pour modèle. Utilise le même procédé de répétition (« Sur… Sur… »), ainsi que le champ lexical de l'amour, de la joie. Tu finiras ton poème par le nom de l'être aimé (« J'écris ton nom… Boubacar/Marine », par exemple).

Amour(s)

Compétence citoyenne : Développer des valeurs simples ; amour, paix et fraternité.

Compétence disciplinaire : Reconnaître le registre lyrique et savoir le distinguer dans différents types de textes.

Étape **2**

Amour et fraternité

- **Savoir :** L'écriture lyrique.
- **Savoir-faire :** Je sais utiliser des figures de style dans un texte lyrique.

Oral

Le savais-tu ?

Au sens premier, la fraternité est le lien affectif qui existe entre deux frères. Plus généralement, c'est un sentiment profond, un lien qui lie les hommes, tous unis dans leur destin terrestre. Plus de 30 guerres ont éclaté en Afrique depuis 1970, déplaçant 8 millions de personnes. Le chemin vers le fraternité et la paix est encore long, mais le Conseil de paix et de sécurité, créé en 2004 par l'Union africaine, travaille à la paix des pays encore en guerre en 2011.

J'observe l'image

1. En quoi la première photographie illustre-t-elle le thème de la fraternité ?

2. Que peut symboliser le chemin sur lequel les deux enfants marchent ?

3. Quel continent est mis en valeur sur la deuxième photographie ?

4. Quel est le message de ce photomontage ?

5. Est-il facile de vivre ensemble ?

6. Quels obstacles faut-il dépasser ?

lecture

Maxime N'Debeka est un poète et dramaturge congolais né en 1944. Militant pour la révolution congolaise, il est condamné à mort en 1972, et s'exile en France.

Bernard B. Dadié est un écrivain et homme politique ivoirien né en 1916.

1 Utopies

C'est d'un avenir rêvé dont les poètes nous parlent dans les deux textes qui suivent, empreints d'un idéal de paix et de fraternité.

Texte 1-A : J'ai rêvé

Une île dans l'océan de l'espoir
Où l'arche de Noé
Où les survivants d'une longue et pénible lutte
Où mes rêves viennent échouer
5 Une île nette et pure

Où les hommes sont des humains
Et les Noirs des hommes
Où le Noir, le Rouge, le Blanc
S'épousent comme au crépuscule
10 Où il n'y a ni héritiers ni déshérités
Une île au large de l'espoir
Où l'on chante au lieu de se plaindre
Où l'on danse au lieu de guerroyer[1]
Où l'on rit au lieu de pleurer
15 Une île idéal de l'esclavage

Où les cliquetis[2] des cadenas
Ne sont plus que langue de l'eau sur les rochers
Où les grincements des chaînes que l'on traîne
Ne sont plus que murmure du vent dans les
                                                    [bambous
20 Une île meilleure que celles des Caraïbes
Où l'on ne parle ni des servitudes, ni de la liberté
Où l'on ne parle ni arabe, ni lingala, ni swahili
Où l'homme est maître

Où le temps n'est plus ce quelque chose
25 Qui nous glisse des mains
J'ai rêvé dans l'océan de l'espoir
Une île meilleure que celles des Caraïbes
Une île nette et pure
Comme le premier regard d'un enfant
30 J'ai rêvé de cette île…

MAXIME N'DEBEKA, *Soleils neufs*, © Éditions Clé, Yaoundé, 1969.

1. **Guerroyer** : faire la guerre.
2. **Cliquetis** : bruit sec.

Texte 1-B : Sur la route

[…]
Bouquets de rêves
Nouvel arc-en-ciel
Nous unissons les horizons, les couleurs, les hommes,
Nous écoutons dans le vent
5 la voix des autres continents
les murmures de toutes les vies.

Les peines à bout de bras
Et la joie dans nos cœurs
Tisserands de songes
10 Nous sommes des flambeaux
Sur la route de chacun et de tous.

Sur la route de Demain
Que nous voulons
plus beau
15 plus clair
plus uni
sorti des mains de toutes les couleurs
sorti du cœur de tous les continents,
Avec des rires de toutes les gammes
20 des compagnons sans crainte aux rêves très audacieux,
Sur la route de Demain,
La Route des Hommes
La Route des Frères
Sans autre fraternité que la fraternité de tous
[et pour tous
25 Sans autre chanson que la chanson de tous et pour tous
Sans autre joie que la joie de tous et pour tous…
Sur la route de Demain,
La Route des hommes nouveaux
Nous voici.

BERNARD B. DADIÉ, *Hommes de tous les continents*,
© Présence Africaine Éditions, 1967.

J'observe

1. Que font les enfants sur cette photo ?
2. En quoi l'image peut-elle illustrer les deux poèmes ?

Je comprends

3. De quels lieux rêvent les poètes ?
4. Que symbolisent ces lieux ?
5. Dans le poème 1-A, quel sont les différents sujets du verbe « viennent » (vers 4) ? Explique leur signification.
6. Que symbolisent les couleurs évoquées au vers 8 ?
7. Quelle réalité historique évoquent « les cliquetis des cadenas » vers 16 ?
8. Que représente « le premier regard d'un enfant », à la fin du poème (vers 29) ?
9. Dans le poème 1-B, que symbolisent les couleurs ?
10. Quel sentiment exalte le poète à la fin du texte ?

Je découvre

11. À quelles personnes ces deux textes sont-ils rédigés ? Quel est l'effet produit ?
12. Sur quel schéma répétitif est construit le poème 1-A ?
13. Par quels autres procédés les poètes donnent-ils du rythme à leurs textes ?
14. Peut-on comparer ces poèmes à des chants ? Pourquoi ?
15. Quelles images utilisent les deux poètes pour évoquer l'avenir ?

Je retiens

● Les **poèmes lyriques** sont en général écrits à la **1re personne** : le poète exprime ses sentiments personnels. Parfois il nomme son destinataire.

● L'écriture lyrique est **musicale**. Son rythme naît de la **répétition** :
– de mots ou expressions (la répétition est appelée **anaphore** lorsque les mots répétés sont placés en tête de vers).
– de sons (**allitérations**, répétition de consonnes ; **assonances**, répétition de voyelles). *Exemple :* Une île idéal de l'esclavage (allitération en l).

● L'écriture lyrique est **imagée**. Le poète utilise des **comparaisons** et des **métaphores**, ainsi que des **personnifications**.

vocabulaire

Le vocabulaire de la versification

▌ Nous écoutons dans le vent/la voix des autres continents/
les murmures de toutes les vies. ■

1. Relève les éléments typographiques qui font de ce texte un
texte poétique.

2. Sur quelles sonorités jouent ces vers ?

Je retiens

● Les types de vers les plus répandus sont l'**alexandrin** (12 syllabes), le **décasyllabe** (10 syllabes) et l'**octosyllabe** (8 syllabes).
Exemple :Sor/ti/ des/mains/ de/ tou/tes/ les/ cou/leurs → décasyllabe.
Remarque : Le *e* est muet quand il est en fin de vers ou qu'il est
suivi d'une voyelle.
*Exemple :Où les survivants d'une longue et pénible lutte → Les e de
« longue » et « lutte » ne comptent pas.*

Je m'entraîne

1. Trouve le mètre des vers suivants en comp-
tant les syllabes et donne le nom du vers.
*Exemple :Et/ nos/ a/mours/ faut/-il/ qu'il/ m'en/ sou/
vienne (Apollinaire) → 10 syllabes : décasyllabe.*

a. Ne sont plus que langue de l'eau sur les rochers
(M. N'Debeka).

b. Mer odorante et vagabonde (C. Baudelaire).

c. Chacun en nous se prolonge et se cherche
(Bernard B. Dadié).

2. Trouve le mètre des vers suivants.
Ce toit tranquille, où marchent des colombes,
Entre les pins palpite, entre les tombes ;
Midi le juste y compose de feux
La mer, la mer, toujours recommencée.

Paul Valéry, Le Cimetière marin, 1920.

orthographe

Les accords particuliers de l'adjectif

▌ Bouquets de rêves
Nouvel arc-en-ciel

1. Quel est le genre de l'adjectif qualificatif souligné ?
Est-ce sa forme habituelle ?

2. Quelle remarque peux-tu faire concernant la place
de ce mot ?

Je retiens

● Certains adjectifs ont conservé l'**ancienne forme
du masculin** devant les noms commençant par une
voyelle : *nouveau → nouvel ; beau → bel ; mou → mol ;
vieux → vieil ; fou → fol…*

● Lorsqu'un **adjectif qualifie deux noms**, l'un masculin
et l'autre féminin, il s'écrit au **masculin pluriel**.
Exemple :Tu verras ton pays et ton âme libérés.

● Les adjectifs «**nu**» et «**demi**», lorsqu'ils sont placés
devant un nom, sont invariables et sont reliés au nom
par un trait d'union (*nu-tête, une demi-heure*).
Placés après le nom, «nu» s'accorde en genre et en
nombre (*les jambes nues*) et «demi» seulement en genre
(*dans trois heures et demie*).

Je m'entraîne

1. Accorde les adjectifs soulignés.
Exemple :Une table et un miroir ancien →Anciens.
Idrissa porte un T-shirt et un short léger •Les garçons et les
filles absent devront fournir un mot d'excuse. •Déterminé,

la tigresse et sa proie semblent oublier ce qui les entoure. •
Le puits et le terrain de jeux sont commun à tous. • Mon
oncle et sa femme paraissent fatigué • La chaleur et l'hu-
midité sont accablant dans cette bananeraie.

2. Place l'adjectif entre parenthèses à la place qui
convient, avant ou après le nom souligné, et trans-
forme-le lorsque c'est nécessaire.
*Exemple :(Vieux) Dans le village, un sage guide nos pas, c'est un
homme. → Un vieil homme.*

a. (Vide) Celui qui ne vit que pour lui mène une vie ; pour
être heureux il faut donner aux autres.

b. (Fou) Nous sommes tous frères mais c'est un espoir de
croire que nous pourrons un jour être égaux.

c. (Beau) Partager son repas avec plus pauvre que nous est
un exemple de solidarité.

d. (Meilleur) C'est le premier pas vers une nation et un
monde.

e. (Nouveau) Lorsqu'une nation vibre ensemble lors d'un
événement sportif, cela lui donne un élan.

3. Accorde les adjectifs en gras en genre et en nombre
lorsque c'est nécessaire.
*Exemple :Dans la cave, des fils électriques nu courent le long du
mur. →Nus.*

Les cueilleurs travaillent à moitié **nu**, tant la chaleur est
étouffant. •Au début du spectacle, la salle n'était qu'à **de-
mi-plein**. •Avec cette pluie **torrentiel**, oseras-tu sortir bras
nu ? • Je pense ne rester qu'une heure et **demi**. • J'arrive
dans une **demi**-heure. •Ce garçon est un va-**nu**-pieds.

L'adverbe

Avec des rires de toutes les gammes
Des compagnons sans crainte aux rêves <u>très</u> audacieux ■

1. À quel terme le mot « très » apporte-t-il une précision ?

2. Par quel mot peux-tu remplacer cet adverbe ?

Je retiens

● L'adverbe est **invariable**. Ce peut être un mot simple (*ici, doucement…*) ou une locution adverbiale (*tout à coup, au moins…*).

● Ses rôles sont divers. Il peut **modifier le sens** :
– d'un **verbe** ➜ *Il <u>roule</u> vite.*
– d'un **adjectif** ➜ *C'est une **très** <u>belle</u> journée.*
– d'un **autre adverbe** ➜ *Il pleure **vraiment** <u>souvent</u>.*
– d'une **proposition entière** ➜ ***Malheureusement**, <u>il n'a pas plu depuis une semaine</u>.*

● Les adverbes en **-ment** sont formés à partir du féminin d'adjectifs qualificatifs.
Exemple : *Basse ➜ bassement.*

● Pour orthographier correctement l'adverbe, il faut retrouver l'adjectif dont il est issu.
Exemples : *Adjectif en -ant (bruyant) ➜ adverbe en -amment (bruyamment).*
Adjectif en -ent (évident) ➜ adverbe en -emment (évidemment).

● Il existe différentes classes d'adverbes, dont les **adverbes circonstanciels de lieu** (*ici, ailleurs, dessus…*), **d'intensité, de quantité et d'insistance** (*beaucoup, tellement, trop…*), les **adverbes de liaison** (*d'abord, ensuite, en outre…*) ou encore les **adverbes d'opinion** (*sans aucun doute, assurément…*).

🔵🔵🔵🔵🔵 Je m'entraîne

1. Trouve les adverbes correspondant à ces adjectifs.
Exemple : *Modéré ➜ modérément.*
Discret • respectueux • particulier • frais • sportif • ancien • doux • naïf • fier • obscur • gentil • immense.

2. Trouve les adverbes correspondant à ces adjectifs en choisissant la bonne terminaison (-emment ou -amment).
Exemple : *Récent ➜ récemment.*
Brillant • nonchalant • négligent • puissant • méchant • patient.

3. Place les adverbes suivants à la place qui convient dans le texte ci-dessous : *extrêmement, ardemment, finalement, toutefois, très, également.*

La Coupe du monde de football 2010 a eu lieu en Afrique du Sud. Ce pays souhaitait … accueillir cet événement sportif … important car le gouvernement et le peuple sud-africain espéraient mettre en lumière leur pays devant les caméras du monde entier. Cette compétition a un retentissement … considérable et permet … d'attirer de nombreux touristes. …, le bilan est mitigé ; aucun débordement n'a été constaté mais l'organisation du Mondial a … coûté 4 milliards d'euros à un pays dans lequel 40 % de la population vit avec moins de deux dollars par jour.

4. Recopie le texte suivant et souligne les adverbes.
Exemple : *Il s'est approché de moi <u>très</u> <u>gentiment</u> et m'a demandé mon nom.*

De nombreuses associations d'entraide soutiennent heureusement une série de projets fondamentaux en Afrique. Leurs priorités sont la souveraineté alimentaire pour permettre aux populations mal nourries d'atteindre une autonomie, au moins partielle, en termes d'alimentation, le droit aux services de première nécessité souvent peu accessibles en zone rurale (l'électricité, les soins…), la réduction des inégalités entre les riches et les pauvres, la lutte contre le sida qui tue un très grand nombre d'hommes, de femmes et d'enfants.

5. Recopie dans un tableau les adverbes en gras, le mot ou la proposition qu'ils précisent et la classe grammaticale de ce mot ou de cette proposition.
Exemple : *Si tu te lèves **trop** tard, tu seras en retard.*

Adverbe	Mot ou proposition précisé(e)	Classe grammaticale du mot ou de la proposition précisé(e)
« Trop »	« Tard »	Adverbe

Un orpailleur se trouvait au bord du fleuve Mono au Bénin. Il était là depuis des jours mais n'avait pas trouvé la moindre pépite d'or. Il se désespérait quand un **très** vieil homme qui marchait **péniblement** lui demanda de l'aider à mettre un peu d'eau dans son récipient pour étancher sa soif. L'orpailleur était épuisé, **toutefois** il accepta avec joie d'aider son aîné qui le remercia chaleureusement : « On m'aide si **peu** souvent. Prends patience et reste **ici**, tu trouveras de l'or. C'est la promesse que je te fais ! »

6. Enrichis le texte suivant en y ajoutant les adverbes de ton choix. Respecte le sens du texte.

Le 28 août 1963, Martin Luther King a prononcé un discours marquant. Il a éduqué, inspiré et guidé les gens qui étaient présents ce jour-là ainsi que les générations à venir. Le rêve qu'il a fait était un rêve d'égalité et d'harmonie entre les peuples. Ce message d'espoir est célèbre dans le monde entier, bien au-delà des frontières des États-Unis.

orale & écrite

Savoir-faire

• Je sais utiliser des figures de style dans un texte lyrique.

2 J'y suis pour tout le monde

Claude Roy est un écrivain français (1915-1997). Marqué par la Seconde Guerre mondiale, il rédige des poèmes militants.

Jamais jamais je ne pourrai dormir tranquille aussi longtemps
que d'autres n'auront pas le sommeil et l'abri
ni jamais vivre de bon cœur tant qu'il faudra que d'autres
meurent qui ne savent pas pourquoi
5   J'ai mal au cœur mal à la terre mal au présent
Le poète n'est pas celui qui dit Je n'y suis pour personne
Le poète dit J'y suis pour tout le monde
Ne frappez pas avant d'entrer
Vous êtes déjà là
10 Qui vous frappe me frappe
J'en vois de toutes les couleurs
J'y suis pour tout le monde
[…]

Mon amour ma clarté ma mouette mon long cours
15 depuis dix ans je t'aime et par toi recommence
me change et me défais m'accrois et me libère
mon amour mon pensif et mon rieur ombrage
en t'aimant j'ouvre grand les portes de la vie
et parce que je t'aime je dis
20 *Il ne s'agit plus de comprendre le monde*
il faut le transformer

CLAUDE ROY, extrait de « Jamais je ne pourrai », in *Poésies*,
© Éditions Gallimard, 1970.

1. **Quels mots rythment le poème ?**

2. **Comment comprends-tu le vers 5 ?**

3. **À quoi l'être aimé est-il comparé dans la deuxième strophe ?**

J'apprends à utiliser des figures de style dans un texte lyrique.

• L'**anaphore** donne du rythme et de la musicalité au poème. Elle met en valeur ses grandes lignes directrices, ses idées majeures.

• L'**hyperbole** amplifie le sentiment, dans un ton passionné, exalté.

• La **métaphore** donne un impact particulier au texte. On peut utiliser une métaphore filée (développement de la même métaphore sur quelques lignes).

• La **personnification** est une image qui permet de donner vie à une notion abstraite. *Exemple* (avec la notion de douleur) : Sois sage, ô ma douleur, et tiens-toi plus tranquille (Baudelaire).

Je m'entraîne

1. Que penses-tu des idéaux exprimés par les deux poèmes des pages 62-63 ? L'avenir que les poètes appellent de leurs vœux est-il possible ? En classe, débattez autour de cette question.

2. Relève dans les vers suivants les différentes anaphores, hyperboles, métaphores, personnifications et comparaisons. Il peut y avoir plusieurs figures de style dans un même vers.

a. Le kola d'amitié/s'esclaffera sous toutes les dents (Patrice Kayo).

b. Et les doigts […] se rencontrent et forment comme une passerelle (Jean-Joseph Rabearivelo).

c. Une porte de pierre nous sépare/une porte de vent divise nos vies (Jean-Joseph Rabearivelo).

d. L'amour a fleuri dans mon jardin l'amour/Comme un printemps de pourpre vêtu (Eno Belinga).

e. Mon corps est engourdi/et je me meurs de froid (Étienne B. Noumé).

3. Voici les deux premières strophes du poème « Sur la route », étudié page 63.

Sur la route d'hier
d'aujourd'hui et de demain
nouveaux tisserands de songes,
Nous voici rassemblés.

Chacun en nous se prolonge et se cherche.
De la savane à l'océan,
Chaîne de vie
Nous apportons des corbeilles de soleils
À ceux des champs, à ceux des villes.

a. À quoi se comparent le poète et toutes les âmes de bonne volonté ?

b. Que signifie pour toi l'expression « corbeilles de soleils » ?

4. Observe la photographie ci-dessous.

En quoi peut-elle-illustrer le thème de la fraternité ? Rédige un texte décrivant la photo, en utilisant les figures de style décrites dans la leçon ci-contre.

Séquence 3

Amour(s)

Compétence citoyenne : Développer des valeurs simples ; amour, paix et fraternité.

Compétence disciplinaire : Reconnaître le registre lyrique et savoir le distinguer dans différents types de textes.

Étape 3

Le sentiment amoureux

- **Savoir :** Le récit d'une rencontre amoureuse.
- **Savoir-faire :** Je sais rédiger une scène de rencontre amoureuse.

Oral

Cette fille a l'air « clean » je ne me protège pas !
FAUX
Ne pas regarder le SIDA en face, c'est se condamner

S'aimer, c'est se protéger. Dans leurs relations amoureuses, les jeunes doivent s'observer, se comprendre et ne pas se fier aux apparences, souvent trompeuses. Pour se préserver du VIH, des précautions simples doivent être prises : utiliser un préservatif (masculin ou féminin) lors des relations sexuelles, veiller à ne pas utiliser de seringues sales qui pourraient être contaminées et, quand on est séropositif, en informer la personne que l'on aime. Il est important enfin de ne pas adopter de conduites à risque : attention à l'alcool et à la drogue, qui font perdre ses moyens.

J'observe l'image

1. **Quel est le thème de la campagne d'affichage ?**

2. **Pourquoi le jeune homme a-t-il les yeux bandés ?**

3. **Que symbolise la couleur rouge de son bandeau ?**

4. **Que symbolise le ruban rouge ?**

5. **Qu'est-ce qu'une campagne de prévention ?**

lecture

Emmanuel Dongala est un écrivain congolais né en 1941. Anciennement professeur de chimie à l'université Marien-Ngouabi de Brazzaville, puis aux États-Unis, il partage son temps entre son travail et la littérature. Il a publié des romans et des nouvelles, dont *Jazz et vin de palme* et *Les petits garçons naissent aussi des étoiles*, qui a reçu le prix RFI-Témoin du monde en 1998.

1 Une rencontre

Lors d'un bal de fin d'année, la narratrice rencontre un jeune homme bien séduisant. Malgré ses réticences, elle se laisse approcher…

Or ce garçon était venu et s'était assis à côté de toi. Il te semblait l'avoir aperçu une ou deux fois dans la cour de récréation du lycée mais tu ne le reconnaissais pas vraiment. Il avait l'air pas

5 mal, sobrement habillé mais élégant, genre BCBG[1], pas comme ces autres à l'accoutrement extravagant voire outrageant. Tu fus surprise quand il te salua en mentionnant ton nom. Il te dit s'appeler Tito et qu'il te connaissait, car qui ne connaissait

10 pas la fille la plus brillante du lycée? Tu étais prise à contre-pied parce que tu t'attendais à ce qu'il te murmurât que tu étais belle, ou que […] tu avais les plus beaux yeux du monde. Mais non, il te parlait de ton intelligence, ce qui est rare chez un garçon

15 s'adressant à une nana. Tu étais flattée et troublée. Pour cacher tes sentiments, tu jouas à la modeste en lui déclarant qu'avoir de bonnes notes en classe ne voulait pas nécessairement dire qu'on était plus intelligente que les autres, et, avant qu'il ne répon-

20 dît, tu tournas le sujet de la conversation sur lui en lui demandant dans quelle classe il était puisque tu ne l'avais jamais rencontré dans aucun de tes cours. Il t'informa qu'il était en dernière année, en terminale, et qu'il attendait les résultats du bac passé il y

25 avait quelques jours. […]

Assez discuté, avait-il alors décrété, ne veux-tu pas danser? Ce que tu craignais!

Comme tu aimerais dire oui! Mais tu ne savais pas danser; quand tu t'y forçais, tu dansais comme

30 une gourde, ce qui était inhabituel pour une jeune fille de dix-sept ans. Tu essayas d'esquiver en lui disant que tu étais fatiguée. Sentait-il que tu étais embarrassée? Il te tira habilement d'affaire en te disant qu'il n'avait pas osé demander à une autre fille

35 de danser parce qu'il ne savait pas danser lui-même et, te sachant très intelligente et gentille, tu serais patiente et compréhensive si dans sa balourdise il marchait sur tes pieds sur la piste. Tu rebondis aussitôt: Mais qu'est-ce qui te fait croire que je sais

40 danser? Peut-être suis-je pire que toi? Dans ce cas c'est parfait, enchaîna-t-il sans hésiter et, se levant aussitôt, il ajouta: Plus on est de fous, plus on rit; on est venu pour s'amuser, pas pour un concours de danse.

45 Tu ne savais pas quand il t'avait pris la main, quand il t'avait tirée de ton siège ni même quand tu t'étais levée, tu t'étais tout simplement retrouvée debout sur la piste avec ses mains autour de tes hanches et les tiennes autour de sa taille. Et

50 comme par hasard c'était une musique lente, un «slow», cette musique de crooner[2] pleine de «my

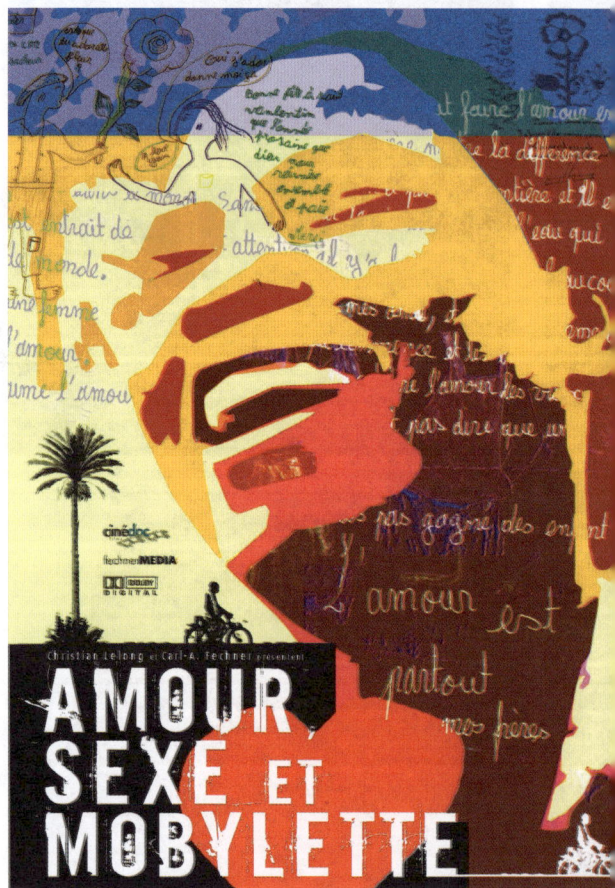

AMOUR, SEXE ET MOBYLETTE

love», « kiss me», « hold me tenderly», pendant laquelle les disc-jockeys tamisaient toujours la lumière
tu ne savais pourquoi. Tu avais marché trois fois sur
55 ses pieds aux trois premiers pas de la danse, au quatrième ce fut lui qui te marcha sur les pieds. « Pardon,
fit-il, tu vois, moi aussi je me prends les pieds. » Ces
paroles t'avaient relaxée, tu t'étais détendue, même
si tu soupçonnais un peu qu'il l'avait fait exprès car
60 il était bon danseur, il savait entraîner sa partenaire.
Lentement, sûrement, sans t'en rendre compte, ton
corps se mit tout naturellement à se balancer avec
le rythme de la musique. Il te serra un peu plus, tu
le laissas faire, tu te sentais bien, avec une sensation
65 de chaleur dans le ventre, et tu avais fermé les yeux.
    Lorsque la musique passa sans transition à des
rythmes emballés de « coupé-décalé » et que les lumières éclatèrent à nouveau, vous vous séparâtes.
Tu étais un peu gênée sans trop savoir pourquoi
70 et tu rejoignis ta chaise sans le regarder. Il s'assit
à côté de toi comme si de rien n'était et te dit que
tu lui avais bien caché ton jeu car tu étais une très
bonne danseuse. Malgré tes dix-sept ans, tu n'avais
pas beaucoup fréquenté les garçons ; une sensation
75 bizarre te submergeait et il te semblait que ton
cœur battait plus vite que d'habitude. Pour qu'il
ne s'aperçoive pas à quel point tu étais troublée, tu
sortis un mouchoir de ton sac à main et tu te mis à
éponger une transpiration beaucoup plus imaginaire
80 que réelle. Il fait vraiment chaud, avait-il dit, et il
t'avait demandé si tu voulais boire quelque chose.
Comme la boisson était gratuite, tu avais dit oui car
tu ne voulais plus lui être redevable de quoi que ce
soit. Il revint avec un jus de mangue bien frappé. Il
85 ne t'avait pas redemandé de danser et il avait bien
fait car tu ne lui aurais probablement pas accordé
une autre danse. Tu ne te souviens plus de quoi
vous aviez causé pendant que vous sirotiez votre
boisson. À la fin, il t'avait demandé ton adresse, tu
90 la lui avais filée sans problème car tu savais que tu
avais toujours la possibilité de ne pas lui répondre.
Par contre tu avais hésité à lui confier ton numéro
de téléphone – le numéro de ta tante – avant de
finalement céder.

EMMANUEL DONGALA, *Photo de groupe au bord du fleuve*,
© Actes Sud, 2010.

1. BCBG : bon chic bon genre.
2. Crooner : chanteur qui interprète des chansons de charme.

J'observe

1. À quel univers renvoie le titre du film de cette affiche ?

2. Quel sentiment lis-tu sur le visage de la jeune personne représentée ?

Je comprends

3. Que sait-on des deux jeunes personnages ?

4. Pourquoi le jeune garçon s'assied-il à côté de la jeune fille ?

5. Que ressent la jeune fille quand le jeune garçon s'installe près d'elle ?

6. Quelle stratégie utilise le garçon pour se faire accepter par la fille ?

7. Qu'espère le garçon en invitant la fille à danser ?

8. Comment se manifeste la timidité de la jeune fille ?

9. La jeune fille te paraît-elle captivée par son cavalier ?

10. Connaît-on les sentiments du jeune homme pour sa compagne ?

Je découvre

11. Le lieu dans lequel évoluent les personnages est-il propice à une rencontre amoureuse ?

12. Quel effet le mode de narration choisi (2e personne du singulier) produit-il ?

13. Les échanges verbaux sont-ils révélateurs des sentiments des personnages ?

14. Quelles réactions physiques le slow produit-il sur la jeune fille ? Relève les passages qui les décrivent.

Je retiens

● Dans un **récit de rencontre**, on s'attache particulièrement :
– au **point de vue** : soit le personnage principal
vit la scène, et tout se passe selon son regard,
soit on adopte le point de vue d'un personnage
extérieur, qui observe la scène à distance.
– au **mode narratif** (À quelle personne est écrite
la scène ?).
– au **cadre**, simple ou exceptionnel, qui sert
d'écrin à la rencontre.
– aux **personnages** et à leur situation sociale.
– au **vocabulaire des émotions**, des sensations,
qui permet de comprendre le lien qui s'établit
entre les personnages.

Le champ lexical de la séduction

Tu étais prise à contre-pied parce que tu t'attendais à ce qu'il te murmurât que tu étais belle, ou que […] tu avais les plus beaux yeux du monde. Mais non, il te parlait de ton intelligence […]. ■

1. Quels sont les mots ou expressions flatteurs pour la jeune fille ?

2. Relève le verbe qui indique une complicité entre les deux protagonistes.

Je retiens

● Le **champ lexical de la séduction** est constitué de mots qui évoquent l'attirance, le désir. Ces mots peuvent appartenir à une **même famille** (*troubler, trouble, troublant…*), être **synonymes** (*charme, attrait, grâce…*) ou encore appartenir à des **niveaux de langue différents** (*draguer* ➜ *familier ; séduire* ➜ *courant*). Il peut également s'agir d'**expressions** (*faire les yeux doux, faire la cour…*).

Je m'entraîne

1. Classe ces mots en trois listes. Explique les raisons de ton choix.

Courtoisie • solliciter • bourreau des cœurs • baise-main • minauder • ensorceleuse • don Juan • galanterie • attirer.

2. Explique le sens des expressions imagées suivantes.

Exemple : Faire la cour ➜ *chercher à plaire à quelqu'un, à le séduire.*

Briser la glace • attirer dans ses filets • faire des avances • conter fleurette • avoir un cœur d'artichaut • tenir la chandelle • demander la main de quelqu'un • avoir le coup de foudre.

Les verbes irréguliers

Il s'assit à côté de toi comme si de rien n'était et te dit que tu lui avais bien caché ton jeu car tu étais une très bonne danseuse. ■

1. Quel est l'infinitif du verbe souligné ?

2. Conjugue-le au présent de l'indicatif. Quelle autre forme peut-il prendre ?

Je retiens

● Les verbes du **troisième groupe** forment un ensemble hétérogène de **verbes irréguliers**. En plus de «aller», «faire», «dire», «être» et «avoir», on trouve des verbes :
– **en -re** : «absoudre» (*j'absous, nous absolvons*) ; «coudre» (*je couds, nous cousons*) ; «moudre» (*je mouds, nous moulons*) ; «résoudre» (*je résous, nous résolvons*) ; «croître» (*je croîs, nous croissons*).
– **en -ir** : «vêtir» (*je vêts, nous vêtons*) ; «bouillir» (*je bous, nous bouillons*) ; «ouïr» (*j'ois, nous oyons*) ; «acquérir» (*j'acquiers, nous acquérons*).
– **en -oir** : «valoir» (*je vaux, nous valons*) ; «falloir» (*il faut*) ; «asseoir» (*j'assois/j'assieds*).

Je m'entraîne

1. Conjugue les verbes irréguliers suivants à toutes les personnes du présent de l'indicatif.

Ouïr • résoudre • acquérir • dire • faire • se vêtir • bouillir.

2. Conjugue les verbes entre parenthèses au présent de l'indicatif.

Adjoué est éprise d'un jeune homme de Doba, son amour pour lui (croître) à chaque seconde. Pourtant, on dit qu'il ne (valoir) rien, que les filles qu'il fréquente ne sont jamais les mêmes, il paraît même qu'il a cette terrible maladie que l'on n'ose pas nommer. Mais Adjoué n'écoute rien ni personne. «Je ne crois pas ce que vous (dire) ! », répète-t-elle. Ses parents (se résoudre) à la laisser partir avec lui. Tous deux (acquérir) un appartement à Doba. La suite tu la connais, elle est à l'hôpital aujourd'hui…

3. Recopie les phrases ci-dessous et choisis la forme verbale correcte parmi les trois qui te sont proposées.

Nous (coudons/cousons/cousont) des vêtements pour les enfants malades du sida. • Ils (revètent/revêtissent/revêtent) leur plus beau costume pour le spectacle. • Tu (absouds/absous/absouts) cet homme qui t'a pourtant transmis le virus. • Il (s'assoit/s'asseoit/s'assit) sur le lit. • Les femmes (moudent/mousent/moulent) les grains de café. • Protégez-vous si vous (faisez/fesez/faites) l'amour. • Il (vaud/vaut/vaux) mieux utiliser un préservatif.

4. Parmi les verbes soulignés, recopie ceux dont la conjugaison est erronée et corrige les fautes.

Exemple : Je t'absouds de ta faute. ➜ *absous.*

Oillez braves gens, le président annonce sa visite pour vendredi. • Le tribunal sursoit à l'exécution de la peine de ce condamné. • Ils gises sur le sol, allongés par terre. • Chaque année, le nombre de porteurs du virus croît. • Mon frère craind d'être infecté.

grammaire

Les paroles rapportées

[…] tu tournas le sujet de la conversation sur lui en lui demandant dans quelle classe il était puisque tu ne l'avais jamais rencontré dans aucun de tes cours. Il t'informa qu'il était en dernière année, en terminale […]. ◼

1. Qui sont les interlocuteurs dans ce texte ?

2. Quels sont les passages du texte qui rapportent des paroles ?

3. Comment as-tu repéré ces parties ?

Je retiens

Il existe trois manières de rapporter des paroles ou des pensées :

● **Au style (ou discours) direct**, les paroles sont citées telles qu'elles ont été prononcées et la ponctuation est expressive (guillemets, tirets, points d'exclamation ou d'interrogation). Elles sont introduites par un verbe de parole.
Exemple : Il se demanda : «Mais qu'est-ce qui se passe ce soir ?»

● **Au style indirect**, les paroles sont intégrées au récit grâce à un verbe de parole mais on en rapporte le message global. Les guillemets, la ponctuation expressive et les marques d'oralité sont absentes.
Exemple : Il se demanda ce qui se passait ce soir-là.

● **Le style indirect libre** correspond aux pensées du personnage. Les paroles conservent la spontanéité et les marques de l'oral mais elles sont insérées sans marque explicite, il n'y a pas de verbe introducteur de parole.
Exemple : Qu'y avait-il donc ce soir ?

Je m'entraîne

1. Recopie ce texte puis souligne les passages au style direct et encadre les passages au style indirect.
Exemple : Elle se demanda ce qui allait se passer *et interro-*
DISCOURS INDIRECT
gea son mari : «Qu'allons-nous devenir ?»
DISCOURS DIRECT

Pour se reposer après une longue année à l'université, ma sœur a décidé qu'il nous fallait le bord de mer. «Comme ça, tu iras à la plage, et moi pendant ce temps, je pourrai me faire des amis.» Quelqu'un en ville lui a dit que Kribi était une station balnéaire agréable, que la plage y était magnifique et qu'on pouvait s'y amuser. «Kribi, ça va être formidable, Sara. Du poisson frais et des crabes, la chute de la Lobe… Nous pourrons faire la fête !»

2. Parmi les phrases suivantes, lesquelles relèvent du discours indirect libre ?
Il se ferait dépister, il le fallait. • Faustin m'a dit que les médicaments étaient arrivés au dispensaire et que je devais aller les chercher. • Pourquoi n'avait-il pas avoué sa maladie ? • Asma m'a annoncé que son frère était malade depuis quelques mois. • Elle aimerait tant devenir médecin !

3. Recopie ce texte et remplace les points de suspension par des verbes introducteurs de parole variés.
Comme tous les jours, Désiré sort du ministère à midi. Son ami Emmanuel l'accompagne car il habite aussi à Mutanga, ce quartier moderne du nord-est de Bujumbura.
«Qu'est ce qui se passe ? … Emmanuel inquiet.
– Un embouteillage. Ça arrive souvent à cette heure-ci, … son ami.
– Fais demi-tour et prends l'avenue Lumumba ; on va passer par le boulevard de l'Uprona.
– Impossible ! C'est un sens interdit.
– Mais qu'est-ce qu'ils font ? Pourquoi n'avancent-ils pas ? … l'attaché ministériel.
– C'est à cause des bus. En sortant du marché ils doivent traverser la rue pour redescendre par l'avenue Rwagasor, … Emmanuel.»

4. Recopie le texte en transposant au style indirect les paroles rapportées au style direct.
Exemple : J'arrivai dans le bar et demandai : «Pourrais-je avoir un café, s'il vous plaît ?» ➝ J'arrivai dans le bar et demandai si je pouvais avoir un café.
Je poussai la porte et ôtai mes bottes en caoutchouc.
– Bala, ne te secoue pas, reste sur le pas de la porte, ordonnai-je d'une voix sévère à mon chien.
– J'arrive, me cria Sandrine du fin fond de la cuisine, installe-toi ! Je termine de préparer le café.
– Chaud et fort, criai-je en retour.
– Comme il se doit ! Et un biscuit pour Bala ! dit-elle en arrivant avec un plateau.

5. Transpose les paroles suivantes au style indirect en choisissant le verbe qui convient dans la liste suivante : *se demander, conseiller, recommander, répéter.*
Exemple : «Donne-moi ta copie.» ➝ Le professeur ordonne à l'élève de lui donner sa copie.
a. «Surtout, ne va pas seule dans la forêt le soir.»
b. «Attention à ne pas aller seule le soir dans ce coin reculé.»
c. «Je te l'ai déjà dit plusieurs fois : cette route est dangereuse la nuit.»
d. «Est-ce que notre examen sera facile ?»

orale & écrite

Savoir-faire

• Je sais rédiger
une scène de rencontre
amoureuse.

2 Un fol amour

Le narrateur évoque dans son récit d'enfance ses amours naissantes, à Haïti.

Je me retourne sans raison, et je la vois. Elle est en train de bavarder avec ma cousine Didi. Là, sous le manguier où je viens de vomir. Je n'ai qu'un cœur, moi, et il s'est arrêté.
– Qu'est-ce que tu as ? me demande Frantz.
5 – Rien… Un point de côté.
Je n'arrive pas à respirer.
– Assieds-toi par terre.
Je m'assois, mais la douleur devient plus intense.
– Ferme les yeux, me dit Frantz, et concentre-toi maintenant
10 sur l'endroit qui te fait mal.
Je vois encore Vava plus nettement que quand j'avais les yeux ouverts. Une flamme jaune au-dessus de laquelle dansent de magnifiques yeux noirs d'une insoutenable douceur. Je reste immobile pour ne pas perdre cette vision. Même si elle me
15 brûle, je veux garder cette flamme jusqu'au bout. Tout tourne autour de moi à une vitesse vertigineuse. J'ai de nouveau envie de vomir. Cette sensation de glisser dans un puits sans fond. Je n'arrive plus à m'accrocher aux parois. Aucune aspérité. Brusquement, je ne sens plus rien. Quelque temps plus
20 tard, j'entends des voix. Des voix qui semblent venir de loin. De très loin.
– Tu m'as fait peur, Vieux Os, me dit Frantz.
– J'ai eu un étourdissement…
– Je pensais que tu étais en train de mourir.
25 Je me relève. Je cherche Vava des yeux. Elle n'est plus là. Déjà partie.

Dany Laferrière, *Le Charme des après-midi sans fin*, © Groupe DDB/Motifs, 2009.

1. Quelle sensation éprouve le personnage tout au long de la scène ?
2. Quelle image de l'aimée a le personnage amoureux ?
3. Quelle est la tonalité de la scène ?

J'apprends à rédiger une scène de rencontre amoureuse.

Pour rédiger une scène de rencontre amoureuse, tu peux :
• Rechercher des termes précis pour décrire :
– les **sensations physiques** (le personnage sue, tremble, frissonne, est embarrassé, troublé…).
– la **parole** (le personnage chuchote, bégaie, soupire **ou au contraire** a du mal à parler **et** s'exprime avec maladresse).
– le **silence** (les regards échangés, les sourires…).
• Donner un **ton d'ensemble** à la scène, qui peut être passionnelle, tendre, mélancolique, drôle, tragique…

Je m'entraîne

1. Relis le texte 1 (p. 68-69) et relève le vocabulaire des sensations physiques et celui de la parole.

2. Chacun des verbes suivants peut être suivi du complément prépositionnel « du regard ». Explique les différentes nuances des expressions ainsi construites : *suivre, parcourir, explorer, embrasser, fouiller, caresser, accompagner, dévorer, foudroyer.*

3. Dans cet extrait, la narratrice n'exprime pas ses sentiments. Développe le texte en y insérant quelques phrases qui décrivent ce qu'elle ressent.
Il tira la chaise, la plaça à côté d'elle, assise sur le lit.
– Regardez-moi, lui dit-il.
– Que voulez-vous ? lui demanda-t-elle.
Ils ne se connaissaient pas et s'étaient rencontrés pour la première fois.
– Ne pense à rien de mal.
Il se leva, prit un verre, le remplit de jus de fruits et le lui tendit, avec un large sourire.

4. Lis le texte ci-dessous.
Je me souviens qu'une gentille dame française nous faisait passer des visites médicales. Elle nous avait beaucoup marqués par ses cheveux longs en crinière de lion. Ils pendaient jusqu'aux cuisses. À la moindre brise, ses cheveux valsaient sur le dos et caressaient sa douce poitrine couronnée de seins en choux cabus. Elle était vraiment adorable, cette dame. Nous l'appelions maman en raison de sa gentillesse qu'elle laissait entrevoir par son doux sourire permanent.

Bernard Tchibambelela, *Sur les ailes du temps – Itinéraire d'une enfance africaine*, © Éditions Paari, Brazzaville, N'Sanga-M'Vimba, Paris, 2009.

Imagine que le narrateur revoit cette femme quelques années plus tard. Il en tombe amoureux. Fais le récit de cette rencontre en t'aidant de la leçon ci-contre.

5. Lis le texte ci-dessous.
Il eut un sourire, et elle lui tendit les mains. Il les prit, et il plia le genou devant elle. Inspirée, elle plia le genou devant lui, et si noblement qu'elle renversa la théière, les tasses, le pot à lait et toutes les rondelles de citron. […] Agenouillés, ils étaient ridicules, ils étaient fiers et beaux, et vivre était sublime.

Albert Cohen, *Belle du Seigneur*, © Éditions Gallimard, 1968.

a. Quel regard le narrateur porte-t-il sur les personnages ?
b. Quel est le ton du récit ?

6. Écris une suite de 25 à 30 lignes du texte 1 (p. 68-69) en utilisant le même mode narratif et en reprenant des détails précis du texte.

Amour(s)

Compétence citoyenne : Développer des valeurs simples ; amour, paix et fraternité.

Compétence disciplinaire : Reconnaître le registre lyrique et savoir le distinguer dans différents types de textes.

Étape **4**

Amour filial, amour maternel

- **Savoir :** L'ode.
- **Savoir faire :** Je sais donner vie à un portrait.

Oral

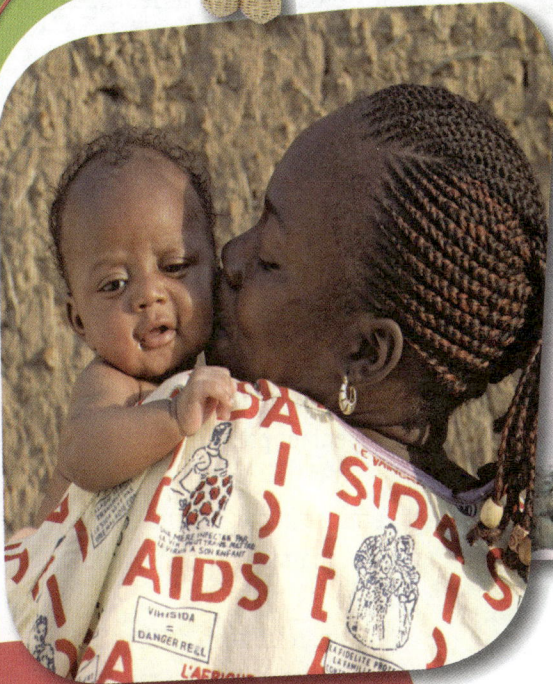

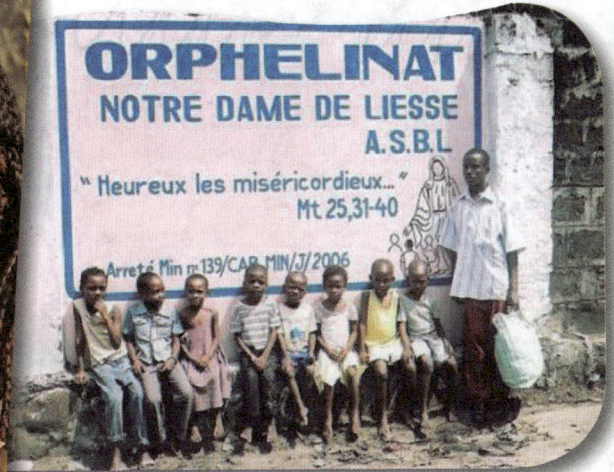

J'observe l'image

1. **Qui sont les enfants sur la photo de droite, à ton avis ?**
2. **Quelles pourraient être les raisons de leur situation ?**
3. **Par qui sont-ils pris en charge ?**
4. **Connais-tu d'autres organisations d'aide aux orphelins ?**
5. **Que peux-tu lire sur le vêtement de la jeune mère (photo de gauche) ?**
6. **Quel lien peux-tu faire entre les orphelins et le sida ?**

Le savais-tu ?

On peut être orphelin pour différentes raisons : catastrophes naturelles, maladies, accidents, problèmes sociaux (pauvreté, délinquance, toxicomanie) et politiques (guerres). Mais c'est le sida qui est la cause la plus sinistre du grand nombre d'orphelins. Selon le dernier rapport officiel de l'Unicef, «Les enfants au bord du gouffre» (2004), on prévoyait en Afrique subsaharienne plus de 18 millions d'orphelins du sida en 2010, soit entre 20 et 30 % des enfants de moins de 15 ans.

Note sur l'auteur

Camara Laye (1928-1980) est un auteur guinéen rendu célèbre par son récit autobiographique, *L'Enfant noir*.

Albert Cohen (1895-1981) est un auteur suisse, rendu tardivement célèbre avec son roman *Belle du Seigneur*. Fortement influencé par ses racines juives, c'est avec lyrisme qu'il décrit les angoisses et les bonheurs de son peuple.

Odes

1 *Voici deux textes, écrits par deux auteurs aux sensibilités différentes, qui chacun à leur manière rendent un vibrant hommage à leur mère...*

Texte 1-A

À ma mère

Femme noire, femme africaine,
ô toi ma mère je pense à toi...

Ô Dâman[1], ô ma mère, toi qui me
5 portas sur le dos, toi qui m'allaitas,
toi qui gouvernas mes premiers pas,
toi qui la première m'ouvris les yeux
aux prodiges de la terre, je pense à toi...

Femme des champs, femme des
10 rivières, femme du grand fleuve,
ô toi ma mère, je pense à toi...

Ô toi Dâman, ô ma mère, toi qui
essuyais mes larmes, toi qui me
réjouissais le cœur, toi qui, patiemment
15 supportais mes caprices, comme
j'aimerais encore être près de toi,
être enfant près de toi !

Femme simple, femme de la résignation,
ô toi, ma mère, je pense à toi...

20 Ô Dâman, Dâman de la grande
famille des forgerons, ma pensée
toujours se tourne vers toi, la tienne
à chaque pas m'accompagne,
ô Dâman, ma mère, comme j'aimerais
25 encore être dans ta chaleur, être
enfant près de toi...

Femme noire, femme africaine,
ô toi, ma mère, merci ; merci pour tout
ce que tu fis pour moi, ton fils,
30 si loin, si près de toi !

CAMARA LAYE, dédicace de *L'Enfant noir*, © Plon, 1953.

1. **Dâman** : nom de jeune fille de la mère.

ne mère

Texte 1-B

Maman de mon enfance, auprès de qui je me sentais au chaud, ses tisanes, jamais plus. Jamais plus, son odorante armoire aux piles de linge à la verveine[1] et aux familiales dentelles rassurantes,
5 sa belle armoire de cerisier que j'ouvrais les jeudis et qui était mon royaume enfantin, une vallée de calme merveille, sombre et fruitée de confitures, aussi réconfortante que l'ombre de la table du salon sous laquelle je me croyais un chef arabe. Jamais
10 plus, son trousseau de clefs qui sonnaient au cordon du tablier et qui étaient sa décoration, son Ordre du mérite[2] domestique. Jamais plus, son coffret plein d'anciennes bricoles d'argent avec lesquelles je jouais quand j'étais convalescent. Ô meubles dispa-
15 rus de ma mère. Maman, qui fus vivante et qui tant m'encourageas, donneuse de force, qui sus m'encourager aveuglément, avec d'absurdes raisons qui me rassuraient, Maman, de là-haut, vois-tu ton petit garçon obéissant de dix ans ?

ALBERT COHEN, *Le Livre de ma mère*, © Éditions Gallimard, 1954.

1. **Verveine** : plante parfumée.
2. **Ordre du mérite** : décoration officielle, honorifique.

J'observe

1. Comment qualifierais-tu l'attitude du bébé sur la photo ?

2. Quelle signification donnes-tu au regard de la jeune mère ?

3. Sur le tableau, quel lien unit la mère à son enfant ?

Je comprends

4. À quel univers Camara Laye lie-t-il sa mère dans les premières strophes ?

5. Comment Camara Laye définit-il sa mère ?

6. Quel monde enfoui revit sous la plume d'Albert Cohen quand il évoque sa mère ?

7. À quoi est comparé le trousseau de clefs de la mère d'Albert Cohen ? Quel effet cela produit-il ?

8. Quels sentiments les auteurs éprouvent-ils tous deux quand ils évoquent leur mère ?

9. Quelle image Camara Laye donne-t-il de lui enfant ? Et Albert Cohen ?

Je découvre

10. À qui sont adressés ces deux poèmes ? Quel pronom est utilisé dans les deux cas ?

11. Dans les deux textes, relève les expressions répétées plusieurs fois. Quel est l'effet produit ?

12. Qu'ont apporté ces mères à leurs petits garçons ? Relève les points communs entre les deux textes.

13. Pourquoi peut-on dire que les deux poètes rendent hommage à leurs mères ?

Je retiens

● À l'origine, une **ode** (du grec *ôdè*, chant) est un poème lyrique chanté ou lu et accompagné de musique. Dans la Grèce antique, l'ode était l'occasion de célébrer des héros. Les poètes latins, par la suite, élargirent les thèmes de l'ode à l'amour, la vie, la philosophie.

● Par extension, une ode est un **texte lyrique** qui célèbre un personnage (une mère, par exemple) ou un événement.

● L'ode est marquée par un **ton grandiose et grave** (avec des adresses au personnage ponctuées de « Ô » et des répétitions en début de phrase ou de vers – anaphores – donnant un rythme solennel au texte).

vocabulaire

Les verbes introducteurs de parole

▌ [V]ois-tu ton petit garçon obéissant de dix ans ? ▪

1. Transpose cette phrase au discours indirect.
2. Quel mot est nécessaire pour annoncer les paroles ?

Je retiens

Les verbes introducteurs de parole sont choisis en fonction :
● **du sens de la phrase.**
– Pour demander ➜ *interroger, questionner, proposer, solliciter…*
– Pour répondre ➜ *répliquer, rétorquer, objecter, riposter, repartir…*
– Pour débuter une conversation ➜ *commencer, lancer, engager…*
– Pour terminer une conversation ➜ *conclure, achever, finir…*
– Pour couper la parole ➜ *interrompre, trancher…*
● **du ton de la voix des personnages.**
– Voix basse ➜ *murmurer, susurrer, chuchoter…*
– Voix haute ➜ *crier, hurler, vociférer…*

Je m'entraîne

1. **Complète chaque phrase par un verbe de parole différent, en fonction du sens.**
– Si nous faisions du bateau ce matin ? … Guy.
– Le vent est fort, c'est dangereux, … Désiré.
– Mais, … Guy, il faut du vent pour avancer.
– Peut-être, … Désiré, mais moi je débute.

2. **Remplace à chaque fois le verbe « dire » par un verbe emprunté à cette liste : *avouer, exiger, vociférer, ordonner, protester.***
« Viens avec moi », dit-elle. • « J'ai triché à l'évaluation », dit Youssouf à son maître. • « Ne remets pas les pieds ici », dit la femme hors d'elle. • « Je n'y suis pour rien », dit l'enfant. • « Je veux un autre ballon, celui-ci est dégonflé », dit Simon.

orthographe

Les accents et le tréma

▌ Ô Dâman, ô ma mère, toi qui me
portas sur le dos, toi qui m'allaitas ▪

1. **Nomme l'accent présent sur le *a* et le *o* des mots « Dâman » et « Ô ».**

2. **Nomme l'accent présent sur le *e* de « mère ». Que t'indique-t-il sur la façon de prononcer le *e* ?**

Je retiens

● L'**accent aigu** (é) se place uniquement sur la lettre *e* qui se prononce alors comme le *é* de « éternité ».

● L'**accent grave** (è) indique le son qui se prononce comme le *è* de « frère ».

● L'**accent circonflexe** (^) indique en phonétique un son plus long sur le *e* et le *o*. Il sert également à distinguer des homonymes (*forêt* ➜ *bois ; foret* ➜ *perceuse*). On le trouve aussi sur les autres voyelles (sauf le *y*) ➜ *un crâne, une chaîne, une bûche.*

● Le **tréma** placé sur la lettre *i* indique que l'on doit prononcer séparément ce *i* et la voyelle qui le précède ➜ *coïncidence.*
Il est parfois placé sur le *e* : *Noël, aiguë, ambiguë…*

Je m'entraîne

Tu peux utiliser un dictionnaire pour l'ensemble des exercices.

1. **Ajoute, si nécessaire, les accents oubliés.**

La tete • preter • une enquete • un divan • une etincelle • un interet • un pole • un diner • un extreme • une regle • le reglement • un service.

2. **Complète, si nécessaire, les mots des expressions suivantes avec un accent circonflexe.**

Etre malade en bateau • effectuer un mouvement gracieux • tracer les trois cotés d'un triangle • faire construire un chateau • se maintenir à flot • jeuner pendant plusieurs jours • pecher des sardines en mer.

3. **Recopie ces phrases en plaçant correctement les accents et les trémas.**

La faience est une matiere noble, il faut donc prendre soin de ces assiettes. • La fievre typhoide provoque encore aujourd'hui de nombreux deces. • La recolte de mais sera tres pauvre a cause de la secheresse de cet ete. • L'exiguite de cette piece rend impossible l'installation d'une armoire. • L'heroine de cette serie est une ancienne animatrice de television.

4. **Choisis le mot qui convient pour compléter chaque phrase.**

Voilà un choix (honnète/honnette/honnête). • Le prix du (pétrolle/pétrole/pétrôle) ne cesse d'augmenter. • Nous recherchons un peu de (fraîcheur/frècheur/fraicheur). • Ton (égoisme/égoïsme/égoîsme) t'empêche de te faire des amis. • Arrivés à l'(autel/hotel/hôtel), on nous attribua la chambre 110. • Il est atteint d'une otite (aiguë /égue/aigue).

Passer du style direct au style indirect

L'enfant dit à sa mère : « Je t'aime de tout mon cœur. »

1. Récris la phrase en commençant par « L'enfant a dit à sa mère qu'… ».

2. Qu'as-tu eu besoin de transformer ?

Je retiens

Lorsqu'on passe du style direct au style indirect :

● Les **pronoms personnels** et les **déterminants possessifs** passent généralement de la première (« je », « mon ») et deuxième (« tu », « ton ») personnes à la troisième personne (« il », « son »).

● Les **indicateurs de lieu et de temps** (« aujourd'hui », « hier », « ici », « maintenant ») se transforment (« ce jour-là », « la veille », « là », « à ce moment-là »).
Exemple : Le docteur a dit : « J'irai chercher ma trousse demain. » ➜ Le docteur a dit qu'il irait chercher sa trousse le lendemain.

● Les **temps** changent quand le verbe introducteur est au passé.

Style direct	Style indirect	Exemple
Présent	Imparfait	Il cria : « J'y arrive ! » ➜ Il cria qu'il y arrivait.
Passé composé	Plus-que-parfait	Il cria : « J'y suis arrivé ! » ➜ Il cria qu'il y était arrivé.
Futur simple	Conditionnel présent	Il cria : « J'y arriverai ! » ➜ Il cria qu'il y arriverait.

🔴🔴🔴🔴🔴 Je m'entraîne

1. Complète la phrase avec le passage qui convient (**a.** ou **b.**) puis souligne les indices qui t'ont permis de répondre.
Abou Diarra n'a plus beaucoup d'argent.
Il réfléchit que…
a. les repas du matin étant de 500 francs CFA, au lieu de 800 que coûtent ceux du soir, il me restera, en me contentant des déjeuners, 1 500 francs CFA en poche, plus deux boîtes de conserve que je garderai pour les temps difficiles.
b. les repas du matin étant de 500 francs CFA, au lieu de 800 que coûtaient ceux du soir, il lui resterait, en se contentant des déjeuners, 1 500 francs CFA en poche, plus deux boîtes de conserve qu'il garderait pour les temps difficiles.

2. Récris les questions suivantes au style indirect en respectant les changements de pronoms personnels.
Exemple : L'enfant demande : « Maman, est-ce que **je** pars en vacances ? » ➜ L'enfant demande à sa mère s'**il** part en vacances.
a. « Comment allez-vous ? », me demande le directeur.
b. Amina se demande, inquiète : « Est-ce que mon mari va rentrer ? »
c. La serveuse s'enquiert auprès des clients : « Quel plat souhaitez-vous prendre ? »
d. La mère demande : « Les enfants, est-ce que vous avez mangé ? »
e. Les élèves se demandent : « Est-ce que notre examen sera facile ? »

3. Conjugue les verbes entre parenthèses au temps qui convient.
Exemple : Bintou s'écria qu'il y (avoir) quelqu'un dans le jardin. ➜ avait.
Justin m'a dit qu'il (aller) chercher son fils à la gare tôt le lendemain. • Il avoua que la veille il (mentir) à sa mère. • Ernestine annonça que Jules (arriver) bientôt par le train de 18 heures. • Léonard a affirmé que tous les enfants (devoir) être scolarisés. • Mariam avait deviné que l'avant-veille, sa mère (rester) éveillée toute la nuit en attendant son retour.

4. Les phrases suivantes sont au style indirect, transpose-les au style direct.
Exemple : Je lui ordonnai de poser les livres. ➜ Je lui ordonnai : « Pose les livres. »
Mon père m'a dit qu'il serait près de moi durant cette épreuve. • Je lui proposai de m'accompagner le lendemain. • Je lui ordonnai de me laisser seule. • Elle a demandé si elle avait vu le médecin l'avant-veille. • Ils ont vérifié que je pouvais habiter chez mon oncle et combien coûtait l'inscription dans cette école. • Mes parents m'interrogèrent pour savoir si j'accepterais d'aller vivre en France pour étudier. • Ma mère m'a demandé où j'allais ce soir-là.

5. Récris la lettre suivante au style indirect en commençant par : « Willi Graf prie ses parents de… ». Attention, il te faudra varier les verbes de parole.
Prison de München-Stadelheim, Munich

12 octobre 1943

[…] Je vous prie de tout cœur Père et Mère, de me pardonner le chagrin que je vous cause. J'ai beaucoup regretté en prison, surtout dernièrement, ce que je vous avais fait. […] Soyez prêts et ayez confiance en la mansuétude de Dieu, qui dirige tout pour le mieux, même si nous sommes pour l'instant plongés dans une amère douleur. À quel point je vous ai aimés, je n'ai pas pu vous le dire de mon vivant, mais à présent, durant ces dernières heures, je vous le dis, sur ce papier malheureusement bien banal, je vous vénère et vous aime du fond du cœur.

Lettre d'adieu de Willi Graf à sa famille, propriété d'Annelise Knoop-Graf, Buhl, D.R.

2 Adieu au bord du fleuve

Dans son autobiographie Amkoullel, l'enfant peul, *Amadou Hampâté Bâ évoque son enfance avec nostalgie et la fait revivre de manière vivante et imagée.*

En revenant vers la pirogue, nos pieds s'enfonçaient dans le sable fin. Avant que je ne m'embarque, ma mère récita la *fatiha*[1] et me bénit : « Que la paix de Dieu t'accompagne ! Va en paix, que ton séjour se passe dans la paix, et reviens-nous
5 ensuite avec la paix ! » Comme je disais « *Amîne*[2] ! » elle pivota sur elle-même et reprit le chemin de la dune, marchant toute droite, sans se retourner une seule fois. J'avais l'impression qu'elle pleurait, mais sans doute cette femme si fière, que presque personne n'avait jamais vue pleurer et qui était
10 peu habituée aux effusions, surtout avec son grand fils, ne voulait-elle pas que je voie ses larmes.
Je montai dans la pirogue […]. « Monsieur Patron, s'écria le garde, laptots[3] ya complètement prêts, attend seulement parole de ton bouche. » C'était la première fois que je m'enten-
15 dais appeler « Patron ». Cela me remua bizarrement. Au lieu de répondre immédiatement, je me tournai instinctivement pour regarder encore une fois ma mère. Je la vis qui atteignait le sommet de la dune. Le vent faisait flotter autour d'elle les pans de son boubou et soulevait son léger voile de tête. On au-
20 rait dit une libellule prête à s'envoler. Peu à peu sa silhouette élégante disparut derrière la dune, comme avalée par le sable. Avec elle disparaissait Amkoullel, et toute mon enfance.

AMADOU HAMPÂTÉ BÂ, *Amkoullel, l'enfant peul*, © Actes Sud, 1991.

1. Fatiha : première sourate du Coran.
2. Amîne : amen, qu'il en soit ainsi.
3. Laptots : matelots.

1. Quel trait de caractère maternel est ici décrit ?

2. Le portrait de la mère est-il fixe ?

3. Par quelles images l'auteur nous donne-t-il à voir sa mère ?

J'apprends à donner vie à un portrait.

Pour donner vie à un portrait, tu peux utiliser :
• Le **point de vue interne** : ainsi on voit l'être décrit à travers les yeux du narrateur, et selon le sentiment qu'il éprouve pour lui (amour, passion, tendresse, mais aussi dégoût, haine…).
• Le **vocabulaire des émotions**, pour rendre le portrait plus vivant.
• Des **images**, pour rendre compte d'impressions particulières (la mère qui s'efface comme une libellule, disparaissant derrière ses voiles…).
• Des **verbes de mouvement** (un portrait n'est pas forcément fixe ; le personnage peut bouger en même temps qu'il est décrit).

Je m'entraîne

1. A-t-on nécessairement une image positive de sa mère ? En classe, débattez autour de cette question, en imaginant les différentes visions d'une mère qu'on peut avoir, ainsi que les situations variées qui peuvent exister.

2. Lis le texte ci-dessous.
Âgée, à la même époque, de trente-cinq ans, madame mère avait dix ans de moins que son mari et deux centimètres de plus. […] On m'a dit cent fois qu'elle avait été belle. Je vous autorise à le croire, malgré ses grandes oreilles, ses cheveux secs, sa bouche serrée et ce bas de visage agressif qui faisait dire à Frédie[1], toujours fertile en mots :
« Dès qu'elle ouvre la bouche, j'ai l'impression de recevoir un coup de pied au cul. Ce n'est pas étonnant, avec ce menton en galoche. »

Hervé Bazin, *Vipère au poing*, © Grasset & Fasquelle, 1948.

1. Frédie est le frère du narrateur.

a. Quel sentiment le narrateur éprouve-t-il pour sa mère, à ton avis ? Pourquoi ?

b. « Le narrateur aime sa mère. » À partir de cette hypothèse, récris ce texte en faisant les transformations nécessaires et étoffe-le au moyen de comparaisons ou de métaphores.

3. À la manière d'Amadou Hampâté Bâ, décris cette femme qui pile le mil en utilisant le point de vue interne, des verbes de mouvement et des images appropriées.

4. Transforme le texte 2 d'Amadou Hampâté Bâ (ci-contre) en une ode dédiée à sa mère. Tu peux t'inspirer des textes de lecture des pages 74-75 et écrire ton ode sous forme de poème ou de texte en prose.

Vocabulaire (sur 10 points)

Je sais distinguer des sensations, des sentiments et des émotions et différencier des verbes introducteurs de parole de sens proche.

1. Les phrases suivantes expriment-elles une sensation, un sentiment ou une émotion ? (/5)
Il a les mains moites car il a rendez-vous avec Mariam. • Les élèves sont choqués que leur professeur se retrouve à l'hôpital. • J'ai l'impression d'être sur un nuage quand je suis près de toi. • Je déteste les gens qui n'écoutent pas les autres. • Nous avons été très touchés par votre lettre.

2. Associe chacun des verbes qui suivent à la définition qui convient. (/5)
Susurrer • maugréer • geindre • bafouiller • marmonner.

Manifester son mécontentement, sa mauvaise humeur, en protestant à mi-voix. • Dire entre ses dents, d'une façon confuse. • Murmurer doucement. • Parler d'une façon embarrassée, parfois incohérente. • Se lamenter.

Orthographe (sur 10 points)

Je sais accorder correctement des adjectifs difficiles et placer les accents et les trémas.

3. Place et accorde correctement les adjectifs entre parenthèses. (/5)
(Nu) Ne sors pas tête, tu vas prendre froid. • (Terrifiant) Ces grottes et ces tunnels paraissent. • (Demi) Idrissa pense arriver vers trois heures et. • (Beau) Effectivement, c'est un endroit. • (Fou) Ôte-toi cette idée de la tête.

4. Place les accents et les trémas manquants sur les mots soulignés. (/5)
Boubou haissait Stéphane qui le lui rendait bien. • Assétou revait d'une promenade feerique avec William. • Il arrive que l'on ressente une douleur aigue lorsque nos sentiments ne sont pas payés de retour. • Safietou ne sait pas comment se comporter lorsqu'elle se trouve en compagnie de Richard ; elle se pame, se sent bete, puis se met à bredouiller. • Il m'a invitée à faire du canoe avec lui, c'est un evenement ! • L'amour que nous portons à nos aieux guide nos pas chaque jour. • Mes parents font un pelerinage sur le lieu de leur première rencontre.

Conjugaison (sur 10 points)

Je sais reconnaître le mode d'un verbe et conjuguer les verbes irréguliers au présent de l'indicatif.

5. Dis si les verbes soulignés sont conjugués à un mode personnel ou impersonnel, puis nomme chacun des modes utilisés. (/5)
Pour que tu l'épouses, il faut que tes parents soient d'accord. • En allant au marché, j'ai rencontré un beau jeune homme. • J'adorerais que ma mère m'apprenne toutes les bonnes recettes qu'elle connaît. • Déçu, Amadou n'a pas souhaité se réinscrire au concours. • Appelle-moi si tu en as envie.

6. Conjugue les verbes entre parenthèses au présent de l'indicatif. (/5)
Ma grand-mère (coudre) très bien. • Les richesses des uns (s'accroître) au détriment de celles des autres. • Nous (acquérir) une nouvelle voiture. • Qu'est-ce que vous (faire) ? • Le tiéboudienne (bouillir) dans la marmite. • Les élèves (résoudre) une équation. • Qu'en (dire)-vous ? • Les guerriers (revêtir) le costume traditionnel. • Deux avis (valoir) mieux qu'un. • Je t'(absoudre) de toutes tes fautes.

Grammaire (sur 20 points)

Je sais repérer les marques de l'énonciation dans un texte, former les adverbes en -ment et passer du style direct au style indirect.

7. Dans le texte suivant, identifie les cinq indices qui constituent la situation d'énonciation. (/5)
OKEMBA Gérard
1730 Avenue de la Paix
Brazzaville
CONGO

Brazzaville, le 12 septembre 2010

Cher Nkaya,
Je suis désolé d'apprendre que ta mère est malade, mais c'est une femme très forte et je suis certain qu'elle s'en sortira. En attendant, soyez courageux et priez tous pour elle. Je sais que tu dois subvenir aux besoins de tes frères et sœurs jusqu'à son retour. Aussi, je joins à cette lettre un mandat dont tu sauras faire bon usage. Mes pensées et celles de ma famille sont avec vous dans cette épreuve.

Ton ami Gérard

8. Construis les adverbes correspondant aux adjectifs entre parenthèses. (/5)
Je te conseille (vif) de ne pas t'engager à la légère. Va (doux), commence par te promener (amical) avec lui. Votre relation doit se dérouler (prudent) et (harmonieux) ; n'accepte (nul) qu'il ne te parle pas (gentil). Vous devez exister (indépendant) l'un de l'autre et communiquer (constant). Ainsi vous réussirez (brillant) votre vie commune.

9. Récris ce texte en passant du style direct au style indirect. (/10)
On parlait peu chez nous. Ma mère demandait par exemple : « Tu feras ça ? » et mon père répondait : « Oui. » Ou bien mon père l'interrogeait : « Je peux faire ça ? » et ma mère répondait : « Non. » Il ne rentrait à la maison que pour dîner et se mettre au lit, excepté le samedi après-midi et le dimanche où il lui arrivait de passer une main sur ma tête et de chuchoter : « Tu viens, on va se promener ? »

Intégration

Expression orale et écrite

Lis le texte suivant.

Un matin, Aimée se réveilla avec une idée précise : partir à la recherche de son désir.

Elle prit le premier avion et atterrit dans un vaste pays. Puis elle alla à la gare et s'installa dans un
5 train qui partait en direction de la montagne. Il faisait vraiment beau ce jour-là. Un soleil épanoui distribuait ses largesses. La lumière descendait tout droit des cieux. Une ivresse traversa son corps comme lorsqu'elle allait à la mer et mettait
10 la tête sous l'eau. Au bout de quelques heures, le train s'arrêta au pied d'une montagne qui semblait belle et prometteuse. Elle la regarda longuement dans les yeux, puis commença son ascension. […] Quand elle arriva au sommet et qu'elle se vit sou-
15 dain entourée par toutes les autres montagnes, par ce collier de verdure éclatant, elle constata avec émerveillement que la terre était bien ronde. Elle redescendit plus sereine qu'avant. Elle savait, désormais, qu'elle porterait toujours en elle la
20 force de se renouveler.

Amour de qui ? Amour de quoi ?

Amour du sol qu'elle foulait, du soleil qui cuisait la peau, de la nuit – cimetière de la lune. Des battements du cœur.

Véronique Tadjo, Champs de bataille et d'amour,
© NEI/Présence Africaine Éditions, 1999.

1. En quoi ce texte appartient-il au registre lyrique ?

2. De quoi l'ascension de la montagne est-elle une métaphore ?

3. Quelles autres métaphores peux-tu repérer ?

4. Quels procédés sont utilisés en fin de texte pour donner du rythme aux phrases ?

Rédaction

Rédige un poème d'amour (à un garçon ou une fille, un père ou une mère). Utilise des vers libres, soigne la musicalité de tes vers et emploie des figures de style, en exploitant tous les procédés abordés dans la séquence.

Expression orale

Quels différents aspects de l'amour ont-ils été abordés dans la séquence ? Expose à l'oral les différents thèmes étudiés, en veillant pour chacun à organiser ton propos et à développer les questions soulevées.

Projet

Phase 3 : Faites connaître votre projet, puis lancez son exécution.

1. Faites connaître votre projet.
Maintenant que le calendrier et le budget du projet ont été élaborés, rédigez :

a. la lettre que vous comptez adresser à votre directeur pour lui présenter le projet de votre classe et solliciter la mise à votre disposition de l'espace nécessaire au projet (dans l'établissement ou à l'extérieur).

b. la lettre que vous comptez adresser au président de la coopérative scolaire, du comité de gestion ou bien à l'association des parents d'élèves pour présenter le projet et solliciter les moyens financiers et matériels nécessaires.

2. Lancez l'exécution de votre projet.
Commencez par la phase de **préparation du sol**, en tenant compte du **calendrier agricole** adapté à chaque plante, qui devra vous informer sur la (les) période(s) de l'année propice(s) à sa culture.

En fonction de la plante à cultiver, cette phase peut durer de quelques jours à un an. Elle peut être située avant l'arrivée des premières pluies, au début de la petite ou de la grande saison des pluies, ou même très loin de la saison des pluies, surtout si l'arrosage est assuré.

3. La préparation du sol pourra consister à :
– délimiter la surface à cultiver et réaliser un plan du jardin ;
– défricher et nettoyer proprement le site de la plantation sans utiliser la méthode du brûlis ;
– labourer le sol à plat ou en formant des sillons, profondément ou de manière superficielle ;
– éliminer l'ombrage sur le terrain ;
– enfouir des résidus végétaux pour fabriquer l'humus nécessaire à la croissance de la ou des plante(s) ;
– entasser et brûler les résidus végétaux qui ne pourrissent pas vite ;
– confectionner des planches ;
– piqueter et préparer les trous qui recevront les plants ;
– clôturer l'espace du jardin ;
– prévoir un point d'eau ;
– réfléchir à la manière dont vous allez vous procurer le compost nécessaire à la fertilisation du sol.

Pour être certains d'agir comme il se doit, sollicitez par l'intermédiaire de votre chef d'établissement les conseils d'un agent agricole ou bien d'un planteur possédant une bonne expérience dans la culture de la ou des plante(s) que vous avez choisi de cultiver. Enfin, partagez la charge de travail entre vous, afin que chaque élève de la classe se sente concerné par le succès de votre projet.

Les savoir-faire requis pour effectuer la tâche commandée

Savoir-faire :
• Je sais rédiger différents types de lettres.
• Je sais interpréter le calendrier agricole de ma région.
• Je sais prendre en compte le cycle des plantes pour programmer leur culture.

Séquence **4**

Guerres et paix

Compétence citoyenne : Comprendre les dangers de la guerre et agir pour préserver la paix.

Compétence disciplinaire : Analyser et produire des textes argumentatifs.

Étape **1**

L'engagement du romancier

- **Savoir :** L'argumentation dans le roman.
- **Savoir-faire :** Je sais rédiger un texte descriptif ou narratif engagé.

Oral

En Afrique, les peuples sont organisés en tribus : ce sont des groupements de familles de même origine, qui parlent une même langue et partagent une même organisation sociale. Il arrive que pour des raisons économiques, religieuses, politiques, culturelles ou ethniques, des tribus s'affrontent : ce sont des guerres tribales. On peut citer par exemple la guerre du Liberia où les Gio et les Mano, deux peuples de ce pays, se sont affrontés. Pour limiter les guerres, plusieurs organisations ont été mises sur pied, dont l'Organisation des Nations unies. Créée en 1945, elle dispose d'une force de maintien de la paix : les casques bleus.

J'observe l'image

1. **Quels personnages se font face sur cette photographie ?**

2. **Quelle attitude a l'homme au béret bleu ?**

3. **Quels sentiments différents montrent l'homme et la femme qui font face aux soldats ?**

4. **Sais-tu à quelle organisation appartient l'homme au béret bleu ?**

5. **Qu'est-ce qu'une « force d'interposition » ?**

6. **Qu'illustre cette photographie, selon toi ?**

Note sur l'auteur

Ahmadou Kourouma (1927-2003), romancier ivoirien engagé, a dénoncé les dérives de la société africaine postcoloniale, ainsi que les nombreuses guerres saccageant son continent. Son premier roman, *Les Soleils des indépendances* (1968), fut remarqué notamment par son usage de la langue malinké dans un ouvrage écrit en français.

1 C'est cadeau

Birahima, le narrateur, est un enfant orphelin qui part retrouver sa tante au Liberia. Sur la route, il se retrouve enrôlé comme enfant-soldat. Son périple à travers des pays dévastés par les conflits armés constitue une dénonciation cinglante de la guerre.

Quand on dit qu'il y a guerre tribale dans un pays, ça signifie que des bandits de grand chemin se sont partagé le pays. Ils se sont partagé la richesse ; ils se sont partagé le territoire ; ils se sont
5 partagé les hommes. Ils se sont partagé tout et tout et le monde entier les laisse faire. Tout le monde les laisse tuer librement les innocents, les enfants et les femmes. Et ce n'est pas tout ! Le plus marrant, chacun défend avec l'énergie du désespoir son
10 gain et, en même temps, chacun veut agrandir son domaine. (L'énergie du désespoir signifie d'après Larousse la force physique, la vitalité.)

Il y avait au Liberia quatre bandits de grand chemin : Doe, Taylor, Johnson, El Hadji Koroma, et
15 d'autres fretins[1] de petits bandits. Les fretins bandits cherchaient à devenir grands. Et ça s'était partagé tout. C'est pourquoi on dit qu'il y avait guerre tribale au Liberia. Et c'est là où j'allais. Et c'est là où vivait ma tante. Walahé (au nom d'Allah) ! C'est vrai.
20 Dans toutes les guerres tribales et au Liberia, les enfants-soldats, les small-soldiers ou children-soldiers ne sont pas payés. Ils tuent les habitants et emportent tout ce qui est bon à prendre. Dans toutes les guerres tribales et au Liberia, les soldats ne sont pas payés.
25 Ils massacrent les habitants et gardent tout ce qui est bon à garder. Les soldats-enfants et les soldats, pour se nourrir et satisfaire leurs besoins naturels, vendent au prix cadeau tout ce qu'ils ont pris et ont gardé.

C'est pourquoi on trouve tout à des prix cadeaux
30 au Liberia. De l'or au prix cadeau, du diamant au prix cadeau, des télévisions au prix cadeau, des 4 x 4, cadeau, des pistolets et des kalachnikov ou kalach, cadeau, tout et tout au prix cadeau.

Et quand tout est au prix cadeau dans un pays les
35 commerçants affluent vers ce pays. (Affluer, c'est arriver en grand nombre, dans mon Larousse.) Les com-

merçants et les commerçantes qui veulent vite s'en-
richir vont tous au Liberia pour acheter ou échanger.
Ils vont avec des poignées de riz, un petit morceau
40 de savon, une bouteille de pétrole, quelques billets
de dollars ou de francs CFA. Ce sont des choses
qui font cruellement défaut là-bas. Ils achètent ou
échangent contre des marchandises au prix cadeau,
ça vient les vendre ici en Guinée et en Côte-d'Ivoire
45 à des prix forts. C'est ça qu'on appelle faire de gros
bénéfices.

C'est pour faire gros bénéfices que les commerçants et les commerçantes ça grouille autour des
gbakas en partance pour le Liberia à N'Zérékoré.
50 (Gbaka est un mot nègre noir africain indigène qu'on
trouve dans l'Inventaire des particularités lexicales du
français en Afrique noire. Il signifie car, automobile.)

Et puis, quand il y a guerre tribale dans un pays,
on entre dans ce pays par convoi. On entrait au
55 Liberia par convoi. (Il y a convoi lorsque plusieurs
gbakas vont ensemble.) Le convoi est précédé et
suivi de motos. Sur les motos, des hommes armés
jusqu'aux dents pour défendre le convoi. Parce que,
en plus des quatre grands bandits, il y a de nom-
60 breux petits bandits qui coupent la route et rançonnent. (Rançonner, c'est exiger de force ce qui n'est
pas dû, d'après mon Larousse.)

C'est par convoi on va au Liberia et, pour ne
pas se faire rançonner, nous avions une moto devant
65 nous et c'est ainsi nous sommes partis. Faforo (cul
du père) !

Le petit, un vrai kid (signifie d'après mon Harrap's
gamin, gosse), un vrai bout d'homme, juste au tournant, juste et juste. La moto chargée de notre protec-
70 tion circulait devant, n'a pas pu stopper net au signal
du bout d'homme. Les gars qui étaient sur la moto
avaient cru que c'étaient des coupeurs de route. Ils
ont tiré. Et voila le gosse, l'enfant-soldat fauché, couché, mort, complètement mort. Walahé ! Faforo !

75 Vint un instant, un moment de silence annonçant
l'orage. Et la forêt environnante a commencé à cra-
cher tralala... tralala... tralala... de la mitraillette. Les
tralalas... de la mitraillette entraient en action. Les
oiseaux de la forêt ont vu que ça sentait mauvais, se
80 sont levés et envolés vers autres cieux plus reposants.

Ahmadou Kourouma, *Allah n'est pas obligé*,
© Éditions du Seuil, 2000, « Points », 2002.

---

1. Fretins : poissons dont le pêcheur ne veut pas ; choses sans importance.

J'observe

1. Analyse la photographie ci-contre (plans, personnages, cadrage).

2. Quelle attitude a le jeune homme au premier plan ? En quoi cela illustre-t-il le texte ?

Je comprends

3. Choisis la bonne réponse :
   Le texte parle :
   a. des activités commerciales en Afrique.
   b. des enfants-soldats dans la guerre du Liberia.
   c. des bienfaits des guerres tribales dans le monde.

4. Où le narrateur se rend-il ? Pourquoi ?

5. Quels sont les chefs de guerre cités dans le texte ?

6. Quels bénéfices les enfants-soldats tirent-ils de la guerre ?

7. Comment le narrateur se rend-il au Liberia ?

8. Qui tue l'enfant-soldat à la fin du texte et pourquoi ?

Je découvre

9. Quelle est la nature de ce texte ?

10. Comment le narrateur définit-il la guerre tribale ?

11. Quel jugement le narrateur porte-t-il sur ce phé-nomène ? Relève un mot dans le premier para-graphe qui montre l'ironie du narrateur.

12. Dans le deuxième paragraphe, relève deux mots qui reprennent le terme de « bandits ».

13. Dans le quatrième paragraphe, quel procédé stylistique le narrateur utilise-t-il pour dénoncer le caractère dérisoire du commerce illégal ?

14. Qu'apporte le recours fréquent au dictionnaire à la narration ?

15. Quelles sont les marques d'oralité qui émaillent le texte ?

16. Qu'est-ce que les dernières lignes du texte mettent en relief ?

Je retiens

● On peut écrire un roman pour différentes raisons : **divertir, instruire, analyser**...

● Les **romans engagés** dénoncent l'injustice. Ils sont reconnaissables grâce :
   – au **thème** choisi (la guerre, la misère sociale...).
   – au **cadre spatio-temporel** (précis et documenté).
   – à un **choix significatif de point de vue** : le point de vue interne fait voir l'événement au plus près ; le point de vue omniscient en donne une vision plus globale.
   – aux **commentaires du narrateur**, qui orien-tent le jugement du lecteur.

vocabulaire

Le champ lexical de la guerre

Ils <u>massacrent</u> les habitants et gardent tout ce qui est bon à garder. […] De l'or au prix cadeau, du diamant au prix cadeau, des télévisions au prix cadeau, des 4 x 4, cadeau, des <u>pistolets</u> et des <u>kalachnikov</u> ou kalach, cadeau […]. ■

1. **Donne la classe grammaticale de chaque mot souligné.**
2. **À quel champ lexical ces mots renvoient-ils ?**

Je retiens

● Les mots appartenant au champ lexical de la guerre renvoient à ses différents aspects : les **acteurs de la guerre** (*militaire, milice, soldat, belligérant…*), les **armes** (*pistolet, mitraillette, grenade, bombe, obus…*), les **actes commis au cours de la guerre** (*massacre, tuerie, viol, mutiler, bombarder, déporter…*), le **théâtre des opérations** (*tranchée, champ de bataille…*).

Je m'entraîne

1. **Relève les mots appartenant au champ lexical de la guerre.**

Chacun des survivants était donc persuadé qu'il était seul, ou qu'ils étaient deux ou trois camarades seuls, tout seuls en première ligne, à voir venir ces visiteurs un peu lents […]. Que pouvaient-ils faire à deux ou à trois dans les décombres de leur tranchée ? Pourtant ils se mettaient à tirer en écartant le camarade mort qui les empêchait de s'appuyer au parapet, comme trois heures plus tôt ils en avaient écarté un autre pour casser la croûte. Et quand il leur restait une mitrailleuse […], l'un des survivants pointait la mitrailleuse, et l'autre passait les bandes.

Jules Romains, *Les Hommes de bonne volonté*, © Flammarion.

orthographe

Homophones : *quand/quant à/qu'en*

Et puis, <u>quand</u> il y a guerre tribale dans un pays, on entre dans ce pays par convoi. On entrait au Liberia par convoi. ■ •<u>Quant à</u> la population, on ne s'y intéresse <u>qu'en</u> dernier lieu.

1. **Quelle est la particularité des mots soulignés ?**
2. **Quelle est la classe grammaticale de chacun d'eux ?**

Je retiens

● « **Quand** » peut être :
– un **adverbe interrogatif**. On peut le remplacer par « **à quel moment** ».
*Exemple : Je veux savoir **quand** tu reviendras.*
– une **conjonction de subordination qui indique la simultanéité**. On peut le remplacer par « **lorsque** ».
*Exemple : Je reviendrai **quand** tu voudras.*

● « **Quant à** » est une **locution prépositive**. On peut le remplacer par « **en ce qui concerne** ».
*Exemple : **Quant à** Pierre, il viendra demain.*

● « **Qu'en** » peut être :
– la **conjonction de subordination « que » suivie de la préposition « en »**.
*Exemple : Il se peut **qu'en** tout, nous soyons quarante.*
– un **adverbe interrogatif suivi du pronom personnel « en »**. On peut le remplacer par « **de cela** ».
*Exemple : **Qu'en** penses-tu ?*

Je m'entraîne

1. **Corrige les fautes.**
Mariam est déjà punie. Quand à toi, monte dans ta chambre et attends ton père. • Je crois que nous allons manquer de pain, quant penses-tu ? • Qu'en à ma demande en mariage, j'ignore quant Sandrine me dira ce qu'en a dit sa mère. • L'animal rentrera dans sa tanière quant la nuit sera venue. • Je crois quand Inde la vache est un animal sacré.

2. **Remplace « quand », « quant à » ou « qu'en » par d'autres mots ou expressions dans les phrases suivantes.**
Quand allons-nous partir ? • Ma mère demande quand tu viendras nous rendre visite. • Savez-vous qu'en 1929 les États-Unis ont connu une grave crise économique ? • J'ai décoré le salon, qu'en dis-tu ? • À quand notre prochaine rencontre ?

3. **Complète les phrases par « quand », « quant à » ou « qu'en ».**
… sont-ils partis ? • … il fera beau, nous irons à la mer. • … nous, s'il fait mauvais, nous partirons … même. • Et vous, … pensez-vous ? • … on leur annonça … 2011 la nouvelle école serait terminée, ils furent très satisfaits.

4. **Termine les phrases suivantes en respectant les indications entre parenthèses.**
Leke se demande… (+ adverbe interrogatif) • Je mettrai le mafé à mijoter… (+ conjonction de subordination) • Il a emporté les valises…(+ locution prépositive) • Vous dites… (+ conjonction de subordination et préposition).

Les connecteurs logiques

Et ça s'était partagé tout. C'est pourquoi on dit qu'il y avait guerre tribale au Liberia. ▪ • Sur les motos, des hommes armés jusqu'aux dents pour défendre le convoi. Parce que, en plus des quatre grands bandits, il y a de nombreux petits bandits qui coupent la route et rançonnent. ▪

1. Quel mot fait le lien entre la première phrase et la deuxième phrase de chaque extrait ?

2. Quelles idées expriment ces mots ?

Je retiens

● Les **connecteurs logiques** articulent le texte en reliant des propositions ou des phrases de manière à exprimer les **liens** qu'elles entretiennent entre elles.

● Ils sont de **natures variées** :

– **conjonctions de coordination** ➜ *mais, ou, et, donc, or, ni, car.*

– **conjonctions de subordination** ➜ *quand, parce que, puisque, quoique…*

– **adverbes ou locutions adverbiales** ➜ *en effet, pourtant, cependant, toutefois, de plus…*

– **locutions prépositionnelles** ➜ *pour ce qui est de, du fait de…*

● Les connecteurs logiques peuvent établir un **rapport de cause** (*car, parce que, puisque, comme…*), **de conséquence** (*donc, si bien que, de sorte que…*), **d'opposition** (*mais, bien que, pourtant…*), **d'hypothèse** (*si, pourvu que, à condition que…*), **d'addition** (*et, en outre, de plus…*).

●●●●● Je m'entraîne

1. Classe les connecteurs logiques des phrases suivantes en trois colonnes selon qu'il s'agit de conjonctions de coordination, de conjonctions de subordination ou d'adverbes.

Les autorités et les rebelles avaient signé un accord afin que cesse le conflit. Ils y étaient parvenus parce qu'ils avaient pris conscience des effets négatifs de la guerre sur la population, qui avait accueilli la nouvelle avec soulagement. • Ainsi, elle pouvait reprendre ses activités. • Elle n'avait plus d'argent mais elle espérait s'en sortir. • Bien que meurtrie, elle accepta d'accueillir les rebelles repentis.

2. Complète le texte avec les connecteurs logiques suivants et indique leur valeur entre parenthèses : *afin que, et, mais, en effet, cependant, en outre.*

La violence est un comportement inhumain … nous devons l'éviter en cultivant la fraternité. …, cette valeur éloigne de tous les conflits. … comment y parvenir ? Les hommes s'y essaient, … la haine continue de les habiter. Les gouvernants doivent initier des actions … les uns et les autres ne se regardent plus en ennemis. …, la population doit elle aussi se montrer tolérante pour que les diversités culturelles coexistent sans heurts.

3. Dans ce texte, relève les connecteurs logiques qui expriment la cause, la conséquence et l'hypothèse.

Les combattants ont été rappelés car un accord de paix a mis fin au conflit. Les armes se sont tues. Ainsi les populations peuvent vaquer à leurs occupations. Comme la communauté internationale est préoccupée par la violation des droits de l'homme au cours du conflit, elle interviendra pour imposer des sanctions, pourvu que les auteurs des faits soient retrouvés.

4. Remplace chaque connecteur en gras par un autre de même valeur.

Exemple : Nous viendrons, il faut **toutefois** que vous nous indiquiez le chemin. ➜ **Cependant.**

La guerre a de lourdes conséquences. **En effet**, elle entraîne la dislocation des familles. Avec elle se développent la haine et les violences de toutes sortes, **c'est pourquoi** il faut l'éviter en demandant plus de justice sociale. **De plus**, la guerre a des conséquences désastreuses. **Ainsi**, la population est obligée de fuir pour trouver de la nourriture.

5. Emploie des connecteurs logiques afin de rétablir la cohérence entre les phrases de ce texte.

Exemple : Faisons un pas vers l'autre. Les conflits cesseront.

➜ *Les conflits cesseront si nous faisons un pas vers l'autre.*

Tout le monde cherche à fuir la violence. Beaucoup de personnes émigrent. Elles souhaitent mettre en sécurité leur famille. Les femmes cousent quelques billets dans leurs vêtements. Elles savent que cet argent leur sera utile. Les passeurs veulent de l'argent pour aider les immigrés à franchir les frontières. Ils n'aident pas ceux qui n'ont rien à leur offrir en échange de leurs services.

6. Construis trois phrases sur le thème de la guerre qui exprimeront respectivement l'hypothèse, l'opposition et l'addition.

7. Recherche dans l'actualité des événements que tu évoqueras sous forme de phrases contenant une relation cause-conséquence. Varie les procédés.

Exemple : Le calme revient peu à peu à Conakry. **En effet**, les autorités guinéennes ont décrété l'état d'urgence jusqu'aux résultats définitifs de l'élection présidentielle.

2 La mort à l'état brut

Véronique Tadjo est une auteure ivoirienne née en 1955. Son livre L'Ombre d'Imana *est consacré au génocide des Tutsis au Rwanda.*

Grenades, fusils, marteaux, gourdins à clous, haches, machettes, houes.
Les machettes venaient de France et de Chine.
Des mines dans la campagne.
5 Pour effacer les traces, les crânes pouvaient être brûlés.
On dit aussi que lorsque les forces des Nations unies sont arrivées, les soldats ont ramassé les cadavres.
Seuls les corps que l'on a pu identifier par la suite ont été enterrés selon les rites. Tous les autres sont là, pour témoigner,
10 et n'auront pas de sépulture. Ce ne sont que des ossements.
Les crânes de couleur noire sont ceux trouvés dans les latrines ou enfouis dans le sol. Ceux qui sont blancs ont été trouvés dans la nature, entre les hautes herbes.
Mais ces morts-là crient encore. Le chaos est toujours pal-
15 pable. Les événements sont trop récents. Ce n'est pas un mémorial, mais la mort mise à nu, exposée à l'état brut.
L'horreur de la terre souillée et du temps qui passe en déposant des couches de poussière. Les os des squelettes-carcasses se désintègrent sous nos yeux. La puanteur infecte les narines
20 et s'installe dans les poumons, contamine les chairs, infiltre le cerveau. Même plus tard, plus loin, cette odeur restera dans le corps et dans l'esprit.

Véronique Tadjo, *L'Ombre d'Imana – Voyages jusqu'au bout du Rwanda*, © Actes Sud, 2000.

1. **De quel type de texte s'agit-il ?**
2. **Quel point de vue l'auteur développe-t-elle indirectement sur la guerre ?**
3. **Relève quelques procédés littéraires utilisés dans le texte.**

J'apprends à rédiger un texte descriptif ou narratif engagé.

Pour rédiger un texte descriptif ou narratif engagé, on utilise :
• Un **lexique critique**. *Exemple :* « Le chaos est toujours palpable. »
• Des **synonymes**. *Exemples :* « squelettes », « carcasses », « ossements ».
• Des **comparaisons** et **métaphores**. *Exemple :* « Ce n'est pas un mémorial, mais la mort mise à nu, exposée à l'état brut. »
• Des **hyperboles**. *Exemple :* « La puanteur infecte les narines et […] infiltre le cerveau. »
• Des **phrases nominales**, pour aller à l'essentiel. *Exemple :* « Des mines dans la campagne. »

Je m'entraîne

1. Observe l'image ci-dessous.

a. Qu'est-ce qui est mis en valeur sur cette photographie ?
b. Que penses-tu de l'implication des enfants dans les guerres civiles ? Formule une réponse argumentée à l'oral.

2. Pour quelles grandes causes peut-on s'engager ? En classe, à partir de cette question, établissez une liste de thèmes qui pourraient servir de base à la rédaction d'un roman engagé. Choisis un de ces thèmes et imagine quelle histoire tu pourrais raconter à partir de celui-ci. Expose ton projet à l'oral.

3. « Les crânes de couleur noire sont ceux trouvés dans les latrines ou enfouis dans le sol. »
À partir de cet extrait du texte 2 (ci-contre), rédige une scène romanesque à la troisième personne mettant en scène le personnage qui fait cette macabre découverte. Tu peux par exemple commencer ta rédaction par « Adama déambulait sur ce chemin de terre quand soudain quelque chose attira son attention… ».

4. Lis le texte ci-dessous.
Arrivé au camp, le souffle un peu court, au premier regard, il comprit que l'horreur s'était abattue sur eux. […] Tandis qu'il enjambait les corps mutilés, une transpiration glacée ruisselait sur son front. Il aurait voulu regarder droit devant lui et éviter ces visages figés aux yeux vitreux. Mais il fallait bien soutenir ces regards dénués de vie, scruter ces visages déformés par la douleur et la terreur. Il fallait malgré tout surmonter ce dégoût et cette envie de fuir et les observer l'un après l'autre avec la peur de reconnaître un des siens.

Flore Hazoumé, *Le Crépuscule de l'homme*, © CEDA, Abidjan, 2002.

a. Relève les adjectifs appartenant au champ lexical de l'horreur.
b. Quelle thèse illustre ce texte sur la guerre ?

Séquence

4

Guerres et paix

Compétence citoyenne : Comprendre les dangers de la guerre et agir pour préserver la paix.

Compétence disciplinaire : Analyser et produire des textes argumentatifs.

Étape **2**

L'engagement du poète

- **Savoir :** Le poème engagé.
- **Savoir-faire :** Je sais repérer les procédés argumentatifs dans un poème.

Oral

Le savais-tu ?

Employé pour la première fois par le juriste polonais Raphael Lemkin, le mot « génocide » désigne une action visant la destruction systématique d'un groupe ethnique ou racial. L'histoire de l'humanité a été marquée, depuis le début du xxᵉ siècle, par plusieurs génocides : le génocide des Arméniens commis entre 1915 et 1916, le génocide des juifs pendant la Seconde Guerre mondiale, le génocide des Tutsis et des Hutus modérés au Rwanda en 1994, le génocide de Srebrenica en Serbie en juillet 1995. Le Tribunal pénal international a été créé pour juger les auteurs et les commanditaires de génocides.

J'observe l'image

1. Décris ces deux images.

2. À quelle situation commune peux-tu les rattacher ?

3. En quel lieu les crânes que tu vois ont-ils été photographiés ?

4. Sur quoi ces deux images apportent-elles un témoignage ?

5. Quels sentiments suscitent en toi les scènes montrées sur ces images ?

6. Cite deux pays d'Afrique où des scènes comme celles-ci ont pu être observées.

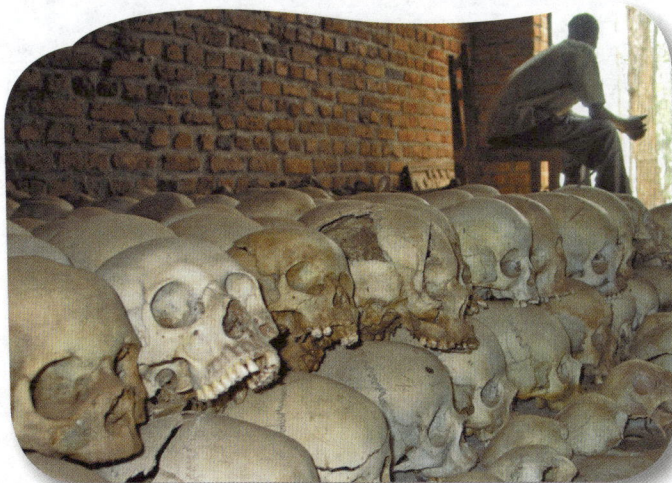

Note sur l'auteur

Oswald Mbuyiseni Mtshali est né en 1940 et vit dans le township de Soweto, à Johannesburg, en Afrique du Sud. Ses recueils de poèmes *Sounds of a Cowhide Drum* (1971), *Poets to the people* (1974) et *Poems of Black Africa* (1975) en font un poète reconnu pour son engagement politique.

Alain Boudet, auteur français, est né en 1950 au Mans (Sarthe). Il écrit des poèmes pour la jeunesse.

1 Engagements

Comment dénoncer l'injustice, les horreurs de la guerre ? La poésie est un moyen expressif de s'engager pour une cause. En voici deux exemples.

Texte 1-A : La nuit tombe sur Soweto

La nuit tombe
comme une maladie redoutée
qui s'infiltre par les pores
d'un corps sain
5   et le dévaste incurablement[1].

La main d'un assassin
tapi dans l'ombre
se crispe sur le poignard,
abat la victime sans défense.

10   Cette victime, c'est moi.
Chaque nuit, c'est moi
qu'on massacre dans les rues.
Je suis traqué par la peur
qui ronge mon cœur timide ;
15   dans ma faiblesse je me morfonds[2].

L'homme n'est plus un homme,
il est devenu une bête fauve,
il est devenu une proie.

Cette proie, c'est moi ;
20   je suis le gibier mis aux abois
par le prédateur à l'affût
que la nuit cruelle a lâché
hors de sa cage de mort.

Où trouver refuge ?
25   Où suis-je en sécurité ?
En tout cas pas dans la boîte d'allumettes
qui me tient lieu de maison
et où je me barricade pour fuir le crépuscule.

TO HONOUR THE YOUTH WHO GAVE THEIR LIVES IN THE STRUGGLE FOR FREEDOM AND DEMOCRACY

Mémorial Hector Pieterson à Soweto

Je tremble au bruit de ses pas qui craquent,
30 je tressaille lorsqu'il frappe sur la porte des coups
[assourdissants.

Il aboie : «Ouvrez!» comme un chien enragé
assoiffé de mon sang.

Nuit! Nuit qui tombe!
Tu es ma mortelle ennemie
35 Pourquoi donc as-tu été créée?
Pourquoi n'est-il pas possible qu'il fasse jour,
qu'il fasse jour,
toujours davantage?

OSWALD MBUYISENI MTSHALI, in *L'Aube d'un jour nouveau*, anthologie
de CATHERINE BELVAUDE ET PAUL DAKEYO, Éditions Silex, 1981.

1. **Incurablement** : de façon incurable. Incurable : qui ne peut être guéri.
2. **Je me morfonds** : je suis plongé dans l'inquiétude et l'ennui.

Texte 1-B : Rwanda

Encore un enfant qui s'écroule
Encore mille enfants émiettés
par la guerre
Leurs yeux n'ont vu que l'incroyable
5 que l'innommable quotidien

Terre engraissée des longs massacres
où les corps n'ont aucun repos
que la mort portée par les fièvres

Terre abreuvée des larmes rouges
10 de l'innocence
exsangue[1] et nue

Il en faudra des nuits de sources
des nuits lavées
sans hurlements
15 pour cicatriser les regards
blessés d'horreurs et de misère

Il en faudra des nuits sans peur
des nuits de mousse et de douceur
pour bercer les gorges à vif
20 et l'écorchure de leurs yeux

Il en faudra
du temps
pour les réconcilier avec l'enfance

ALAIN BOUDET, in *La Révolte des poètes*, collectif
de J. Charpentreau, © Le Livre de poche jeunesse, 1998.

1. **Exsangue** : qui a perdu beaucoup de sang, qui est pâle, livide.

J'observe

1. Quel est le sens du mot «mémorial»?
2. Qu'est-ce qui est mis en valeur sur cette photo?

Je comprends

3. Relis le texte 1-A puis réponds par vrai ou faux :
   a. Le texte parle de l'arrivée de l'auteur à Soweto.
   b. L'auteur exprime dans le texte ses craintes lorsque tombe la nuit.
   c. L'auteur finit par vaincre la peur que lui inspire la tombée de la nuit.
4. À quoi la nuit est-elle comparée dans la première strophe?
5. À quoi se compare l'énonciateur?
6. À qui le poète s'adresse-t-il dans la dernière strophe? Que lui dit-il?
7. Dans le texte 1-B, quel constat fait le poète?
8. Quelles victimes le poète évoque-t-il en particulier?
9. Que représentent ces victimes?

Je découvre

10. Que dénonce le poète dans le texte 1-A? Dans le texte 1-B?
11. Quel pronom personnel désigne le poète dans le texte 1-A?
12. De qui le poète se fait-il le porte-parole? Explique ta réponse.
13. Repère le temps verbal auquel sont conjugués la plupart des verbes. Quelle est sa valeur d'emploi?
14. Dans le texte 1-B, quels mots particulièrement durs évoquent la guerre?
15. Comment peut-on définir la guerre à partir de ce poème?

Je retiens

● Un poème est engagé lorsque son auteur le met au service d'une cause qu'il défend ou quand il s'en sert pour dénoncer quelque chose de scandaleux ou d'injuste. C'est un moyen d'action, d'incitation à la révolte.

● Dans un poème engagé, les mots et les images poétiques provoquent le lecteur.

● Le poète peut employer le pronom personnel «je» pour donner plus de force à son message. Il peut aussi utiliser la troisième personne du singulier ou du pluriel, pour instaurer plus de distance entre le texte et le lecteur.

vocabulaire

Champm sémantique et connotations

Où suis-je en sécurité?/En tout cas pas dans la boîte d'allu-mettes/qui me tient lieu de maison ▪

1. Que signifie ici le mot « boîte » ? Quels sont ses autres sens ?
2. À quoi te fait penser le mot « allumettes » ?

Je retiens

● On appelle **champ sémantique** l'ensemble des sens que re-couvre un mot ➜ *Champ sémantique du verbe gagner : 1. S'as-surer un profit matériel. 2. Acquérir un avantage. 3. Remporter un prix ou une compétition. 4. Atteindre une position en se déplaçant.*

● On nomme **dénotation** le sens propre d'un mot et **connota-tion** l'ensemble des images et des idées que chacun associe à ce mot en fonction de son vécu ou de sa culture.
Exemple : « Rouge » dénote une couleur et connote l'interdiction, la colère, la révolution, le sang, la passion…

Je m'entraîne

1. Établis le champ sémantique des mots sui-vants : *cellule, suivre, conduite.*

2. Lis le texte ci-dessous.
La simple évocation du nom de Limbé réveille en moi l'envie de promenades le long de la plage, je sens une joie nouvelle m'envahir. Même les jours de peine, le nom de Maroua me donne le désir du soleil, des marchés grouillant de monde. Des images de tanneurs, de potiers, de tailleurs défilent sous mes yeux…
a. Que dénotent les mots Limbé et Maroua ? Que connotent-ils pour le narrateur ?
b. Choisis deux lieux qui te font rêver et explique ce qu'ils connotent pour toi.

conjugaison

Formes et emplois du conditionnel

Face à la détresse de son peuple, le poète s'est de-mandé si les tueries prendraient fin un jour. S'il avait pu les arrêter lui-même, il n'aurait certainement pas hésité.

1. Repère les verbes au conditionnel et explique leur formation.
2. Quelle est la valeur du conditionnel dans la pre-mière phrase ? Dans la deuxième phrase ? Explique ta réponse.

Je retiens

● Le **conditionnel** est constitué de **deux temps princi-paux** :
– le **conditionnel présent**, formé sur le **radical du futur** et les **terminaisons de l'imparfait**.
Exemples : Je rangerais ; nous finirions.
– le **conditionnel passé**, formé de l'auxiliaire « être » ou « avoir » au conditionnel présent, suivi du participe passé.
Exemples : Nous serions allés ; nous aurions choisi.

● Le conditionnel a **deux valeurs d'emploi** :
– un **emploi modal** lorsqu'il exprime un souhait, un regret, une éventualité, une demande polie, un ordre atténué ou un fait soumis à une condition.
Exemple : S'il avait pu, il serait rentré.
– un **emploi temporel** lorsqu'il permet de situer un fait passé après un autre fait passé.
Exemple : Il affirma qu'il rentrerait chez lui quand la guerre serait finie.

Je m'entraîne

1. Conjugue les verbes suivants au conditionnel pré-sent puis au conditionnel passé.
Il (s'en aller) loin d'ici. • Je (naître) une nouvelle fois. • Vous (savoir) ce que coûte la paix. • Elles (courir) un grand dan-ger par temps de guerre. • Tu (faire) un effort pour lui.

2. Relève seulement les verbes au conditionnel puis donne leur infinitif et indique ce qu'ils expriment.
Exemple : Pourriez-vous parler plus fort ? ➜ Pourriez, condition-nel présent exprimant un souhait ou un ordre atténué.
Les soldats affamés erraient aux abords du village. Chaque jour, ils parcouraient plusieurs dizaines de kilomètres. Cer-tains d'entre eux n'auraient pas mangé depuis plusieurs jours, c'est ce qui se murmurait dans les rangs. Beaucoup auraient aimé que la guerre cesse, pourtant ils juraient tous qu'ils n'arrêteraient pas les recherches tant qu'ils n'au-raient pas pris le dernier rebelle.

3. Conjugue chaque verbe entre parenthèses au temps du conditionnel qui convient. Précise ensuite sa valeur d'emploi.
Exemple : Si tu avais avoué, tu ne (être) pas dans cette situation. ➜ Serais, valeur modale.
La guerre (rapporter) chaque année des centaines de milliards aux vendeurs d'armes. En retour, chaque nouveau conflit (ralentir) de plusieurs décennies le développement d'un pays africain. Les pays en conflit ont promis que des accords de paix (conclure) lorsqu'on leur (donner) des garanties.

L'expression implicite des rapports logiques

Choqué par le massacre de son peuple, le poète voudrait faire entendre sa voix. À tous les responsables de ces tueries, il aimerait dire simplement : arrêtez votre entreprise criminelle !

1. Quel rapport logique perçois-tu entre les deux propositions qui constituent la première phrase ? Qu'est-ce qui te permet d'établir ce lien ?

2. Dans la deuxième phrase, relève le signe de ponctuation utilisé pour établir un rapport logique entre les deux propositions.

Je retiens

● Un **rapport logique** peut être exprimé **implicitement**, sans l'aide d'un connecteur. C'est le contexte qui permet dans ce cas au lecteur de déduire ce lien. Plusieurs procédés peuvent être utilisés :

– La **juxtaposition** de phrases ou de propositions au moyen d'une virgule, d'un point ou d'un point-virgule.
Exemple : On veut tous la paix. On doit négocier.
→ *Conséquence.*

– L'emploi des **deux points**.
Exemple : Les insurgés avaient trop peu d'armes : ils ont été anéantis. → *Conséquence.*

– L'utilisation de **parenthèses** pour illustrer ou expliquer son propos.

– L'usage du **point d'interrogation** pour annoncer une explication.
Exemple : La paix ? C'est le contraire de la guerre.

– La **mise en apposition** d'un adjectif ou d'un participe passé.
Exemple : Affamés, les rebelles ont préféré se rendre. → *Cause.*

– L'emploi du **gérondif**.
Exemple : En étant patients, les négociateurs sont parvenus à leurs fins. → *Cause.*

Je m'entraîne

1. Rédige cinq couples de phrases ou de propositions en établissant des liens logiques implicites entre elles. Respecte les consignes données.
Exemple : Emploi du point d'interrogation
→ *Qu'est-ce qu'un génocide ? C'est la destruction méthodique d'un groupe humain (explication).*

Juxtaposition au moyen d'un point-virgule • emploi des deux points • emploi des parenthèses • mise en apposition d'un adjectif • emploi du gérondif.

2. Nomme les procédés utilisés pour établir implicitement des rapports logiques dans les phrases suivante. Précise quel rapport logique est suggéré.
Exemple : Cet homme fut adulé par son peuple ; il est aujourd'hui considéré comme un criminel.
→ *Juxtaposition ; suggère l'opposition.*

Simon a peur de la nuit : il ne s'aventure jamais hors de chez lui le soir. • Il associe ce mot à de nombreux dangers (cambriolages, viols, assassinats, insécurité). • Écœuré par les massacres perpétrés au Rwanda, ce poète a décidé de témoigner. • L'homme africain est naturellement attaché à la paix ? Et les guerres qui déciment le continent ?

3. Même consigne.

J'ai vu des images poignantes de guerre à la télévision hier soir. J'en ai perdu le sommeil. • Les images des enfants obligés de fuir leur village sont insupportables : les dirigeants doivent stopper cette folie meurtrière. • Tout le monde est coupable ; personne n'a vu le danger venir. • La guerre, on sait quand elle commence, on ne sait pas quand elle finit. • Il était temps que l'Afrique réagisse : elle ne pouvait pas laisser le continent tout entier courir à sa perte.

4. Explicite les rapports logiques entre les phrases suivantes en employant le connecteur qui convient. Précise le rapport logique établi. Plusieurs réponses sont possibles.
Exemple : L'armée approche : les rebelles ont décidé de s'enfuir.
→ *L'armée approche si bien que les rebelles ont décidé de s'enfuir (conséquence).*

Les populations n'en peuvent plus ; elles sont les principales victimes du conflit. • La guerre est un des plus grands fléaux de notre temps : partout où elle sévit, aucun développement n'est possible. • Le conflit risque de s'étendre dans les pays voisins ; la communauté internationale a décidé d'éteindre l'incendie.

5. Repère le procédé employé pour suggérer des rapports logiques entre les phrases suivantes. Récris ensuite le texte en l'explicitant au moyen des connecteurs qui conviennent.

Les civils, en particulier les femmes et les enfants, sont les principales victimes de la guerre en Somalie. Il faut les protéger davantage. Actuellement, les institutions judiciaires légales ont cessé toute activité à Mogadiscio. L'ONU détient des informations crédibles selon lesquelles des insurgés auraient créé leurs propres tribunaux pour juger, emprisonner et assassiner des civils.

6. Rédige un court texte comportant des rapports logiques implicites à partir de la question suivante : quel est le rôle de l'artiste dans les conflits actuels ? Varie les procédés employés.

2

Gorgé de sang

Né en 1945, Dieudonné Mukala Kadima-Nzuji est un professeur d'université et un écrivain congolais (RDC). Il est l'auteur de trois recueils poétiques : Les Ressacs (1969), Prélude à la terre (1971) et Redire les mots anciens (1977).

Gorgé de sang, de sang, du sang
des milliers d'âmes innocentes
couchées silencieuses inertes sans souffle
sur tes mottes de terre calcinée.

5 Mon peuple aux flancs poignardés
aux côtés brisées dans le carcan de la haine
ces soleils crispés qui tombent tombent tombent
sur ta face tatouée, dans tes yeux qui interrogent
si jamais reviendra
10 la paix des brousses natales !

Ces soleils crispés qui roulent éperdument
sur tes tempes brûlées
sur tes joues griffées
seraient-ils des perles de rosée en déroute
15 ou des larmes d'enfants sans père, ni mère
seraient-ils bruine ou averse,
ou goutte de sang qui tremble tremble tremble
sur nos faces et nos paumes écorchées ? […]

Ah ! me revient toujours la triple mélopée[1]
20 d'hommes morts, de cases en feu, de caillots de sang
et ces soleils crispés qui crient crient crient

– Lubila !
je les vois encore rouler éperdument
sur nos corps défigurés.

Dieudonné Mukala Kadima-Nzuji, extrait de *Redire les mots anciens*, Saint-Germain-des-Prés, 1977.

1. Mélopée : mélodie triste.

1. Relève les répétitions. Quel effet produisent-elles ?
2. Quelles parties du corps sont évoquées ? Comment sont-elles qualifiées ?
3. Que peut signifier l'expression : « soleils crispés » ?

J'apprends à repérer les procédés argumentatifs dans un poème.

Dans un poème, le message est souvent implicite. Pour le faire passer, le poète peut employer :
• Des **répétitions**, pour insister sur ce qu'il dénonce.
• Des **images**, pour mettre en scène son message.
• Un **lexique réaliste** et sans détour, pour faire réagir le lecteur.
• Des **allitérations** et **assonances**, pour mettre en valeur le sens.

Je m'entraîne

1. Apprends par cœur un des trois poèmes présentés dans cette étape, puis récite-le devant la classe de manière expressive. Pour cela, repère le nombre de syllabes par vers, les mots dans lesquels la lettre *e* doit être lue et ceux dans lesquels elle ne le sera pas, les effets sonores voulus par le poète (allitérations, assonances), les signes de ponctuation et leurs effets, les différentes intonations qui conviennent, les enjambements.

2. Fais des recherches sur le mémorial de Soweto. Pour qui ce mémorial a-t-il été construit ? Pour quelles raisons exactes ? Quels éléments t'ont permis de répondre ? As-tu déjà entendu parler d'Hector Pieterson et des événements intervenus à Soweto en 1976 ? Qu'est-il arrivé à Hector Pieterson ? Qu'est-ce qui caractérisait alors l'Afrique du Sud ?

3. Récris le texte 2 (ci-contre) sous la forme d'un article de journal. Transforme le message implicite du poète en message explicite. Supprime les images utilisées par le poète et évoque de manière plus directe ce qu'elles dénoncent.

4. Effectue des recherches sur la guerre civile qui a secoué le Rwanda en 1994. Prépare ensuite un exposé que tu présenteras devant la classe. Précise la situation géographique du Rwanda, les circonstances dans lesquelles la guerre civile a éclaté, les principaux camps en présence, les conséquences de cette guerre civile. Conclus ton exposé en disant ce que tu penses de ces événements et ce qu'on peut faire pour éviter que de tels drames se répètent.

5. Choisis un événement précis de la guerre du Rwanda et rédige un poème à ce propos. Emploie des répétitions, comme dans le texte 2 (ci-contre). Choisis bien le ou les terme(s) que tu veux répéter, et explique les raisons de ton choix à la classe, après lecture orale de ton poème.

6. Tu as vu à la télévision des scènes de guerre qui ont suscité en toi une profonde tristesse et un vif sentiment de révolte. Écris un court poème dans lequel tu feras part de ta tristesse et prendras implicitement position contre la guerre.

7. Examine les mots de la liste suivante : *pluie, mère, tendre, troupeau, doux, glacé, explosion, caverne, boue.*
a. Quels mots peuvent être métaphoriques ? De quoi ?
b. Rédige un poème engagé à partir de ces mots.

Séquence 4

Guerres et paix

Compétence citoyenne : Comprendre les dangers de la guerre et agir pour préserver la paix.

Compétence disciplinaire : Analyser et produire des textes argumentatifs.

Étape 3

L'engagement du journaliste

- **Savoir :** L'argumentation dans un article de presse.
- **Savoir-faire :** Je sais rédiger un texte argumentatif.

Oral

Le savais-tu ?

Chaque année, de nombreux journalistes sont tués sur des champs de bataille, emprisonnés ou encore pris en otages. Ils paient ainsi le prix de leur engagement, de leur désir d'informer sur les souffrances que les guerres et d'autres problèmes imposent aux populations partout dans le monde. Grâce à leur présence, et malgré ces menaces qui pèsent sur eux, le monde entier a été rapidement informé sur les atrocités commises dans différents théâtres de conflits en Afrique : Rwanda, Soudan, Burundi, République démocratique du Congo…

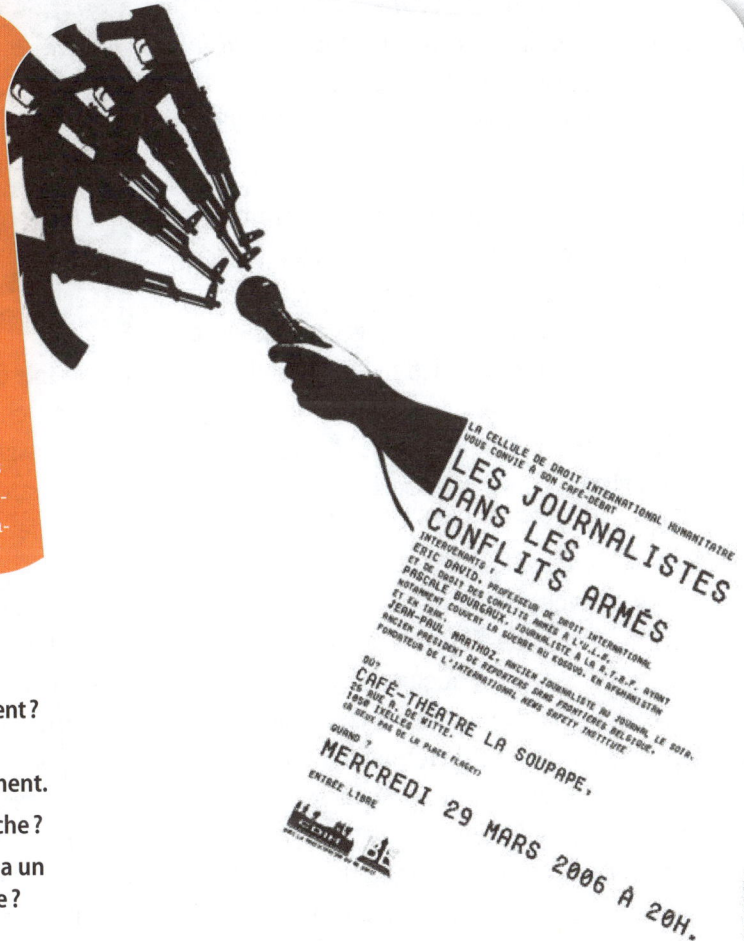

LA CELLULE DE DROIT INTERNATIONAL HUMANITAIRE
VOUS CONVIE À SON CAFÉ-DÉBAT

LES JOURNALISTES DANS LES CONFLITS ARMÉS

INTERVENANTS :
ERIC DAVID, PROFESSEUR DE DROIT DES CONFLITS ARMÉS À L'U.L.B.,
PASCALE BOURGAUX, JOURNALISTE À L'U.L.B.,
NOTAMMENT COUVERT LA GUERRE DU KOSOVO, EN AFGHANISTAN
ET EN IRAK,
JEAN-PAUL MARTHOZ, ANCIEN JOURNALISTE AU JOURNAL,
ANCIEN PRÉSIDENT DE REPORTERS SANS FRONTIÈRES BELGIQUE,
FONDATEUR DE L'INTERNATIONAL NEWS SAFETY INSTITUTE.

OÙ ?
CAFÉ-THÉÂTRE LA SOUPAPE,
26, RUE A. DE WITTE,
1050 IXELLES (TOUT PRÈS DE LA PLACE FLAGEY)

QUAND ?
MERCREDI 29 MARS 2006 À 20H.
ENTRÉE LIBRE

J'observe l'image

1. Quelle est la nature de ce document ?

2. De combien d'éléments est-il constitué ? Nomme chaque élément.

3. À quoi sert le texte de cette affiche ?

4. Dans l'illustration, qu'est-ce qui a un lien avec le métier de journaliste ? Qu'est-ce qui n'en n'a pas ?

5. Sur quelle réalité du métier de journaliste nous informe-t-on ?

6. Qu'est-ce qui fait débat dans le thème annoncé ?

Note sur l'auteur

LeFaso.net (www.leFaso.net) est un journal d'information en ligne basé au Burkina Faso. Il reprend et publie les meilleurs articles publiés dans les journaux burkinabés. C'est à ce titre qu'il a publié l'article ci-dessous paru d'abord dans le quotidien *Le Pays*, journal burkinabé.

1 Guerre civile : l'Afrique dans le four du Darfour

Pendant combien de temps le four du Darfour restera-t-il encore incandescent? Il y a certainement encore du pain sur la planche soudanaise, tant le four est généreusement alimenté par un feu allumé par la bêtise humaine depuis février 2003.

Les plus optimistes trouveront difficilement l'issue que pourrait emprunter cette guerre civile qui a pour théâtre l'ouest du Soudan. Selon l'Organisation des Nations unies, ce conflit, ou cette crise
5 humanitaire pour rester dans le langage onusien, a fait plus de 70 000 morts et 1,6 million de réfugiés ou déplacés.

Si Washington qualifie l'enfer soudanais de génocide, les Nations unies la dépeignent comme un
10 crime de guerre, alors que l'Union africaine et son président en exercice [...] cherchent toujours « activement les moyens de punir les responsables des violations des droits de l'homme au Darfour ». Et pendant qu'on disserte[1] vainement sur le sexe de
15 cette crise et que la guerre des concepts[2] fait rage, l'autre guerre véritable sur le terrain continue de se nourrir du sang de milliers de Soudanais.

Dans ce show médiatique[3] où les puissants de ce monde et l'ONU tentent de s'ériger en défenseurs
20 de la veuve et de l'orphelin, les Janjawid, militaires et milices de pillards arabes, avancent allègrement[4] dans leur œuvre de nettoyage ethnique. L'implication du gouvernement de Khartoum aux côtés de ceux-ci a été clairement démontrée.
25 Pire, le pouvoir soudanais s'oppose à toute intervention extérieure pouvant stopper cette marche inexorable de la violence. Khartoum brandit comme arme de chantage la remise en cause des accords de paix signés entre le pouvoir et les rebelles de
30 John Garang. L'incapacité manifeste des gendarmes du monde[5] à éteindre ce foyer ne trouve son explication que dans leur désintérêt pour cette région qui ne regorge pas de pétrole contrairement au Sud. C'est encore la preuve irréfutable que seuls les in-
35 térêts matériels sont les repères inamovibles des grands de la planète. [...]

En butte à[6] des tsunamis[7] quotidiens qui ont, entre autres, noms pauvreté endémique, paludisme, sida, commerce inéquitable, pillage de ressources
40 minières, humaines et même culturelles, les pays africains n'obtiennent que des miettes d'aide et au mieux des promesses rarement tenues. Pendant ce temps, les comptes financiers des aides d'après tsunami en Asie sont plus qu'excédentaires.
45 *Alea jacta est*[8]. C'est à cette conclusion qu'on parviendrait car la messe est vraiment dite[9] pour l'Afrique, si elle-même refuse de prendre son destin

en charge. Pourquoi les États-Unis qui ont réussi à aplanir un différend vieux de plusieurs années entre
50 le pouvoir central et les rebelles sudistes soudanais ne se décident-ils pas à faire cesser les violences à l'ouest du même pays ? Pourquoi les autres puissances militaires et économiques de ce monde ne s'investissent-elles pas pour ramener la paix au
55 Darfour ? Pourquoi l'ONU ne prend-elle pas la décision courageuse de rétablir la balance des droits de l'homme qui penche dangereusement du mauvais côté au Soudan ? La réponse est claire : le jeu n'en vaut pas la chandelle pour tous ces acteurs. [...]

Article publié par le quotidien *Le Pays*, Burkina Faso, et repris sur le site www.leFaso.net, rubrique Actualités, International, 10/03/2005.

1. **Disserte** : discute à n'en plus finir.
2. **Guerre des concepts** : opposition des conceptions, des points de vue.
3. **Show médiatique** : spectacle offert par la presse.
4. **Allègrement** : d'une manière allègre, joyeuse (ici, ironique : de façon insouciante).
5. **Gendarmes du monde** : périphrase désignant les grandes puissances.
6. **En butte à** : confronté à, exposé à.
7. **Tsunamis** : raz-de-marée ; ici employé au sens figuré : catastrophes.
8. *Alea jacta est* : expression latine qui signifie « le sort en est jeté ».
9. **La messe est dite** : expression qui signifie « il n'y a plus rien à dire, à faire ».

J'observe

1. Quelle scène est montrée par cette photographie ?
2. À ton avis, qu'est-ce qui est arrivé aux personnes que tu y vois ?

Je comprends

3. Quelle est la source du texte ?
4. Quel est le thème abordé dans l'article ?
5. Quelles différentes expressions utilise le journaliste pour définir le problème du Darfour ?
6. D'après l'auteur, qui sont les responsables des événements ? Qui en sont les victimes ?
7. Comment le journaliste explique-t-il le désintérêt des Occidentaux pour le Darfour ?
8. À quels problèmes sont confrontés les pays africains ? Repère l'énumération du journaliste.

Je découvre

9. Le texte en italique fait-il partie de l'article ? Pourquoi ? Repère les informations qui y sont données au lecteur.
10. Quelle est la thèse défendue par l'auteur de l'article ?
11. Quel jugement porte le journaliste sur la situation ? Quels indices t'ont permis de répondre ?
12. Quels arguments et exemples donne-t-il pour appuyer sa thèse ?
13. Liste tous les destinataires possibles de cet article.

Je retiens

● Un article de presse peut être le **support d'une argumentation**, si le journaliste y analyse un fait d'actualité ou un fait de société et y fait valoir son point de vue.

● Dans cette catégorie d'articles, on trouve généralement :
 – la **thèse** défendue par le journaliste (le **point de vue**).
 – des **arguments** (les **raisons**) qui justifient la thèse.
 – des **exemples** ou **preuves** de ce qui est affirmé.

● Un article argumentatif peut commencer par l'énoncé d'une thèse, suivi des arguments et des exemples qui l'appuient ; ou bien par des arguments et des exemples aboutissant à la formulation d'une thèse.

Les marques lexicales de l'opinion

Dans ce show médiatique […], les Janjawid, militaires et milices de pillards arabes, avancent allègrement dans leur œuvre de nettoyage ethnique. ■

1. Quelle est la figure de style utilisée dans l'expression soulignée ?
2. Quel autre terme est employé de la même manière ?
3. Par quels termes sont désignés les Janjawid ? Qu'en penses-tu ?

Je retiens

● Dans un texte argumentatif, on peut percevoir l'**opinion de l'auteur** à partir de certains termes : mots **mélioratifs** (*gentleman, chevalier…*) ou **péjoratifs** (*pleurnicher, disserter, miettes d'aide…*), exprimant la **quantité** (*trop, peu, tant de…*), marquant un **jugement moral**, **esthétique** (*beau, horreur, éblouissant, horriblement…*) ou **ironique**.

Je m'entraîne

1. **Lis le texte ci-dessous.**

Aucun catalogue d'horreurs n'a jamais tenu les hommes à l'écart de la guerre. […] La seule manière de combattre le meurtre qu'est la guerre est de montrer les combinaisons malpropres qui la créent et les criminels et les salauds qui l'espèrent et la manière idiote dont ils la conduisent quand ils l'obtiennent, de sorte qu'un honnête homme s'en défiera comme il le ferait d'une affaire véreuse et refusera de s'y laisser asservir.

Ernest Hemingway, *En ligne*, traduit par Georges Magnane et Jean-René Major, © Éditions Gallimard.

a. Relève toutes les marques de l'opinion.
b. Quelle est l'opinion de l'auteur ?

Homophones :
quoique/quoi que et *quelque(s)/quelque/quel(le)(s) que*

Quoique la situation de la Somalie soit désastreuse, elle n'intéresse personne. Seules quelques ONG s'en préoccupent. Mais **quoi que** ces ONG disent, et quel que soit leur engagement, elles ne feront pas oublier l'indifférence des grandes puissances.

1. **Observe les termes en gras. Par quels mots ou groupes de mots peux-tu les remplacer ?**
2. **Observe à présent les termes soulignés. Comment justifies-tu leur orthographe ?**

Je retiens

● « **Quoique** » est une **conjonction de subordination** introduisant une subordonnée d'opposition suivie d'un adjectif ou d'un verbe au subjonctif.
Exemple : Quoique intelligent, il a raté son examen.

● « **Quoi que** » est un **pronom relatif indéfini** suivi du subjonctif. Il peut être remplacé par « quelle que soit la chose que ».
Exemple : Quoi que nous lui donnions, il n'est jamais content.

● « **Quelque** » peut être :
– un **adjectif indéfini**. Il s'accorde alors avec le nom qu'il détermine. ➜ *Quelques incidents.*
– un **adverbe**. Il reste invariable. ➜ *Il y avait quelque (environ) deux cents hommes.*

● « **Quel(le)(s) que** » est un **pronom relatif indéfini** suivi de la **conjonction de subordination** « que » employé avec le verbe « être » au subjonctif.
Exemple : Quelles que soient les circonstances.

Je m'entraîne

1. **Par quel mot peux-tu remplacer « quoique » ou « quoi que » dans ces phrases sans changer leur sens ?**
Quoi que nous possédions, nous devons rester modestes. • Quoiqu'elle semble calme, la situation dans ce territoire est potentiellement explosive. • Quoique pauvre, la Somalie mérite l'attention des Nations unies. • Quoi qu'elles disent, les grandes puissances ont manqué de vigilance dans cette sale guerre.

2. **Dans les phrases suivantes, « quoique » ou « quoi que » ont parfois été mal orthographiés. Corrige les erreurs.**
Quoique l'on fasse, on ne réussira jamais à éliminer le dopage dans le sport. • Quoi qu'informée, la communauté internationale tarde à trouver une réponse crédible aux crimes commis par les Janjawid. • Quoique nous ayons, sachons le partager avec les pauvres. • Quoique sommairement armées, les populations résistent courageusement aux attaques rebelles.

3. **Complète chaque phrase par « quelque(s) », « quelque » ou « quel(le)(s) que ».**
Depuis le déclenchement des hostilités, … voix se font entendre pour réclamer un cessez-le-feu. • En effet, … soient les causes du conflit, il faut absolument faire taire les armes. • Si on veut avoir … chance d'aboutir, il faut engager au plus vite les pourparlers, avant que … seigneur de guerre ne commence à tirer les ficelles dans l'ombre.

L'expression de l'opposition et de la concession

Au lieu de s'apitoyer sur leur sort, les Africains doivent prendre en main leur destin. Même s'ils ont besoin de l'appui économique des Occidentaux, c'est à eux qu'il revient de prendre les bonnes décisions.

1. Que font les Africains ? Que devraient-ils faire ? Quelle expression est employée pour marquer l'opposition entre les deux attitudes ?

2. Les Africains ont-ils besoin de l'aide des Occidentaux ? Quelle locution montre que l'auteur approuve partiellement l'attitude des Africains ?

Je retiens

On peut exprimer l'**opposition** ou la **concession**, qui sont deux notions voisines, au moyen :

● d'un **GN prépositionnel** introduit par « au lieu de », « à défaut de », « en dépit de », « malgré »… (*Il s'accroche à la vie, **malgré ses blessures***) ou d'un **groupe verbal infinitif** introduit par « loin de », « sans »… (***Sans cesser de combattre**, les rebelles acceptent de négocier*).

● d'un **adjectif qualificatif** ou d'un **nom mis en apposition** ➜ *(Même) **vieux**, le lion reste un animal dangereux.*

● de **propositions coordonnées** par :
– des **locutions adverbiales** : *en revanche*…
– des **conjonctions** : *mais, or, par*…
– des **adverbes** : *pourtant, cependant, néanmoins* …
  ➜ *L'exercice est à sa portée, **néanmoins** il faudra qu'il s'applique.*

● de **subordonnées conjonctives** circonstancielles introduites par :
– *cependant, alors que, même si, tandis que*… (+ indicatif).
– *quand bien même* (+ conditionnel), *alors même que*… (+ indicatif ou conditionnel).
– *bien que, au lieu que, quoique*… (+ subjonctif).

Je m'entraîne

1. Emploie chacun des procédés suivants expliqués dans la leçon dans deux phrases de ton invention pour exprimer l'idée d'opposition.

GN prépositionnel • groupe verbal infinitif • adjectif qualificatif mis en apposition • deux propositions reliées par un adverbe de liaison • subordonnée conjonctive comprenant un verbe au subjonctif.

2. Recopie les phrases suivantes. Pour chacune d'elles, précise le procédé employé pour exprimer l'idée d'opposition.

Exemple : *La communauté internationale tergiverse. Or le temps presse.* ➜ *L'opposition est marquée par l'emploi de la conjonction de coordination « or ».*

Un accord sera difficile à trouver, mais il faut le rechercher de toutes nos forces. • Les réfugiés ont engagé une longue marche vers la frontière, en dépit de l'hostilité du pays voisin. • Médecins, ils n'ont pas été autorisés à porter secours aux réfugiés. • Ils ont réussi à franchir tous les obstacles alors que personne ne croyait en eux. • Quoique fatigués, ils apprécient la paix retrouvée.

3. Recopie seulement les phrases qui comportent une opposition. Puis souligne le groupe de mots qui exprime cette idée et donne sa nature.

Sans être un partisan acharné de la paix, le chef a admis qu'il était temps de négocier. • S'il avait dû décrire les souffrances qu'il avait endurées, il n'aurait pas trouvé les mots. • Au lieu d'une accalmie, c'est un regain de tension qu'on observe sur le terrain. • Pour venir à bout de la rébellion armée, les soldats doivent unir leurs forces. • La communauté internationale est souvent impuissante pour résoudre des conflits. En revanche, sur le plan humanitaire, elle est d'une aide précieuse.

4. Complète chacune des phrases suivantes par une subordonnée circonstancielle d'opposition.

J'ai trouvé le récit de ce survivant poignant d'un bout à l'autre… • Les réfugiés espèrent toujours recevoir les aides promises… • Les gendarmes du monde continuent à faire confiance au gouvernement de Khartoum… • Les populations ont dû quitter les camps de réfugiés…

5. Remplace les subordonnées circonstancielles d'opposition par un GN prépositionnel, un groupe verbal infinitif ou un adjectif/participe passé apposé.

Au lieu que les accords calment les ardeurs, ils ont déclenché un peu plus de méfiance de part et d'autre. • Bien qu'elle soit tardive, la réaction des grandes puissances a été bien accueillie. • Même s'ils semblent sortis d'affaire, les blessés restent sous surveillance médicale. • Quoique nos divergences soient bien connues, nous vivons ensemble, en paix. • Alors même qu'ils auraient dû quitter le village pendant l'accalmie, ils ont préféré rester.

6. Relie les phrases suivantes en établissant un lien d'opposition ou de concession entre elles.

Exemple : *La route est trempée. Mes chaussures ne sont pas humides.* ➜ *Bien que la route soit trempée, mes chaussures ne sont pas humides.*

Les hommes sont nés libres et égaux. Force est de constater que certaines vies humaines valent moins que d'autres. • Laurent a choisi de s'engager dans l'armée. Son frère a préféré devenir journaliste. • La température extérieure est très élevée. Cet enfant a les mains glacées.

2 La guerre oubliée

Afrik.com est un site Internet d'information qui traite de l'actualité africaine et du Maghreb. Dans cet article, il est question de la guerre en Somalie, pays de la «corne de l'Afrique».

72 morts en quatre jours à Mogadiscio. La guerre ne s'est jamais arrêtée en Somalie. Y a-t-il seulement un État en Somalie? Depuis la malheureuse opération « Restore hope[1] », la Somalie a quitté les journaux télévisés et les unes des
5 quotidiens. C'est tellement loin. Et ils ne sont pas tout à fait comme nous. On ne sait même pas pourquoi ils se battent. […] La communauté internationale, à commencer par l'Organisation de l'unité africaine (OUA), détourne les yeux. La Somalie ne possède pas de champs de pétrole. Ni de gaz.
10 La Somalie n'est pas le Koweït. Juste une pauvre Bosnie, perdue en Afrique.
Dans cette guerre oubliée, même le nombre de victimes est ignoré. 10 000, 100 000, 1 000 000? Pauvres Somaliens, vous auriez dû naître au Koweït ou en Arabie Saoudite.
15 Les télés du monde entier auraient envoyé leurs équipes filmer les Yankees[2] salvateurs en pleine action. Et les à-côtés. Genre l'artisanat somalien survit à la guerre. Etc. Si, il faut restaurer l'espoir en Somalie. Sans envoyer une armée de Rambo. Il faut aussi envoyer l'aide humanitaire. Il n'y a pas
20 que les armes qui tuent. La famine aussi.

© Afrik.com, 19/07/2001.

_____
1. « Restore hope » (« Restaurer l'espoir ») : nom de l'opération menée par les États-Unis, sous l'égide de l'ONU, de décembre 1992 à mai 1993, en Somalie, pour créer les conditions d'accès des populations à l'aide humanitaire. Elle se solda par un échec cuisant des troupes américaines qui durent quitter la Somalie, sans avoir restauré l'espoir.
2. **Yankees** : soldats américains.

1. Quelle est la thèse de l'auteur de l'article?
2. Quels arguments et quels exemples le journaliste produit-il pour justifier son point de vue?
3. Pour quelles raisons cet article a-t-il été écrit?

J'apprends à rédiger un texte argumentatif.
Pour rédiger un texte argumentatif, tu peux :
• Déterminer le **thème** sur lequel portera l'argumentation.
• Choisir la **raison** pour laquelle tu argumentes.
• Formuler la **thèse** que tu défendras.
• Trouver des **arguments** que tu exposeras pour faire comprendre ton point de vue.
• Trouver des **exemples** qui viendront étayer tes arguments.
• Choisir un **plan** pertinent.

Je m'entraîne

1. Prépare la lecture à haute voix de l'un des textes de lecture de cette étape, de façon à faire percevoir les sentiments qu'éprouve l'un ou l'autre auteur. Puis lis le texte choisi devant tes camarades.

2. La guerre civile est-elle un moyen approprié pour résoudre les différends entre les ethnies? Pour préparer ta participation au débat que ton professeur de français a programmé en classe sur cette question :
a. Informe-toi sur les guerres civiles.
b. Trouve trois arguments et trois exemples pour défendre ton point de vue.
c. En classe, compare ton point de vue, tes arguments et tes exemples à ceux de tes camarades.
d. Rédige un article de journal en prenant en compte tous les avis exprimés dans la classe.

3. Observe la photographie ci-dessous.

a. Quel est le thème de cette photographie?
b. Que symbolisent les ailes de cet enfant?
c. Quel message a voulu faire passer le photographe? Donne un titre à cette photographie.
d. Écris un paragraphe argumenté pour expliquer pourquoi l'embrigadement des enfants dans les conflits armés est une atteinte grave aux droits de l'enfant.

4. La guerre civile est l'une des principales causes du sous-développement en Afrique. Rédige un texte dans lequel tu défendras d'abord cette thèse. Dans un second temps, prends tes distances vis-à-vis des partisans de cette thèse et rédige un article montrant que les causes de sous-développement en Afrique sont nombreuses.

Séquence 4

Guerres et paix

Compétence citoyenne : Comprendre les dangers de la guerre et agir pour préserver la paix.

Compétence disciplinaire : Analyser et produire des textes argumentatifs.

Étape **4**

L'engagement de l'homme politique

- **Savoir :** L'argumentation dans le discours.
- **Savoir-faire :** Je sais rédiger un discours.

Oral

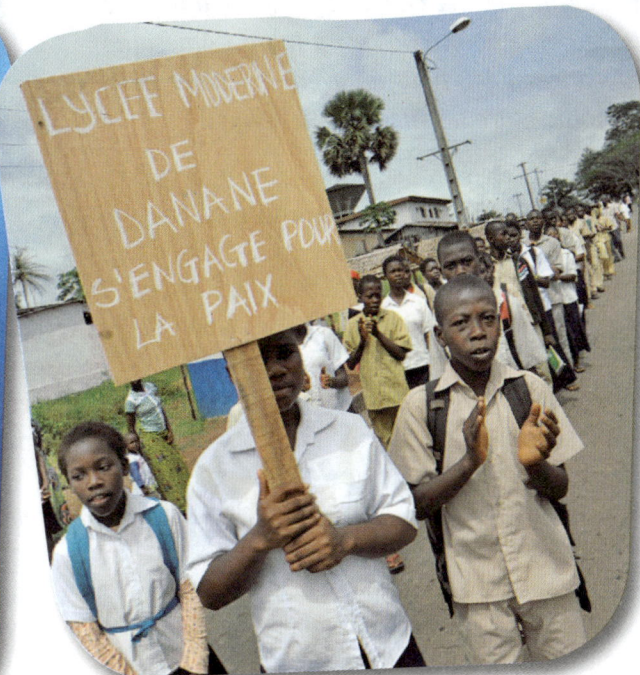

Le savais-tu ?

La paix est la **condition essentielle de tout développement humain.** Ainsi plusieurs actions sont aujourd'hui entreprises pour la restaurer partout où elle est absente, ou pour empêcher que des conflits éclatent. Ces actions sont le fruit d'initiatives **internationales** (Journée internationale de la paix, célébrée chaque année le 21 septembre) ou **locales** (marches pour la paix, concours de chanson ou de poésie pour la paix, colloques, conférences, etc.). Depuis 1901, un prix Nobel est aussi attribué chaque année à une personnalité œuvrant pour la paix.

J'observe l'image

1. Laquelle de ces deux images est l'œuvre d'un photographe ? Laquelle est l'œuvre d'un graphiste ?

2. Quel est leur thème commun ?

3. Quel événement est annoncé dans la première image ?

4. Quelle scène est montrée dans la deuxième image ?

5. Décris l'illustration de l'affiche. Que symbolise-t-elle ?

6. À quoi peut servir une manifestation pour la paix ?

Martin Luther King est un pasteur baptiste afro-américain né à Atlanta (États-Unis) en janvier 1929. Toute sa vie, il a milité de façon non violente pour les droits civiques des Noirs aux États-Unis, organisant des actions comme le boycott des bus de Montgomery ou dirigeant la campagne contre la guerre du Vietnam. Il a obtenu le prix Nobel de la paix en 1964 et est mort assassiné le 4 avril 1968 à Memphis.

1 J'ai fait un rêve

Martin Luther King prononce son célèbre discours à Washington, devant le Lincoln Memorial, durant «la marche vers Washington pour le travail et la liberté». C'est à toute l'Amérique qu'il s'adresse ici, pour un avenir meilleur dans l'harmonie entre les Blancs et les Noirs.

Je vous dis aujourd'hui, mes amis, que malgré les difficultés et les frustrations du moment, j'ai quand même fait un rêve. C'est un rêve profondément enraciné dans le rêve américain.

5   J'ai fait un rêve, qu'un jour cette nation se lèvera et vivra la vraie signification de sa croyance : «Nous tenons ces vérités comme allant de soi, que les hommes naissent égaux».

   J'ai fait un rêve, qu'un jour, sur les collines de
10 terre rouge de la Géorgie, les fils des anciens esclaves et les fils des anciens propriétaires d'esclaves pourront s'asseoir ensemble à la table de la fraternité.

   J'ai fait un rêve, qu'un jour même l'État du Mississippi, désert étouffant d'injustice et d'oppression,
15 sera transformé en une oasis de liberté et de justice.

   J'ai fait un rêve, que mes quatre enfants habiteront un jour une nation où ils seront jugés non pas sur la couleur de leur peau, mais sur le contenu de leur caractère.

20   J'ai fait un rêve, aujourd'hui.

   J'ai fait un rêve, qu'un jour l'État de l'Alabama, dont le gouverneur actuel parle d'interposition[1] et de nullification[2], sera transformé en un endroit où des petits enfants noirs pourront prendre la main
25 des petits enfants blancs et marcher ensemble comme frères et sœurs.

   J'ai fait un rêve, aujourd'hui.

   J'ai fait un rêve, qu'un jour, chaque vallée sera exhaussée, chaque colline et chaque montagne sera
30 nivelée, les endroits rugueux seront aplanis et les endroits tortueux seront redressés, et la gloire du Seigneur sera révélée, et tous les hommes la verront ensemble.

   Ceci est notre espoir. C'est avec cet espoir que je
35 rentre au Sud. Avec cette foi, nous pourrons transformer les discordances de notre nation en une belle symphonie de fraternité. Avec cette foi, nous pourrons travailler ensemble, prier ensemble, lutter ensemble, être emprisonnés ensemble, nous révolter pour la li-
40 berté ensemble, sachant qu'un jour nous serons libres.

   Quand ce jour arrivera, tous les enfants de Dieu pourront entonner avec un sens nouveau ce chant patriotique : «Mon pays, c'est toi, douce patrie de la liberté, c'est toi que je chante. Terre où reposent
45 mes aïeux, fierté des pèlerins, de chaque montagne, que la liberté retentisse. »

   Et si l'Amérique veut être une grande nation, ceci doit se faire. Alors, que la liberté retentisse des grandes collines du New Hampshire. Que la liberté
50 retentisse des montagnes puissantes de l'État de New York. Que la liberté retentisse des hautes Alleghenies de Pennsylvanie !

Que la liberté retentisse des Rocheuses ennei-
gées du Colorado !

55   Que la liberté retentisse des beaux sommets de
la Californie !

Mais ce n'est pas tout : que la liberté retentisse
des Stone Mountains de la Géorgie !

Que la liberté retentisse des Lookout Moutains
60 du Tennessee !

Que la liberté retentisse de chaque colline et de
chaque taupinière[3] du Mississippi !

Que la liberté retentisse !

Quand nous laisserons retentir la liberté, quand
65 nous la laisserons retentir de chaque village et de
chaque lieu-dit, de chaque État et de chaque ville,
nous ferons approcher ce jour où tous les enfants
de Dieu, Noirs et Blancs, juifs et gentils, catholiques
et protestants, pourront se prendre par la main et
70 chanter les paroles du vieux spiritual noir : « Enfin libres ! Enfin libres ! Dieu tout-puissant, merci,
nous sommes enfin libres ! »

MARTIN LUTHER KING, extrait du discours prononcé devant le Lincoln
Memorial, 28 août 1963, in « I have a dream », Ces discours qui ont changé
le monde, choix et présentation Dominique Jamet, © L'Archipel, 2008.

1. **Interposition** : ici, intervention d'un État américain envers les lois
fédérales qu'il ne souhaite pas appliquer (généralement à cette
époque envers des lois encourageant la déségrégation, c'est-à-dire le
rapprochement des Noirs et des Blancs).
2. **Nullification** : ici, annulation par un État américain de lois fédérales.
3. **Taupinière** : monticule de terre formé par une taupe.

J'observe

1. Quel titre pourrais-tu donner à la photographie ci-contre ?
2. Quel lien symbolique peux-tu établir entre le jeune garçon et Martin Luther King ?

Je comprends

3. Choisis la bonne réponse :
   a. Martin Luther King s'adresse :
   – à tous ceux qui participent à la marche vers Washington pour le travail et la liberté.
   – à toute l'Amérique.
   – aux députés américains.
   b. Dans ce discours, Martin Luther King :
   – conseille à ses frères noirs d'user de la violence pour conquérir leurs droits civiques.
   – conseille à ses frères noirs de garder confiance en l'avenir de leur pays.
   – se dit satisfait du sort qui est fait aux Noirs dans différents États américains.
4. Dans les lignes 13 à 15, relève trois mots qui définissent la société américaine dont rêve Martin Luther King.
5. De quel passé l'orateur veut-il faire table rase ?
6. Quel est le « rêve » de Martin Luther King ? Résume en une phrase son souhait.

Je découvre

7. À quelles personnes s'exprime Martin Luther King ? Analyse leur emploi.
8. Sur quelle répétition (anaphore) repose la première moitié du discours ? Quel effet cela produit-il ?
9. Quelle anaphore est utilisée en fin de texte ?
10. Relève les métaphores utilisées dans le discours. Quel effet cela produit-il ?
11. Quelle figure de style est utilisée des lignes 10 à 12 ? Pourquoi ?
12. Quel type de phrase l'orateur utilise-t-il à la fin de son discours ? Qu'est-ce que cela signifie ?

Je retiens

● Le discours est un **exposé oral prononcé devant un auditoire** pour faire connaître et partager des idées et solliciter l'adhésion de l'assemblée au nom d'une cause clairement définie.

● Les discours s'adressent le plus souvent à la **sensibilité** de l'auditoire, que l'orateur cherche à **séduire**, à **faire vibrer**. On y trouve divers procédés comme l'**anaphore** (répétition d'un même mot ou groupe de mots en début de phrase), la **métaphore** ou l'**antithèse**. Les types de phrases sont expressifs et variés (interrogations, exclamations).

vocabulaire

Les procédés oratoires

Avec cette foi, nous pourrons transformer les **discordances** de notre nation en une belle **symphonie** de fraternité. Avec cette foi, nous pourrons travailler ensemble, prier ensemble, lutter ensemble, être emprisonnés ensemble […]. ■

1. Repère les mots et groupes de mots répétés. Quel effet cela produit-il ?

2. Quelle relation de sens perçois-tu entre les mots en gras ? Donne le nom de la figure de style employée.

Je retiens

● Les **procédés oratoires** sont nombreux : l'**antithèse**, pour souligner un contraste ; l'**apostrophe**, pour capter l'attention (*Je vous le dis mes amis, mes chers camarades*) ; la **répétition**, pour insister ; l'**énumération**, pour marteler son point de vue ; les **images**, pour marquer les esprits (*une oasis de liberté*).

Je m'entraîne

1. Dans le discours de Martin Luther King (texte 1, p. 100-101), relève au moins un exemple de chaque procédé oratoire présenté dans la leçon ci-contre.

2. Lis l'extrait du discours d'investiture du président de l'Afrique du Sud Nelson Mandela (texte 2, page 104). Puis relève et classe les différents procédés oratoires utilisés.

conjugaison

La conjugaison du subjonctif

Que la justice soit la même pour tous. Que la paix existe pour tous. Qu'il y ait du travail, du pain, de l'eau et du sel pour tous. ■

1. Relève les verbes conjugués au subjonctif, puis donne leur infinitif et leur groupe.

2. Quel verbe conserve son radical au subjonctif ? Quels verbes voient leur radical modifié ?

3. Comment forme-t-on le subjonctif d'un verbe ?

Je retiens

Au **mode subjonctif**, le verbe est souvent précédé de « **que** ».

● Au **subjonctif présent** :
– les **verbes des trois groupes** se terminent par -e, -es, -e, -ions, -iez, -ent.
Exemples : Que je chante, que vous chantiez, qu'ils chantent.
– « **être** » et « **avoir** » sont **irréguliers**.
Exemples : Que je sois, que tu sois, qu'il soit, que nous soyons.
Que j'aie, que tu aies, qu'il ait, que nous ayons.
– le **radical** des verbes du **3e groupe** est souvent **modifié**.
Exemples : Faire → que je fasse ; pouvoir → que je puisse ; savoir → que je sache.

● Le **subjonctif passé** est formé de l'auxiliaire « **être** » ou « **avoir** » au **subjonctif présent**, suivi du **participe passé**.
Exemples : Qu'elle soit partie ; que nous ayons fini ; que vous ayez perdu.

Je m'entraîne

1. Conjugue les verbes suivants au subjonctif présent puis au subjonctif passé, aux personnes demandées.
Exemple : Savoir (3e pers. du singulier) → *Qu'il sache, qu'il ait su.*
S'asseoir (3e pers. du pluriel) • se taire (3e pers. du singulier) • prévoir (1re pers. du singulier) • résoudre (2e pers. du singulier) • suivre (1re pers. du pluriel) • conclure (2e pers. du pluriel) • ajouter (1re pers. du pluriel).

2. Conjugue les verbes entre parenthèses au présent de l'indicatif ou du subjonctif selon le cas. Les deux modes sont parfois possibles.
Exemple : Je souhaite qu'il (venir) dès aujourd'hui.
→ *Vienne, mode subjonctif.*
Croyez-vous qu'il (vouloir) aller vers la paix ? • Qu'il le (vouloir) ou non, la paix est en marche. • Bien qu'ils ne (savoir) pas où ils vont, les réfugiés poursuivent leur marche. • S'ils (savoir) où trouver un point d'eau, les réfugiés pourront s'abreuver. • Je ne pense pas qu'il (falloir) un visa pour entrer dans ce pays. • Ne penses-tu pas qu'il (falloir) un visa pour entrer dans ce pays ?

3. Indique le mode, le temps et la voix de chaque verbe.
Exemple : Il faut que j'aie terminé mon devoir avant ce soir.
→ *« Faut » : indicatif présent, voix active. « Aie terminé » : subjonctif passé, voix active.*
Martin Luther King a œuvré pour que les Noirs deviennent maîtres de leur destin. Quoiqu'il ait été menacé plusieurs fois, il ne s'est jamais laissé intimider. Il voulait que chaque homme soit reconnu pour sa valeur, sans que la couleur de sa peau soit un handicap.

Les modalisateurs

Nous **sommes conscients** que la route vers la liberté n'est pas facile. […]

Nous <u>devons</u> donc agir ensemble, comme un peuple uni, vers une réconciliation nationale […]. ■

1. Par quel verbe peut-on remplacer la forme verbale en gras ? Quelle opinion de l'orateur ce verbe exprime-t-il ?

2. Quelle nuance le verbe souligné apporte-t-il à l'action à mener ?

Je retiens

● Dans une argumentation, on peut nuancer ou renforcer son propos en employant différents procédés, appelés **modalisateurs**, qui peuvent exprimer :

– le **doute** : adverbes (*peut-être…*), verbes attributifs (*sembler, paraître…*), mode conditionnel (*Un accord aurait été trouvé*), phrases interrogatives (*Serait-il coupable ?*), auxiliaires modaux (*pouvoir, devoir…*).

– la **certitude** : adverbes (*certainement, parfaitement…*), verbes (*attester, assurer, certifier…*), mode indicatif.

– le **jugement** : suffixes péjoratifs (*criard, jaunasse…*), adjectifs (*superbe, affreux…*), verbes (*éblouir, révulser…*), figures de style, phrases exclamatives (*Répugnant !*).

– la **mise à distance** : guillemets, prépositions (*selon, suivant, d'après…*).

Je m'entraîne

1. Recopie le texte ci-dessous, puis souligne les modalisateurs employés et précise leur nature.

Exemple : <u>Selon moi</u>, ces déchets sont nocifs.
→ « Selon moi », groupe prépositionnel.

Des initiatives originales ont donné un cachet tout particulier à la Journée mondiale de la paix. On a vu des enfants présenter des spectacles sans doute encore sommaires mais parfaitement interprétés. Ailleurs, des écoliers ont organisé un défilé immense et coloré à travers leur village, montrant qu'ils sont déjà des citoyens extrêmement responsables. Il est réconfortant de constater que d'année en année, cette journée attire de nouvelles bonnes volontés.

2. Reformule chaque énoncé en ajoutant un modalisateur. Respecte les indications données entre parenthèses.

Exemple : La paix est nécessaire au développement d'un pays (certitude). → La paix est **évidemment** nécessaire au développement d'un pays.

Les hommes vivent en harmonie (obligation). • Les marchands d'armes sont les principaux bénéficiaires des guerres (jugement péjoratif). • Les tentatives de conciliation ont échoué (regret). • Les accords de paix ont été signés (doute). • L'intervention de pays amis épargnera des vies humaines (jugement mélioratif).

3. Voici des énoncés neutres. Reformule chacun d'eux en exprimant successivement la certitude, le doute, la colère et le regret.

La violence des combats a jeté sur la route des populations. • La guerre en Somalie a fait de nombreuses victimes. • Les pluies diluviennes ont entraîné des inondations. • Avec le retour des pluies, les routes sont impraticables. • L'intervention des Nations unies a permis d'éviter le pire.

4. Relève les modalisateurs, puis classe-les en deux groupes selon qu'ils expriment une opinion ou un sentiment.

Exemple : J'ai été enchanté de faire votre connaissance.
→ « J'ai été enchanté » : sentiment.

Les dirigeants africains trouvent l'attitude des grandes puissances insupportable. • Heureusement que ces débats interminables ont pris fin. • Il leur faudra s'armer de patience car la discussion risque d'être particulièrement longue. • Je crains que l'on n'obtienne rien de lui.

5. Les énoncés suivants sont objectifs, ajoutes-y des modalisateurs.

Exemple : Une affaire de mœurs vient d'éclater dans notre quartier. → Une **étonnante** affaire de mœurs vient d'éclater dans notre quartier.

Les adolescents sont influencés par les images violentes. • Les relations entre cette ONG et les pays africains continuent à se dégrader. • Une marée noire a pollué les plages des États-Unis. • La guerre appauvrit les populations. • Le droit de vote a été obtenu après un long combat.

6. Relève les modalisateurs présents dans ce texte. Précise les opinions et les sentiments exprimés.

En ce tout début du XXIe siècle – un siècle qui a déjà appris à ses dépens, et combien violemment – que le progrès vers la paix et la prospérité mondiale est tout sauf inévitable, nous ne pouvons plus ignorer cette nouvelle réalité. Nous devons y faire face.

Le XXe siècle a peut-être été le plus meurtrier de l'histoire de l'humanité ; il a été le témoin d'innombrables conflits destructeurs, de souffrances indicibles et de crimes sans nom.

Kofi Annan, ancien secrétaire de l'ONU, extrait du discours de réception du prix Nobel de la paix, Oslo, 10 décembre 2001.

2 Une nouvelle ère

Nelson Mandela reçoit en 1993 le prix Nobel de la paix et devient en 1994 le premier président noir de l'Afrique du Sud. Ce texte est extrait de son discours d'investiture à la présidence de la République sud-africaine.

Le temps de soigner les blessures est arrivé.

Le temps de combler les fossés qui nous séparent est arrivé.

Le temps de construire est arrivé. […]

Nous dédions ce jour à tous les héros et héroïnes de ce pays
5 et du reste du monde qui se sont sacrifiés ou ont donné leur vie pour que nous puissions être libres.

Leurs rêves sont devenus réalité. La liberté est leur récompense. […]

Nous sommes conscients que la route vers la liberté n'est pas
10 facile.

Nous sommes conscients qu'aucun de nous ne peut réussir seul.

Nous devons donc agir ensemble, comme un peuple uni, vers une réconciliation nationale, vers la construction d'une na-
15 tion, vers la naissance d'un nouveau monde.

Que la justice soit la même pour tous.

Que la paix existe pour tous.

Qu'il y ait du travail, du pain, de l'eau et du sel pour tous.

Que chacun d'entre nous sache que son corps, son esprit et
20 son âme ont été libérés afin qu'ils puissent s'épanouir.

Que jamais, jamais plus ce pays magnifique ne revive l'expérience de l'oppression des uns par les autres, ni ne souffre à nouveau l'indignité d'être le paria[1] du monde.

NELSON MANDELA, discours d'investiture, 1994, in «*I have a dream*», *Ces discours qui ont changé le monde*, choix et présentation Dominique Jamet, © L'Archipel, 2008.

_____
1. **Paria :** personne (ici, nation) tenue à l'écart d'un groupe.

1. À qui l'orateur s'adresse-t-il ?

2. Quel est le but de ce discours ?

3. D'après toi, ce discours s'adresse-t-il à la raison ou bien à la sensibilité de l'auditoire ? Explique ta réponse.

J'apprends à rédiger un discours

Pour rédiger un discours, tu peux :
• Prendre en compte les **circonstances exactes** (Où ? Quand ? En quelle occasion ? Pourquoi ? Pour quoi faire ?) dans lesquelles le discours sera prononcé.
• Lister le ou les **sujets** que tu souhaites aborder dans ton discours.
• Formuler la cause que tu souhaites **défendre**.
• Choisir des procédés qui te permettront de **capter** puis de **retenir l'attention** de ton auditoire et des procédés qui t'aideront à le **séduire** afin d'emporter son **adhésion** à tes idées.

Je m'entraîne

1. Prépare une lecture expressive du texte 1 (p. 100-101) ou du texte 2 (ci-contre). Effectue cette lecture devant la classe, en essayant de faire partager à tes camarades les sentiments et l'émotion qu'éprouvait alors l'orateur. Veille à regarder ton auditoire ; ne reste pas les yeux rivés sur ton texte.

2. Observe la photographie ci-dessous.

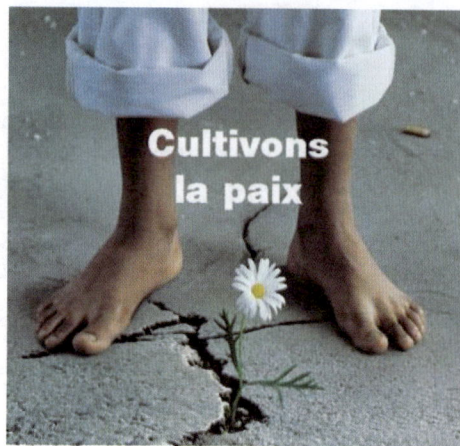

Cultivons la paix

a. À quoi la paix est-elle comparée ? Nomme l'image utilisée, puis explique-la.

b. Quel sens donnes-tu au slogan figurant sur cette affiche ?

c. Trouve trois arguments que tu pourrais utiliser dans un discours pour inviter tes camarades à « cultiver la paix ».

3. Dans les journaux ou en écoutant la radio, repère et recopie les formules que les hommes politiques de ton pays utilisent dans leurs discours. Par quelles formules d'appel commencent-ils leurs discours ? Quel type de phrase est fréquemment utilisé ? Qu'est-ce qui est mis en évidence dans ces formules ou ces phrases ? En prenant les formules et phrases observées comme modèles, entraîne-toi à écrire trois formules d'appel et trois phrases de conclusion que tu pourrais utiliser dans un discours prononcé à l'intention de tes camarades.

4. À la suite d'une campagne électorale très animée, tu as été élu(e) président(e) de la coopérative scolaire de ton établissement pour l'année scolaire. Imagine et rédige le discours que tu prononceras devant l'assemblée des élèves de ton établissement pour les remercier de t'avoir fait confiance et pour solliciter leur adhésion à ton programme, dont tu énonceras quelques axes.

Évaluation

Vocabulaire (sur 10 points)

Je sais distinguer les connotations d'un mot.

1. Que peut évoquer le mot « train » pour son conducteur ? Pour une femme accompagnant son mari à la gare ? Pour une personne habitant près de la ligne de chemin de fer ? Pour un enfant partant au bord de la mer ? **(/4)**

Je sais identifier les marques lexicales de l'opinion dans un texte.

2. Dans le passage suivant, relève cinq marques lexicales de l'opinion. Comment le narrateur considère-t-il cette guerre ? **(/6)**

Nos Allemands accroupis au fin bout de la route venaient justement de changer d'instrument. C'est à la mitrailleuse qu'ils poursuivaient à présent leurs sottises ; ils en craquaient comme de gros paquets d'allumettes et tout autour de nous venaient voler des essaims de balles rageuses, pointilleuses comme des guêpes.

Louis-Ferdinand Céline, *Voyage au bout de la nuit*, © Éditions Gallimard.

Orthographe (sur 10 points)

Je sais employer les homophones grammaticaux.

3. Recopie ce texte en remplaçant les pointillés par « quand », « quant à » ou « qu'en ». **(/5)**

Des troupes armées ont chassé les habitants … elles sont entrées dans le village. Leurs chefs ont ordonné … une heure tout soit détruit. La population se demande … elle pourra revenir. Les enfants ont eu très peur. Leurs professeurs, … eux, ont réussi à sauver quelques manuels scolaires. Les rebelles étaient conscients … s'attaquant aux civils, ils provoqueraient la colère du gouvernement.

4. Recopie le texte suivant en le complétant par « quoique », « quoi que », « quelque(s) », « quelque » ou « quel(le)(s) que ». **(/5)**

… cinq cents rebelles refusent de déposer les armes. • … ils décident, … dirigeants ont déclaré qu'ils mettraient un terme à ce conflit, … soient les conséquences. • La communauté internationale est finalement intervenue, … tardivement.

Conjugaison (sur 10 points)

Je sais reconnaître les temps et les emplois du conditionnel.

5. Les verbes des phrases ci-dessous sont conjugués au conditionnel. Donne leur temps et indique ce qu'ils expriment. **(/5)**

Je voudrais être consulté avant que cette décision ne soit prise. • Le conflit aurait déjà fait de très nombreuses victimes. • Le ministre annonça qu'il démissionnerait quand il serait désavoué par le président. • Si on le leur proposait, ils accepteraient le cessez-le-feu.

Je sais conjuguer les verbes des trois groupes au subjonctif présent et passé.

6. Conjugue chaque verbe au temps du subjonctif indiqué entre parenthèses. **(/5)**

Je ne suis pas certain qu'ils (choisir, subjonctif passé) le bon candidat. • Il est souhaitable que nous (savoir, subjonctif présent) où se trouvent nos intérêts. • Sa mère veut qu'il (rentrer, subjonctif passé) avant la tombée de la nuit. • Vos professeurs attendent que vous (résoudre, subjonctif présent) cette équation. • Cette coupure est profonde, il faut absolument que tu (aller, subjonctif présent) à l'hôpital.

Grammaire (sur 20 points)

Je sais employer les connecteurs logiques.

7. Écris un court paragraphe sur le thème de la guerre ou de la paix, dans lequel tu emploieras huit connecteurs logiques choisis dans la liste suivante : *cependant, car, c'est pourquoi, ainsi, comme, mais, en outre, en effet, donc, puisque, si bien que.* **(/8)**

Je sais repérer et expliciter les rapports logiques implicites.

8. Repère et nomme les rapports logiques implicites exprimés dans chacune des phrases suivantes puis récris-les en les explicitant au moyen d'un connecteur. **(/5)**

Les hommes combattent pour leur pays : ils croient que leur cause est juste. • J'ai essayé d'œuvrer pour la paix ; mes efforts sont restés vains. • Ces armes (grenades, mines) ne cessent de se perfectionner. • En acceptant d'intervenir dans ce conflit, il a pris de nombreux risques. • L'aide humanitaire a été acheminée. Elle sera distribuée demain.

Je sais exprimer l'idée d'opposition.

9. Dans les phrases suivantes, exprime l'opposition selon les consignes entre parenthèses. (/7)

… (subordonnée circonstancielle), ces populations vivent ensemble depuis plusieurs décennies. • Les émissaires de l'Union africaine poursuivent leur mission de paix… (groupe prépositionnel). • … (groupe verbal infinitif), les bombardements ont duré toute la nuit. • Il a perdu son fils au combat… (proposition coordonnée par un adverbe). • … (subordonnée conjonctive à l'indicatif), les hostilités risquent de durer encore longtemps. • Nous n'avons pas souhaité être dépossédés de nos terres… (proposition coordonnée par une conjonction). • … (adjectif qualificatif mis en apposition), les rebelles restent dangereux.

Expression orale et écrite

Lis le texte suivant.

Lundi 29 juin 1992

Dear Mimmy[1],

J'EN AI MARRE DES CANNONADES! ET DES OBUS QUI TOMBENT! ET DES MORTS! ET
5 DU DÉSESPOIR! ET DE LA FAIM! ET DU MALHEUR! ET DE LA PEUR!

Ma vie c'est ça!

On ne peut pas reprocher de vivre à une écolière innocente de onze ans! Une écolière qui n'a plus
10 d'école, plus aucune joie, plus aucune émotion d'écolière. Une enfant qui ne joue plus, qui reste sans amie, sans soleil, sans oiseaux, sans nature, sans fruits, sans chocolat, sans bonbon, avec juste un peu de lait en poudre. Une enfant qui, en un
15 mot, n'a plus d'enfance. Une enfant de la guerre. Maintenant je réalise vraiment que je suis dans la guerre[2], que je suis le témoin d'une guerre sale et répugnante. Moi et aussi les milliers d'autres enfants de cette ville[3] qui se détruit, pleure et se la-
20 mente, espère un secours qui ne viendra pas. Mon Dieu, est-ce que cela va cesser un jour, est-ce que je vais pouvoir redevenir écolière, redevenir une enfant contente d'être une enfant? J'ai entendu dire que l'enfance est la plus belle période de la
25 vie. J'étais contente de vivre mon enfance, mais cette sale guerre m'a tout pris. Mais pourquoi? Je suis triste. J'ai envie de pleurer. Je pleure.

Ta Zlata

Zlata Filipovic, *Le Journal de Zlata*, traduit du serbo-croate par Alain Cappon, © Éditions Robert Laffont, 1993.

---

1. Nom que Zlata a donné à son journal.
2. Zlata parle de la guerre de Bosnie-Herzégovine (1992-1995).
3. Zlata fait ici allusion à Sarajevo, capitale de la Bosnie.

1. De quel type de texte s'agit-il?

2. À quels indices lexicaux reconnais-tu le jugement que Zlata porte sur la guerre?

3. Pourquoi peut-on dire que ce texte est engagé?

Rédaction

Penses-tu que la jeunesse a un rôle à jouer dans la recherche et le maintien de la paix dans le monde? Présente ta réponse sous la forme d'un paragraphe argumenté.

Expression orale

Cherche des informations sur l'un des conflits qui secouent le continent africain et présente les résultats de ta recherche sous forme d'un exposé devant ta classe.

Projet

Phase 4 : Semez!

1. Pour cette phase, vous devez disposer de semences (graines, boutures, rejetons). Avec l'aide de l'agent agricole dont vous disposez peut-être, procurez-vous les bonnes semences. Pour certaines cultures, comme celles de la tomate, de la salade ou du chou, il vous faudra produire vous-mêmes ces semences dans une pépinière.

2. Cette phase de votre projet pourra consister, selon la ou les plante(s) cultivée(s), à :

– semer les graines choisies à l'intérieur de lignes tracées, et les recouvrir d'un peu de terre (cas de la carotte, des haricots blancs, de la pastèque, du maïs, du soja, etc.);

– mettre en terre les rejetons ou les plants sélectionnés au moment le plus opportun en respectant les écartements conseillés (cas de l'ananas, de la banane plantain, de l'igname, etc.). Si la plante a besoin de beaucoup d'eau pour se développer, il faudra réfléchir à la manière dont vous allez acheminer cette eau.

3. Comme pour la phase précédente, les conseils d'un agent agricole ou d'une personne connaissant bien la ou les culture(s) que vous avez choisie(s) vous garantiront de bons résultats.

Identifiez ensemble les tâches à accomplir et répartissez-les entre tous les élèves de la classe.

Les savoir-faire requis pour effectuer la tâche commandée

Savoir-faire :
• Je sais appliquer des consignes de manière rigoureuse et précise.
• Je sais accomplir des gestes techniques.

Séquence 5

Art et création

Compétence citoyenne : Distinguer et valoriser les différentes composantes de la culture africaine.

Compétence disciplinaire : Analyser l'image fixe et l'image animée (cinéma) dans sa relation au texte qui l'accompagne.

Étape 1

Origines et traditions

- **Savoir :** L'image fixe.
- **Savoir-faire :** Je sais analyser une image fixe dans son contexte.

Oral

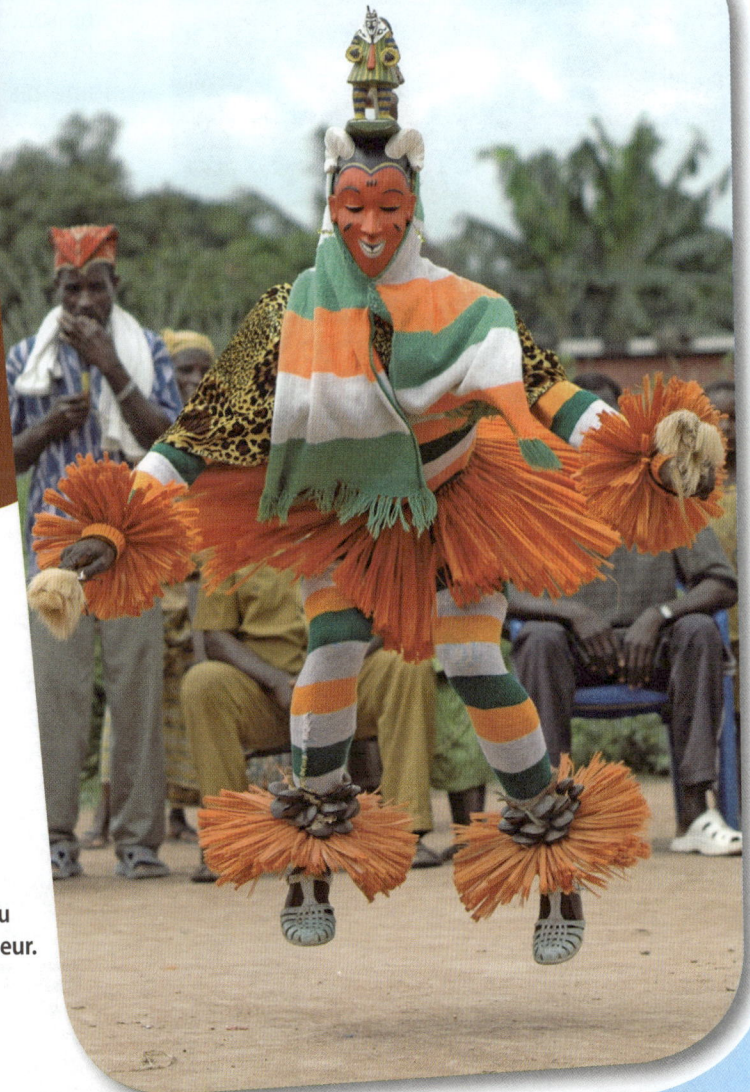

Le savais-tu ?

L'art traditionnel africain associe danse, musique, peinture et sculpture. Il concerne aussi bien le corps (art de se peindre, de se parer) que les objets de la vie quotidienne. Portés lors des danses rituelles, les masques apparaissent comme les intermédiaires entre la réalité et le surnaturel. Au début du XXe siècle, en Europe, les peintres cubistes (Picasso, Braque) furent les premiers à reconnaître la valeur de l'art africain et à s'en inspirer. En 1990, en raison du pillage des œuvres anciennes, l'Unesco a interdit de faire sortir d'Afrique masques et statues.

J'observe l'image

1. Décris cette image.

2. Qu'est-ce qui montre que le photographe a réussi à fixer un moment de rythme intense ?

3. Quelles sont les particularités du masque ?

4. Quel effet produit-il ?

5. Cite le pays africain dont le drapeau est évoqué par le costume du danseur.

6. Donne un titre à cette image.

Note sur l'auteur

Hans Silvester est un photographe allemand né en 1938. Il réside actuellement en France mais parcourt le monde pour réaliser ses reportages (Grèce, Amazonie, Inde…). En Éthiopie, il s'est intéressé aux peuples de la vallée de l'Omo qui n'ont pas connu la colonisation en raison d'un climat rude et de l'accès difficile de leur territoire. Leur culture a par conséquent été préservée.

1 Un peuple de peintres

Hans Silvester a choisi de partager la vie des tribus de l'Omo, aidé d'un guide qui les connaissait et les respectait.

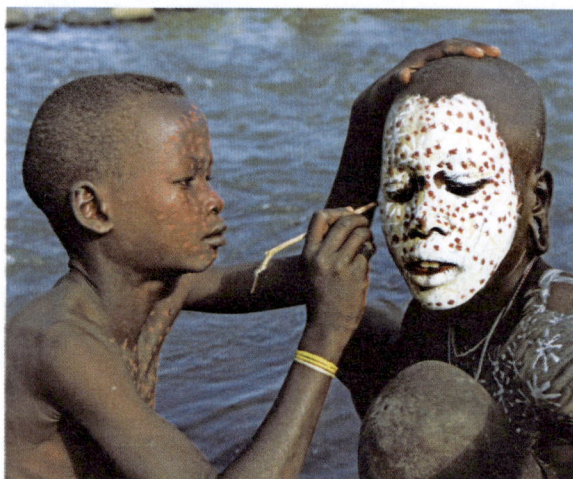

Des ronds, des fleurs, des pois, des raies, l'inspiration des artistes semble illimitée.

Dans chaque tribu, les motifs qui ornent les corps ne sont pas imposés par une tradition particulière. Et ils ne représentent pas non plus un animal ou
15 une plante sacrés ou symboliques, liés à la tribu. Alors chacun peut au gré de sa fantaisie créer ses propres dessins. Mais à y regarder de plus près, que devine-t-on? Peut-être le pelage des léopards, l'œil rond des oiseaux, les larges taches sur le dos
20 des zébus ou la forme de leurs cornes. Ou encore l'écorce rectiligne des arbres, les ondulations du fleuve, ou les traces du serpent. Tout dans la nature est source d'inspiration. À l'infini.

Les peuples de l'Omo n'ont pas besoin de miroir pour contempler avec fierté leurs chefs-d'œuvre,
5 comme ces couronnes de feuilles de palme ou de fleurs tressées. Car seule compte pour eux, l'admiration qu'ils lisent dans le regard de leurs amis, de leurs
10 voisins, et de leur famille.

La tête est souvent considérée comme la partie la plus noble du corps parce qu'elle commande aux autres parties. Certains pensent même qu'elle ne doit pas se trouver au contact du sol. Il s'agit aussi de préserver sa coiffure et de se protéger des insectes.

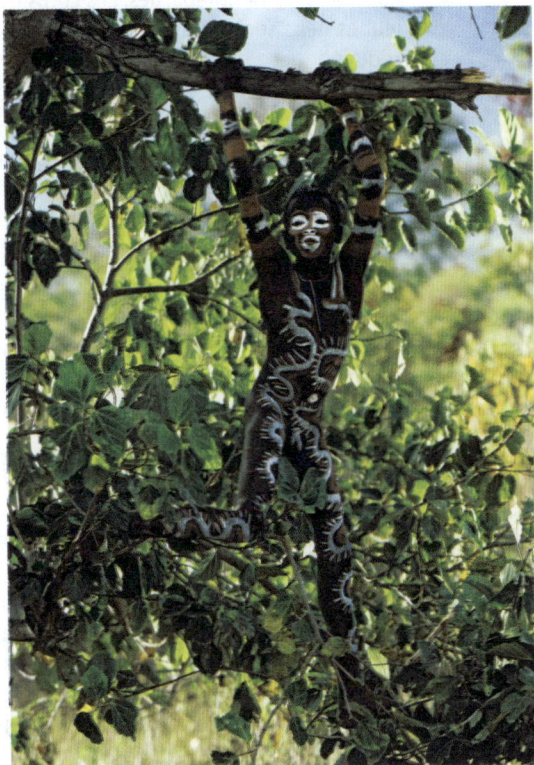

30 Enfant-insecte, enfant-écorce, enfant-plante, enfant-singe, enfant-zébre, leur don mimétique est étonnant. Ces manifestations culturelles, qui relèvent du jeu et du seul plaisir, sont d'une fragilité extrême. Demain? Certaines autres tribus, touchées
35 davantage par le tourisme, par l'argent, par la civilisation, ont vu leur inspiration se tarir dramatiquement. Naguère encore, on disait les Karo – une tribu voisine – être les meilleurs peintres de l'Omo. Tout s'est évanoui en quelques années. […] Qu'en
40 sera-t-il des enfants Surma? Leur avenir n'est-il pas déjà écrit sur le tableau noir de l'école?

Hans Silvester, *Les Enfants de la vallée de l'Omo* (texte de Martine Laffon), © Éditions La Martinière Jeunesse, 2009 et *Éthiopie, les peuples de l'Omo*, © Éditions La Martinière, 2009.

J'observe

1. Donne un titre à chaque image et indique le(s) passage(s) qui semblent lui correspondre.

2. Classe les photographies en fonction des choix de cadrage (gros plan sur les visages, plan moyen découvrant une situation ou une action, plan général du personnage dans son environnement).

3. Dans chacune des images, qu'est-ce qui attire immédiatement le regard? Pourquoi?

4. Choisis l'image que tu préfères. Indique la gamme des couleurs utilisées et l'effet produit.

Je comprends

5. Réponds par vrai ou faux :
   a. Les enfants de l'Omo ont besoin de miroir pour apprécier leurs parures.
   b. Les motifs qui ornent les corps sont imposés par la tradition et les rites.
   c. La tête est l'objet d'un soin particulier.

6. Qu'utilisent les peuples de l'Omo pour leur coiffure et la parure du visage et du corps (matériaux, motifs)?

7. Quel sentiment leur procure cette activité?

8. Où les peuples de l'Omo trouvent-ils leur inspiration?

Je découvre

9. Relis les lignes 1 à 29. Indique la fonction du texte par rapport aux images.

10. Relis les lignes 30 à 41.
    a. Cite un passage qui crée un effet poétique.
    b. Quel phénomène récent l'auteur a-t-il constaté? Qu'en pense-t-il?
    c. Quelle est la fonction dominante de la fin du texte?

11. Que penses-tu de la culture des peuples de l'Omo? Comment imagines-tu leur avenir?

Je retiens

● Le **cadrage** de l'image varie selon l'effet recherché (gros plan pour l'expression du visage, plan moyen pour valoriser une action ou une situation, plan général pour mettre le personnage dans son contexte).

● Le **commentaire** oriente le sens de l'image. Il peut avoir plusieurs fonctions (informer, expliquer, créer un effet poétique, agir sur l'opinion).

vocabulaire

Des mots pour exprimer et analyser la couleur

Un maquillage fait de craie blanche et ocre éclaire et dessine le visage aux contours sombres. Il met en valeur les yeux cerclés de noir. Sur la tête, des végétaux d'un vert tendre ou bleuté s'harmonisent avec l'arrière-plan de l'image.

1. Qu'est-ce qui crée un effet de contraste (exemple : le noir sur le blanc) ? D'harmonie ?

Je retiens

● Le **contraste entre le clair et l'obscur** donne de la **lisibilité** : un élément clair se détache immédiatement sur un élément plus foncé.

● Les **couleurs chaudes**, proches du rouge (jaune, orange, rouge, rouge-violet, brun-rouge…), excitent l'œil et apparaissent dynamiques. Le rouge est la couleur la mieux perçue par l'œil.

● Les **couleurs froides**, proches du bleu-vert (jaune-vert, vert, bleu, bleu-violet, violet…) ont un effet apaisant et reposant.

Je m'entraîne

1. Complète le texte ci-dessous avec des noms de couleurs en jouant sur les contrastes.

Un jeune garçon dont le visage est orné de motifs … sur fond … décore le visage de son camarade. Il a d'abord étendu avec les mains une couleur … . Maintenant, il dessine à l'aide d'un roseau des formes … harmonieusement réparties. Les corps des jeunes gens sont ornés de motifs géométriques …. et … . Leurs silhouettes se détachent sur le fond … de la rivière.

2. Décris le visage et la coiffure d'un guerrier de la vallée de l'Omo (cf. photo p. 108, haut, colonne du milieu), en insistant sur l'opposition du foncé et du clair.

conjugaison

La forme pronominale

Personne ne s'enfuit pendant que les événements se succédaient. Le temps s'écoulait vite… L'homme s'immobilisa un instant. Puis il courut, s'accroupit, se releva et se dressa enfin face à l'animal.

1. Relève les verbes pronominaux.
2. Pour chaque verbe relevé, indique ce que représente le pronom et donne sa fonction.

Je retiens

● Les verbes pronominaux sont précédés d'un **pronom de la même personne que le sujet** (il s'immobilise, je m'immobilise).

● On distingue les verbes qui sont **essentiellement pronominaux** (s'enfuir, s'évanouir, se souvenir…) et les verbes qui peuvent s'employer **avec ou sans pronom** (immobiliser, s'immobiliser…).

● Certains verbes pronominaux sont de **sens réfléchi** (il se lève, il s'accroupit…) et peuvent être employés au singulier ou au pluriel. D'autres verbes ont un **sens réciproque** au pluriel (ils se battent…).

● Dans les verbes pronominaux, **le pronom a généralement une fonction de COD** → Les masques s'immobilisèrent. Dans certains cas, il peut être **COI** → Les événements se succédaient = les événements succédaient à eux-mêmes.

Je m'entraîne

1. Recopie le texte suivant en conjuguant les verbes pronominaux mis entre parenthèses.

Le photographe Hans Silvester ne (se déplacer) pas en touriste. Il ne (se fier) pas aux seuls renseignements des voyagistes. En Éthiopie, il a eu recours à un guide qui (s'efforcer) de gagner la confiance des populations. Certaines ethnies (se reconnaître) à leur coiffure ou à leurs activités mais toutes (se distinguer) par leurs dialectes parlés.

2. Dans le texte suivant, les verbes à la forme pronominale ont été supprimés. Rétablis-les en les plaçant au bon endroit et en les conjuguant à la personne qui convient : *s'amuser, s'affronter, se mettre, se moquer, se préparer, se regrouper, se transmettre.*

Dans la vallée de l'Omo, les jeunes gens … à la vie adulte en observant des rites qui … d'une génération à l'autre. Ils … entre eux puis doivent … pour repousser les jeunes filles qui … et … à les provoquer jusqu'à ce qu'ils … en colère.

3. Transforme le texte de l'exercice 2 en mettant les verbes à la personne qui convient : c'est maintenant un jeune homme qui s'exprime au nom du groupe.
Exemple : Les jeunes gens se préparent à la vie adulte.
   → *Nous nous préparons à la vie adulte.*

4. Fais parler un ancien qui s'adresse à un jeune garçon et lui apprend les rites de passage à l'âge adulte en utilisant des verbes pronominaux.
Exemple : Tu te prépareras à la vie adulte en observant les rites.

grammaire

Les figures de comparaison

Les huttes sont comme des chapeaux de soleil posés sur le sol. • De même que leurs parents, les enfants des tribus de l'Omo s'enduisent le visage et le corps et y dessinent des motifs. • Enfant-insecte, enfant-écorce, enfant-plante, enfant-singe, enfant-zèbre, leur don mimétique est étonnant. ■

1. Cite deux rapprochements de termes : indique précisément les termes rapprochés et les mots de liaison utilisés.

2. Dans la dernière phrase, quel procédé typographique permet d'effectuer sans mot de liaison des rapprochements inattendus ?

Je retiens

● La **comparaison** rapproche deux termes pour créer une relation de ressemblance en utilisant des mots de liaison (*comme, tel, pareil à, de même que…*). Les termes rapprochés (**comparé** et **comparant**) doivent avoir des points communs évidents ou suggérés.
Exemple : La Terre est bleue comme une orange (Paul Eluard).

● La **métaphore** rapproche deux termes qui ont un point commun. Le mot de liaison est effacé : il n'y a pas d'outil grammatical de comparaison.
Exemples : Enfant-insecte, enfant-écorce, enfant-plante, enfant-singe, enfant-zèbre.
Le tonnerre de la danse fait trembler le sol.

Dans certains cas, l'élément comparé est **suggéré** sans être formulé.
Exemple : Tu contiens, mer d'ébène, un éblouissant rêve (Baudelaire, « La chevelure »).

Je m'entraîne

1. Recopie les phrases suivantes. Souligne les comparaisons et encadre les métaphores.

Agiles comme des singes, les enfants grimpent sur les plus hautes branches. • L'artiste a été accueilli par un tonnerre d'applaudissements. • Une femme mécontente a fait irruption dans les bureaux comme une tornade, ses yeux lançaient des éclairs.

2. Certaines comparaisons sont devenues des expressions toutes faites. Introduis les termes de la liste **a** à la bonne place dans le texte **b**.
a. Un aimant • une carpe • l'éclair • le jour • une pie • ses pieds • un pinson • une plume • un pot • un pou • une puce • un Turc.
b. Cette fille l'attire comme… Elle est gaie comme…, bavarde comme…, légère comme…, belle comme… Il est fort comme…, mais bête comme… et laid comme… Dès qu'il la voit, il est excité comme…, mais reste muet comme… Elle s'enfuit, rapide comme… Il n'entend pas les moqueries car il est sourd comme…

3. Les marques de parfums utilisent souvent des métaphores pour séduire le client (Amor Amor ; Bois des îles ; Le Baiser du dragon ; Déclaration ; Eau sauvage ; Guépard ; Iceberg ; Perle ; La Prairie ; Sycomore ; La Treizième Heure ; Vent vert). Choisis trois des noms de parfums cités ci-dessus, indique ce qu'ils évoquent et pourquoi les marques les ont choisis. Invente d'autres noms de parfums contenant des métaphores.

4. Recopie le texte ci-dessous. Souligne les comparaisons et encadre les mots de liaison.

Le plus jeune des enfants est capturé tel un petit animal pris au piège. L'autre garçon intervient mais il est terrassé par une grêle de coups et se plie à la façon d'un jeune arbre. Son cœur bat comme un fou, mais il ne pleure pas et réfléchit à 100 à l'heure. Il saisit un bois bien dur et rampe silencieusement à la manière d'un serpent. Quand il arrive derrière l'homme armé, il se tend comme un arc et frappe le poignet qui tient l'arme. Ainsi qu'à la fin d'un cauchemar, l'arme tombe et les secours arrivent.

5. Recopie le texte suivant en l'enrichissant avec les comparaisons et métaphores expressives suivantes : *des tigres offensés, des noms d'oiseaux, un bateau qui tangue, la fin du monde, le fleuve débordant, ces rois de la jungle, des lions.*

Dès le début du match, les joueurs de l'équipe nationale se défendirent comme… Mais un penalty accordé à l'équipe adverse renversa la situation. Tels…, les spectateurs réagirent avec une énergie digne de… On entendit… Sous le martèlement des pieds, les tribunes tremblaient comme… Certains criaient comme si c'était… Le calme revint après une égalisation honorable et… des spectateurs s'écoula lentement vers la sortie.

6. Crée des métaphores à partir des nom suivants.
Terre • lumière • eau • écorce • fleur.

Expression
orale & écrite

Savoir-faire
• Je sais analyser une image fixe dans son contexte.

2 Le maître de la nuit

Écrivain et homme politique né à Bamako, Seydou Badian a écrit les paroles de l'hymne national malien, plusieurs romans et un essai couronné par le Grand prix littéraire d'Afrique noire. Le Sang des masques *évoque l'affrontement entre les valeurs du passé et les transformations de la société.*

Sur une des peaux de bovins étendues bout à bout face au Bois sacré, Bantji s'installa. Un à un, ses compagnons l'imitèrent. Pas un mot. Le temps s'écoulait vide. Soudain, les trompes retentirent. Le sol trembla. Les arbres frissonnè-
5 rent. De nouveau, le silence. Enfin un faible murmure. Les masques venaient de faire leur apparition. Ils étaient quinze dont un géant qui se planta en face de Bantji. Les autres, en deux groupes, passèrent à sa droite et à sa gauche. […] Majestueux, les masques s'immobilisèrent un temps. Puis le
10 Grand Élan bondit, s'accroupit, salua Bantji d'un hochement de tête, bondit de nouveau, fit hurler les lianes et se planta devant le maître de la nuit.

– Maître, j'ai le fouet !

Tous les vieux se mirent debout, l'oreille tendue.
15 – Le fouet est pour celui-là qui se prélasse dans la quiétude de sa case pendant que les autres s'épuisent au renforcement de la muraille. Celui-là qui se voue à ses chèvres, à son champ et tourne le dos au destin commun.

– J'entends ! […]
20 – Le fouet est pour celui-là qui ne sait ni tresser le chaume, ni mouler les briques, ni couvrir d'argile la face des murs, mais excelle à crier les défauts de sa case.

SEYDOU BADIAN, *Le Sang des masques*, D.R.

1. Quelles perceptions auditives précèdent l'arrivée des masques ?

2. Qu'est-ce qui donne à leur apparition un caractère impressionnant et théâtral ?

3. Quel rôle joue Bantji dans la cérémonie ?

4. Selon toi, quelles valeurs morales expriment ses réponses ?

J'apprends à analyser une image fixe dans son contexte.

• Pour analyser une image, tu peux :
– Observer son **organisation**, le choix du **cadrage** et la valeur expressive des **couleurs**.
– Observer le texte qui l'accompagne et l'oriente.
• Pour créer un effet expressif, tu peux utiliser des images littéraires : des comparaisons et des métaphores.

Je m'entraîne

1. Sous la direction de votre professeur, vous débattez en classe sur le thème suivant : le tourisme est-il respectueux des coutumes et du mode de vie des populations locales ?

2. Rédige un texte court présentant des recommandations destinées aux touristes susceptibles de rencontrer des cultures très anciennes. Tu peux organiser ton propos en deux parties : il faut/il ne faut pas.

3. Raconte une scène d'intervention des masques en t'inspirant du masque dansant de la page 107 et du texte 2 (ci-contre). Enrichis ton récit par des comparaisons ou des métaphores précisant les actions et les perceptions.

4. Selon Hans Silvester, il arrive que les fils aînés de l'ethnie des Hamer quittent le village pour la capitale éthiopienne, Addis-Abeba. Ils ne peuvent alors passer les trois épreuves rituelles indispensables pour se marier. S'ils ne reviennent pas, le cadet ne peut se marier. Il arrive qu'il tue son frère aîné. Exprime oralement ce qu'évoque pour toi ce phénomène et indique tes propres arguments visant à faire évoluer ou non les traditions.

5. Observe l'image ci-dessous.

Hans Silvester
Les Peuples de l'Omo

prolongation jusqu'au
30 janvier 2007

a. Comment l'enfant est-il maquillé et coiffé ?
b. Qu'évoque-t-il ?
c. Comment les couleurs sont-elles réparties ?
d. Quelle est la fonction précise de cette image ?

6. D'après les informations contenues dans l'ensemble de cette étape, indique oralement ce qui fait l'intérêt exceptionnel de la culture des peuples de la vallée de l'Omo et ce qui la menace.

Séquence 5

Art et création

Compétence citoyenne : Distinguer et valoriser les différentes composantes de la culture africaine.

Compétence disciplinaire : Analyser l'image fixe et l'image animée (cinéma) dans sa relation au texte qui l'accompagne.

Étape 2

Modernité et cinéma

- **Savoir :** Les actions parallèles dans un récit au passé.
- **Savoir-faire :** Je sais raconter et commenter une séance de cinéma.

Oral

Centre Culturel Français Georges Méliès → Ouagadougou

Festival Panafricain de Cinéma de Ouagadougou
20eme édition

Janv./Février → 2007

5e FESTIVAL DE CINE AFRICANO
TARIFA 25 abril 4 mayo 08
www.fcat.es

Le savais-tu ?

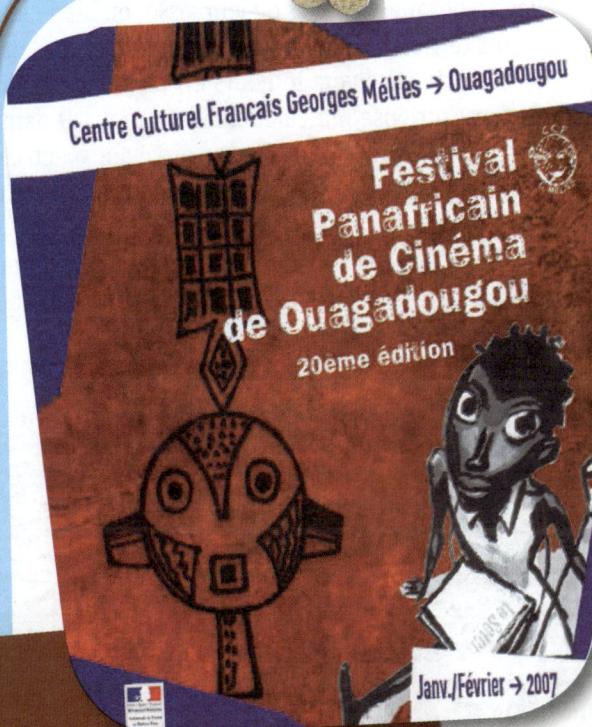

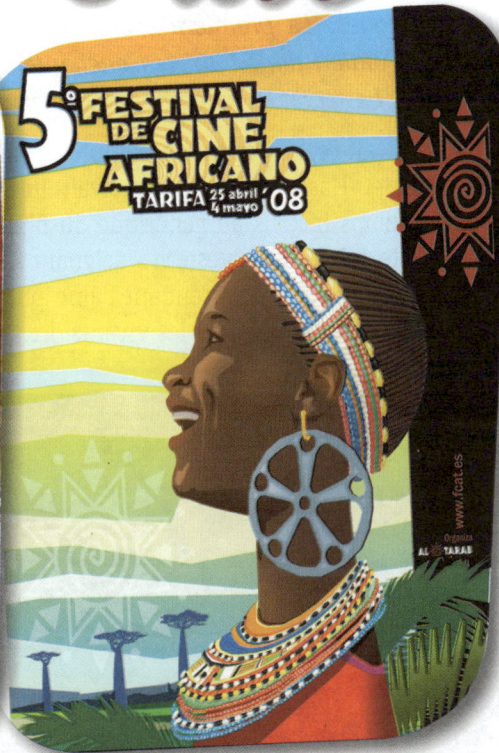

Le cinéma africain s'est développé durant la période post-coloniale. Le FESPACO (Festival panafricain du cinéma et de la télévision de Ouagadougou) a été créé en 1969 au Burkina Faso. En 1972, le FESPACO est devenu une institution par décret gouvernemental. Son but est de favoriser la diffusion du cinéma africain, de contribuer à son essor et de permettre les échanges entre professionnels du cinéma. En outre, il organise des projections en zone rurale et la promotion des films africains dans les festivals internationaux. Actuellement, d'autres festivals du film africain voient le jour dans différents pays d'Afrique.

J'observe l'image

1. Décris chacune de ces images.

2. Quels sont leurs points communs ?

3. Cite leurs principales différences (éléments représentés, couleurs, textes).

4. Dans chaque image, qu'est-ce qui évoque l'Afrique ? Le cinéma ?

5. Où sont respectivement placées les informations écrites ? Pourquoi ?

6. Quelle affiche concerne le festival le plus ancien ?

lecture

Sylvain Bemba (1934-1995) est un écrivain congolais aux multiples talents : journaliste, romancier, dramaturge et musicien. Il a été ministre de l'Information et directeur des Affaires culturelles et de la Radio. D'abord connu comme auteur de nouvelles, il a écrit pour le théâtre à partir de 1969. Pour traduire la désillusion africaine qui a suivi l'euphorie des indépendances, il se tourne vers le roman et écrit *Rêves portatifs* en 1979.

1

Un western en Afrique

Dans Rêves portatifs, *dont le personnage principal est un projectionniste, la trame du récit se combine avec de nombreuses évocations de séances cinématographiques. La première est la projection d'un film indien dont l'univers enchanteur est loin du réel. La seconde concerne un western.*

Le spectacle avait repris depuis un peu plus d'un quart d'heure. L'assistance excitée avait lu à haute voix les noms inscrits au générique du film. Il s'agissait cette fois d'un « western » saignant et
5 violent à souhait, les mourants rendant l'âme plus vite que ne pouvaient les compter les vivants. […]

Les yeux mi-clos, la bouche entrouverte, Marie ne distinguait plus autour d'elle que des silhouettes confuses, fantomatiques, puis, retrouvant un sem-
10 blant de lucidité, elle voyait s'avancer au galop un, dix, cent cavaliers cravachant furieusement leurs bêtes. Ce galop d'enfer qui ne s'arrêtait pas procurait à la jeune femme des sensations inconnues. Sous ses pieds, les canyons semblaient prêts à engloutir
15 les téméraires cavaliers qui réussissaient pourtant, par le seul jeu de leurs éperons[1], à franchir les obstacles les plus difficiles.

Toute la salle, debout, galopait à la poursuite des bandits, désarçonnant quelques-uns d'entre eux par
20 les arabesques[2] habiles de leur lasso, ou bien clairsemant terriblement les rangs des fuyards. C'était un festival de revolvers toujours en érection, crachant le feu. Curieuse mascarade, car on mourait dans ce film pour renaître dans « notre prochain spectacle »,
25 on mourait une seconde pour émerger quelques instants plus tard de cette pâmoison[3].

Le héros, beau comme un ange, rapide comme la pensée, irrésistible comme l'éternuement résultant de

la prise, par le nez, du tabac en poudre, était unique
30 et en même temps multiplié par sept cents spectateurs. Vint un moment cependant où ses décisions le
précipitèrent tête baissée dans le piège que lui tendait
le dernier survivant et chef des bandits, alors qu'il pa-
raissait maintenant sourd aux conseils contradictoires
35 qui lui étaient prodigués dans la salle obscure. [...]

Cependant, sur l'écran, l'inquiétude tournait au
cauchemar. Le justicier se trouvait en mauvaise posture, et pratiquement à la merci de son farouche
ennemi. Mais l'action rebondissait une fois de plus
40 avant l'explication finale qui n'allait plus tarder.
L'échange de coups entre le Bon et la Brute fut
d'une violence inouïe, faisant trembler l'écran, le
sol et les cœurs. Le Méchant perdait de plus en plus
du terrain, ainsi que sa chemise et son souffle. La
45 garde abaissée, il était en train de recevoir une terrible punition. Finalement, un maître coup de poing
le fit décoller comme un pantin désarticulé. On le
vit tomber avec un cri effrayant au fond du ravin,
dans un décor grandiose dont la sauvage majesté
50 était à la mesure de cette mythologie populaire do-
minée par la figure messianique⁴ du justicier.

Le public, debout, trépignait et acclamait son héros. Celui-ci, lippe⁵ orgueilleuse, menton redressé
selon l'angle « mussolinien » voulu, ne pensa même
55 pas à remettre de l'ordre dans sa tenue. Dédaignant
l'inévitable belle du Far-West qui était venue se coucher à ses pieds pour quémander son amour, il sauta
sur son cheval et galopa triomphalement en direction
du soleil levant qui grossissait démesurément...

60 La foule s'écoula vers les portes de sortie dans
un désordre bon enfant. Chaque paire d'yeux était
un projecteur portatif qui inventait de nouvelles
images comme dans un jeu surréaliste où s'abais-
sent les barrières de l'impossible pour féconder la
65 décevante réalité par insémination artificielle du
rêve. Monsieur Cinéma, le borgne de génie, était vé-
ritablement le souverain incontesté dans ce royaume
d'aveugles.

SYLVAIN BEMBA, *Rêves portatifs,* Nouvelles Éditions africaines, 1979.

1. **Éperons** : petits arcs de métal fixés aux bottes du cavalier pour piquer son cheval afin de le faire avancer plus vite.
2. **Arabesques** : lignes sinueuses.
3. **Pâmoison** : état de quelqu'un en proie à un sentiment vif qui peut le conduire jusqu'à l'évanouissement.
4. **Messianique** : relatif au Messie, sauveur de l'humanité.
5. **Lippe** : lèvre inférieure épaisse. « Faire la lippe » signifie « bouder ».

J'observe

1. Que voit-on au premier plan de l'image ? À l'arrière-plan ?
2. Qu'est ce qui donne à l'image un caractère naïf et joyeux ?
3. Quel rapport celle-ci a-t-elle avec le texte étudié ?

Je comprends

4. Choisis la bonne réponse :
   a. Le générique est la partie du film indiquant :
   – le genre du film.
   – le titre du film et le nom des personnes qui ont participé à sa fabrication.
   – le nom des spectateurs.
   b. Marie a les yeux mi-clos :
   – car elle se laisse envahir par l'action du film.
   – car elle s'endort.
5. Quels sont les termes qui correspondent à l'univers du western (personnages, objets, décors, action) ?
6. Dans le film, quels sont les principaux événements qui se succèdent ?
7. Comment la salle réagit-elle ?

Je découvre

8. Relis les lignes 18 à 21. Relève les termes qui développent une métaphore et indique l'effet produit.
9. Relis les lignes 27 à 31. Cite une comparaison qui produit un effet amusant et humoristique.
10. Dans la suite du texte, comment s'exprime la progression du suspense (danger, rebondissements, violence) ?
11. Cite un ou plusieurs passages de ton choix montrant que l'auteur en sait plus que le spectateur et se moque des épisodes habituels du western.
12. Quel sens donnes-tu à la dernière phrase du texte ?

Je retiens

● Un **récit** peut comporter des **actions** qui se déroulent **en parallèle**. *Exemple :* actions du film/ actions des spectateurs.
● Le **ton** du récit dépend des **procédés d'écriture**. Le développement de métaphores et de comparaisons inattendues crée un effet amusant et un décalage humoristique.
● La fréquence de l'**imparfait** donne une impression de continuité et de durée.

vocabulaire

Des mots pour commenter un film

L'assistance excitée avait lu à haute voix les noms inscrits au générique du film. Il s'agissait cette fois d'un « western » saignant et violent à souhait, les mourants rendant l'âme plus vite que ne pouvaient les compter les vivants. ■

1. Cite les termes qui font référence au genre du film, à une partie du film ayant une fonction particulière, aux spectateurs.

Je retiens

● Comme en littérature, il existe différents **genres** au cinéma : **western, policier, science-fiction, aventure, catastrophe, comique, social**, etc. Chaque genre a des caractéristiques différentes.

● Le **suspense** correspond à un moment fort où le héros est confronté à des obstacles apparemment insurmontables et où le spectateur attend anxieusement le dénouement.

Je m'entraîne

1. Complète le texte **a.** en utilisant les termes de la liste **b.** de façon à produire une scène de western, puis une scène de récit policier.

a. Tandis que la musique devenait de plus en plus inquiétante, … pénétra dans … . Il/elle ne savait pas ce que cachai(en)t …, arriva … et vit briller … .

b. La jeune fille • le cavalier • la lame d'un couteau • le canon d'un fusil • un canyon • la masse sombre et aride des montagnes • les façades aveugles et délabrées • une impasse • devant le camp ennemi • un dédale de rues sombres et étroites.

orthographe

L'accord du participe passé des verbes pronominaux

Les spectateurs se sont installés. • Certains se sont disputé les bonnes places. • Marie ne s'est pas identifiée à l'héroïne qui s'est évanouie devant le danger.

1. Donne l'infinitif des verbes à la forme pronominale.

2. Relève les participes passés qui comportent des marques d'accord.

Je retiens

● Le participe passé des verbes qui n'existent qu'à la forme pronominale, dits verbes essentiellement pronominaux (*s'enfuir, s'évanouir…*), s'accorde toujours en genre et en nombre avec le sujet.

● Pour les **verbes qui ne sont pas toujours pronominaux** (*installer/s'installer ; réveiller/se réveiller…*), il faut chercher la **fonction du pronom** (*me, te, se, nous, vous*).

– L'accord se fait si le pronom est COD. C'est le cas le plus fréquent.

Exemples : *Marie ne s'est pas identifiée. Les spectateurs se sont installés.*

– L'accord ne se fait pas si le pronom est COI ou si le COD est placé après le participe.

Exemples : *Les événements se sont succédé.*
               COI
Ils se sont disputé les meilleures places.
      COD PLACÉ APRÈS LE PARTICIPE

Je m'entraîne

1. Recopie le texte suivant et souligne les participes passés qui sont accordés ainsi que les termes avec lesquels ils s'accordent.
Les deux rivaux se sont regardés dans le blanc des yeux. D'abord, ils se sont efforcés de conserver leur calme. Très vite, ils se sont injuriés copieusement. Ils ne se sont pas enfuis. Ils se sont affrontés énergiquement mais loyalement. Depuis, ils se sont réconciliés.

2. Récris le texte de l'exercice 1 en remplaçant « rivaux » par « rivales ».

3. Mets les phrases suivantes au passé composé en respectant les règles d'accord des participes passés des verbes pronominaux.
Exemple : Les enfants font des bêtises et s'enfuient.
    → *Les enfants **ont fait** des bêtises et **se sont enfuis**.*
Le vent souffle tellement fort que les branches se cassent. • Pierre et son associé se cassent la tête pour résoudre une énigme policière. • La fillette se lave dans la rivière. • L'infirmière se lave soigneusement les mains.

4. Recopie ce texte en rectifiant les erreurs qu'il comporte.
Les footballeurs se sont bien entraîné. Pendant le match, ils se sont passée rapidement la balle. Ils se sont montrés offensifs. Cependant, un joueur s'est blessé à l'épaule. Deux autres se sont foulée la cheville. Néanmoins, l'équipe s'est qualifié. Les spectateurs se sont levé pour l'acclamer.

Les temps du passé dans le récit

Ce galop d'enfer qui ne s'arrêtait pas procurait à la jeune femme des sensations inconnues. […] C'était un festival de revolvers […]. Curieuse mascarade, car on mourait dans ce film pour renaître dans « notre prochain spectacle » […]. Le héros, beau comme un ange, [était] multiplié par sept cents spectateurs. Vint un moment cependant où ses décisions le précipitèrent tête baissée dans le piège que lui tendait le dernier survivant […]. ■

1. Relève les verbes à l'imparfait. Énonce les valeurs différentes de ce temps.

2. Relève les verbes au passé simple et indique ce qu'ils mettent en relief.

Je retiens

● **L'imparfait** exprime des actions passées en cours **non limitées dans le temps**. Il est employé pour :
– **évoquer l'arrière-plan** (actions, perception, ambiance) et **décrire**.
Exemple : Ce galop d'enfer procurait à la jeune femme des sensations inconnues.
– exprimer la **durée**, l'**habitude**, la **répétition** dans le passé.
Exemple : On mourait dans ce film pour renaître dans un autre.

● Le **passé simple** exprime des actions passées de **premier plan, limitées dans le temps**. Il est employé pour :
– marquer la **chronologie** et indiquer la **succession des actions**.
Exemple : Le cinéma naquit au début du xxᵉ siècle.
– exprimer des **actions de premier plan** qui peuvent être **ponctuelles** par rapport à des actions en cours.
Exemple : Ces décisions le précipitèrent tête baissée dans le piège que lui tendait le dernier survivant.

Je m'entraîne

1. Indique la valeur des temps verbaux de ces phrases.
Il arrêta un taxi et s'engouffra dans la voiture. • La portière était complètement cabossée et ne tenait plus que par des ficelles. • À chaque fête, la plus belle des jeunes filles se précipitait dans la danse. • Pendant l'enfance, je faisais un long chemin à pied pour me rendre à l'école. • Un jour, je fis une longue promenade. • Mongo Beti naquit au Ca-meroun en 1932 et mourut en 2001. • La teinte rouge du sol contrastait harmonieusement avec le vert sombre des grands arbres. • Les gens du village appréciaient la douceur de l'ombre sous l'arbre à palabres.

2. Complète le récit suivant par des actions et des descriptions d'arrière-plan. Introduis au bon endroit les verbes suivants conjugués aux temps qui conviennent : *s'arrêter, paraître, travailler, fonctionner, arriver, décolorer, se sentir, avoir envie, tousser, envahir, inonder.*
Marie regarda un documentaire sur le travail des enfants. Elle découvrit d'abord un atelier où des fillettes … sur des machines à coudre qui … à toute allure. Les visages … creusés par la fatigue. De temps en temps, une petite ouvrière … pour essuyer son visage que la sueur … . La surveillante … systématiquement pour la réprimander. Marie … émue et pleine de pitié. Elle continua à regarder le documentaire qui présenta ensuite un atelier de jeunes garçons. Ils … des jeans. La poussière … la pièce et les garçons … beaucoup. Marie éteignit le poste de télévision. Elle n'… plus de vêtements fabriqués dans ces conditions.

3. Recopie ce texte en mettant les verbes à l'infinitif aux temps qui conviennent (imparfait ou passé simple).
Un jour, on (diffuser) un film de science-fiction. Les spectateurs (se trouver) assis sur des nattes sous les étoiles. Quand la jeune extraterrestre (paraître), les garçons (pousser) de telles exclamations qu'on n'(entendre) plus rien d'autre. La superbe créature (tomber) littéralement du ciel et (atterrir) dans le taxi volant d'un individu qui (sembler) extrêmement surpris. Lui-même (être) très musclé et plutôt beau garçon.

4. Choisis le temps qui convient pour transposer au passé cette biographie d'un écrivain africain.
Sylvain Bemba voit le jour à Siliti le 17 février 1934. Il débute sa carrière comme journaliste et collabore à l'hebdomadaire *La Semaine africaine*. En 1963, il publie *La Chambre noire* et remporte le prix de la nouvelle littéraire. À partir de 1969, il se consacre au théâtre. Il devient ministre de l'Information et directeur des Affaires culturelles et de la Radio. Passionné de musique, il publie *50 ans de musique au Congo-Zaïre* en 1984. Il meurt dans un hôpital parisien le 8 juillet 1995.

5. Recopie ce texte en rectifiant les erreurs d'emploi des temps.
La voiture du gangster fonça dans la rue principale qui fut très encombrée. Elle percutait un camion qui contenait plusieurs tonnes de bois. La voiture se retrouvait sur le toit tandis que le chargement du camion se répandait sur la chaussée. Le gangster réussissait à sortir de son véhicule mais se heurtait à la foule qui hurla.

2 Souvenirs d'un spectateur

Jean-Marie Gustave Le Clézio est un écrivain de langue fran-çaise de nationalités française et mauricienne. Pour son œuvre, qui explore plusieurs pays et plusieurs cultures, il a reçu en 2008 le prix Nobel de littérature. Dans Ballaciner, *il évoque ce que le cinéma lui a apporté.*

Je me souviens d'avoir marché dans les rues, au sortir d'un film, dans une sorte d'état d'exaltation mêlée d'ivresse, comme sous l'emprise d'une drogue. Ce n'était pas seule-ment parce que je m'étais identifié à l'histoire, à tel ou tel
5 personnage, ou parce que le sens général du spectacle m'avait enthousiasmé. J'avais l'impression étrange de m'être dédou-blé, d'être devenu, pendant cette durée, quelqu'un d'autre, de différent, et qu'il me fallait recoller les segments de ma personne, redevenir un seul, me retrouver. Non que je me
10 sentisse aliéné[1]. Le film m'avait plongé dans un état d'in-certitude, dans un flottement. J'étais sorti des limites de ma propre existence, je m'étais agrandi, je m'étais dépassé. […] L'on est confronté à une autre vision du réel, l'on doit s'adap-ter, se modeler. Injustement, l'on dit souvent que le cinéma
15 est le plus passif des arts. Si cela est vrai pour certains très mauvais films, cela doit l'être aussi pour les productions mé-diocres de la littérature, le tout-venant, le facile. Mais lorsque le cinéma remplit sa fonction, c'est-à-dire lorsqu'il exprime un regard, une pensée, un imaginaire, son travail est aussi
20 prenant et aussi exigeant que celui du théâtre, de la poésie, ou du roman.

JEAN-MARIE GUSTAVE LE CLÉZIO, *Ballaciner*, © Éditions Gallimard, 2007.

1. **Aliéné :** qui a perdu sa liberté.

1. Qu'a éprouvé un jour l'auteur après avoir vu un film ?

2. Relève trois images qui traduisent le caractère particulier de l'effet produit.

3. D'après la fin du texte (lignes 17 à 21), indique quelle est la fonction d'un bon film pour J.-M. G. Le Clézio.

J'apprends à raconter et commenter une séance de cinéma.

Pour raconter une séance de cinéma, tu peux :
• Évoquer les **épisodes** du film et les **effets** produits.
• Utiliser un **vocabulaire** en rapport avec le **genre du film**.

Pour commenter ce que tu as ressenti, tu peux :
• Employer des termes traduisant des **impressions**, des **senti-ments**, des **réflexions**.

Je m'entraîne

1. Exprime-toi sur le cinéma : choisis un film projeté dans le cadre scolaire ou vu à la télévi-sion. Indique ce qui t'a intéressé, diverti ou fait réfléchir.

2. Imagine que tu es journaliste à la radio et que tu disposes de cinq minutes pour évoquer les principaux épisodes d'un film et donner en-vie de le voir. Tu peux faire appel à tes souvenirs de spectateur et à ton imagination. Prépare au brouillon ton intervention orale.

3. Après avoir relu le texte 1 (p. 114-115), écris le commentaire publicitaire de la quatrième de couverture d'un DVD. Ton texte devra compor-ter les mots suivants : *décor grandiose, canyon, poursuites effrénées, galops d'enfer, bandits, héros irrésistible, justicier, piège, rebondissement.*
Exemple : Dans ce western particulièrement …, vous allez suivre … .

4. Observe la photographie ci-dessous.

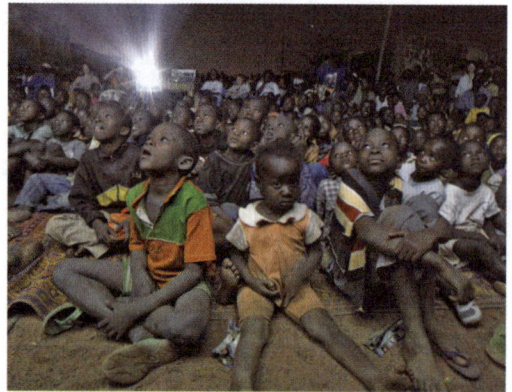

a. Donne un titre à cette photographie.
b. Que voit-on sur cette image ?
c. Vers quoi les regards sont-ils dirigés ? Pourquoi ?

5. Lis le texte ci-dessous.

Le cinéma numérique ambulant
Mise en place depuis 2001 au Bénin, cette initiative regroupe des associations françaises et béninoises et organise des projections dans les villages. Au-jourd'hui ce réseau compte une dizaine d'unités de projection et s'est ouvert à trois nouveaux pays, le Niger, le Mali et le Burkina Faso.

Elsa Baron, www.web2solidarite.org, 2 novembre 2008.

a. Connais-tu des initiatives identiques dans ta ville, ta région, ton pays ? Évoque l'une d'entre elles.
b. Quel est leur but et leur intérêt ?

Séquence **5**

Art et création

Compétence citoyenne : Distinguer et valoriser les différentes composantes de la culture africaine.

Compétence disciplinaire : Analyser l'image fixe et l'image animée (cinéma) dans sa relation au texte qui l'accompagne.

Étape **3**

Du roman au film

- **Savoir :** La tension dramatique dans une scène romanesque ou cinématographique.
- **Savoir-faire :** Je sais m'exprimer sur un roman et sa transposition à l'écran.

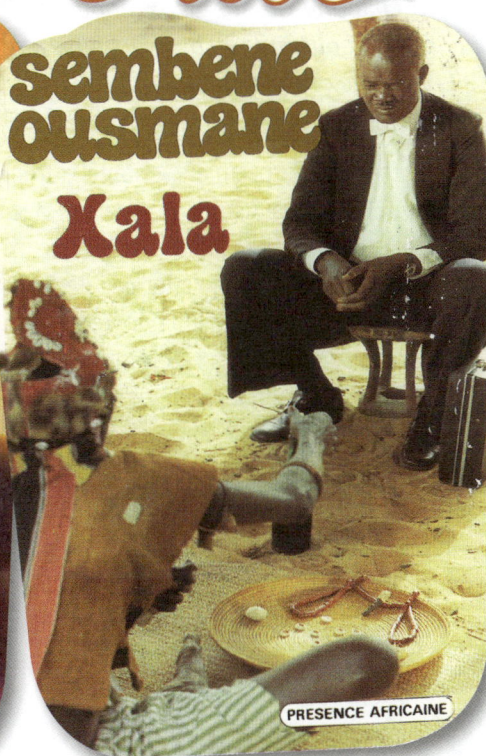

Le savais-tu ?

Un film ne peut exister sans un travail écrit préalable. Le **synopsis** présente un résumé du film. Le **scénario** développe le synopsis. Il est découpé en séquences et plans numérotés. Il présente la continuité des dialogues. Il comporte certaines indications (intérieur ou extérieur, jour ou nuit, place de la caméra, cadrage, etc.). Parfois, les plans correspondant aux prises de vues sont dessinés. Le film est raconté en images avant d'être tourné : c'est le **story-board**. On parle d'**adaptation** d'un roman à l'écran quand le film raconte une histoire d'après un roman déjà publié.

J'observe l'image

1. **Quels sont les points communs de ces deux documents ?**
2. **Quelles sont leurs différences (images et textes) ?**
3. **Sur l'image de gauche, que voit-on respectivement au premier plan ? Au second plan ? À l'arrière-plan ?**
4. **Qu'est-ce qui dans cette image attire immédiatement le regard ?**
5. **Sur l'image de droite, qu'est-ce qui oppose les deux personnages ?**
6. **Que suggère chacune de ces images (thème, relations entre les personnages, atmosphère) ?**

Note sur l'auteur

Écrivain et réalisateur majeur de l'Afrique contemporaine, **Sembène Ousmane** (1923-2007) est né au Sénégal. Après sa mobilisation dans l'armée française, il est docker à Marseille et milite contre les guerres coloniales. Il rentre en Afrique en 1960 et réalise son premier film en 1962. À sa mort, il laisse une production abondante (romans, films) abordant des questions politiques et sociales.

1 Tension familiale

El Hadji Abdou Kader Bèye est un homme d'affaires riche et influent. Il a donné une maison confortable à chacune de ses deux épouses. Il vient d'inviter ses collègues à son troisième mariage et se rend chez sa première épouse.

Dans le salon surchargé de meubles, la première épouse et ses deux premiers enfants attendaient. La mère, Adja Awa Astou, malgré son âge, trente-six à quarante ans, six enfants, avait conservé
5 un corps élancé. Le teint d'un noir tendre, le front bombé, la ligne du nez délicat, un rien élargi, un visage qu'animaient des sourires retenus, le regard candide[1] derrière des yeux en amande, il émanait de cette femme d'apparence fragile une volonté et une
10 ténacité sans bornes. Elle ne se vêtait qu'en blanc, depuis son retour du Lieu Saint, de la Kaaba. Cette insulaire, née à Gorée, de confession chrétienne, s'était apostasiée[2] par amour pour mieux partager les félicités d'une vie conjugale. À l'époque de son
15 mariage, El Hadji Abdou Kader Bèye n'était qu'un instituteur.

D'une voix mesurée, le regard brillant avec intensité, Adja Awa Astou rompit le silence, répétant la même phrase :
20 – Avec ma co-épouse, nous devons être présentes à cette cérémonie. Votre père le veut. Puis…

– Mère, tu ne vas pas nous dire, ici, à Mactar et moi, que tu es d'accord, que ce troisième mariage de père a lieu avec ton consentement !
25 Rama, la fille aînée, le visage levé, avec ses cheveux nattés court, sentait le feu de la colère et de l'objurgation[3] la dévaster.

– Tu es encore jeune. Ton jour viendra, s'il plaît à Yalla[4]. Tu comprendras.

30 – Mère, je ne suis pas une petite fille. J'ai vingt ans. Jamais je ne partagerai mon mari avec une autre femme. Plutôt divorcer…

Il y eut un trou de silence.

Mactar, qui avait de l'admiration pour sa sœur
35 aînée, détourna son regard vers la fenêtre, derrière les fleurs, encore plus loin. Il évitait le regard de sa mère. Les pincements qu'il avait au cœur devinrent plus aigus, acérés. Rama, malgré son langage direct, ménageait leur mère. Cette fille avait grandi dans le
40 tourbillon de la lutte pour l'indépendance, lorsque son père militait avec ses compères pour la liberté de tous. Elle avait participé aux batailles des rues, aux affichages nocturnes. Membre des associations démocratiques, entrée à l'université, avec l'évolution, elle
45 faisait partie du groupe de langue wolof. Ce troisième mariage de son père l'avait surprise et déçue. […]

Le gong retentit de son timbre asiatique.

– C'est votre père…

El Hadji Abdou Kader Bèye fit son apparition
50 dans le salon, très alertement.

– Je vous salue, dit-il, s'adressant aux deux adolescents. Tu es prête ? demanda-t-il à sa femme.

– Oui.

– Rama, et toi ?
55 – Je ne viens pas, père.

– Pourquoi donc ?

– Père, tu me files cinq mille francs pour l'école ?

Mactar, le fils cadet, s'approcha du père. El Hadji sortit une liasse de billets et en compta cinq qu'il lui
60 remit. Rama était debout. Son regard croisa celui de sa mère, et elle dit :

– Je suis contre ce mariage. Un polygame n'est jamais un homme franc.

La gifle atteignit la joue droite de Rama. Elle chan-
65 cela et tomba.

– Oses-tu dire que je suis fourbe ? hurlait le père.

Le père s'était de nouveau rué vers Rama. Prompt, le fils cadet, Mactar, s'interposa entre les deux.
70 – Ta révolution, tu la feras à l'université ou dans la rue, mais jamais chez moi.

SEMBÈNE OUSMANE, *Xala,* © Présence Africaine Éditions, 1973.

1. **Candide :** naïf.
2. **S'était apostasiée :** avait renié sa religion.
3. **Objurgation :** vive critique.
4. **Yalla :** Dieu.

Sous-titres des images 1 et 2 : Tout homme qui pratique la
polygamie est un menteur.

J'observe

1. Quelle image permet de situer la scène ?
Pourquoi ?

2. Quelles images montrent l'intensité de
l'affrontement ? Comment (plan général,
plan moyen, gros plan) ?

3. Dans les deux dernières images, où est respectivement placée la caméra par rapport aux personnages (au même niveau, plus haut, plus bas) ?

4. Qu'exprime la succession de ces deux images ?

Je comprends

5. Réponds par vrai ou faux :
a. La première épouse, Adja Awa Astou, a eu six enfants
mais reste encore belle.
b. Elle n'accepte pas le troisième mariage de son époux.
c. Elle s'est convertie à la religion musulmane par amour
pour lui.

6. Sur quel sujet Rama et sa mère ne sont-elles pas
d'accord ?

7. Que semble éprouver Mactar envers sa sœur ?
Sa mère ? Son père ?

8. À son arrivée, comment se comporte le père envers
ses proches et à quoi s'attend-il ?

Je découvre

9. Relis les lignes 20 à 33. Cite les termes qui
montrent que Rama a deviné la souffrance
inexprimée de sa mère et veut la faire réagir.

10. Énonce ce que pense chacun des personnages
pendant le « trou de silence », ligne 33.

11. Relis les lignes 38 à 46. Quels événements
passés expliquent le langage de Rama,
son indépendance, sa relation à son père ?

12. Relis les lignes 60 à 71. D'après toi,
quels sentiments respectifs traduit l'échange
violent entre le père et la fille ?

Je retiens

● Une **scène dialoguée** marque un moment fort.
Elle est localisée (lieu et temps).

● La montée de la **tension dramatique** s'exprime à
travers l'intensité progressive des propos échangés,
des comportements et du rythme.

● Au cinéma, cette tension se traduit par le **choix des
plans**, leur **succession** et la **place de la caméra**.

Le vocabulaire technique du cinéma

Quel angle de vue choisir ? L'angle normal situe le spectateur au même niveau que le sujet filmé. La plongée ou vue plongeante écrase le sujet filmé et le rend plus fragile.

1. Où la caméra est-elle placée par rapport au sujet quand on filme en plongée ? Quel est l'effet produit ?

Je retiens

● Choisir un **angle de vue**, c'est déterminer l'endroit **d'où l'image est vue**. La caméra peut être placée **au niveau** du sujet filmé (**vision normale**, effet neutre), **plus haut** que le sujet (**plongée**, sujet écrasé et vulnérable) ou **plus bas** que le sujet (**contre-plongée**, sujet imposant, parfois antipathique).

● Choisir un **cadrage**, c'est déterminer **la place que le sujet filmé occupe dans l'image** : **plan large** ou **plan d'ensemble**, **plan moyen**, **gros plan**.

Je m'entraîne

1. **Complète le texte suivant avec des termes techniques.**
Le film montre les invités dans un superbe décor grâce à un … . Quand les mariés arrivent, ils sont d'abord filmés en …, puis l'expression dédaigneuse de la jolie mariée est soulignée par un … . Le marié paraît d'autant plus imposant qu'il est filmé en … .

2. **Imagine que tu filmes une fête traditionnelle. Dis quel type de plan ou quel angle de vue tu vas utiliser pour montrer :**
L'arrivée des danseurs • le mouvement d'un personnage masqué • le visage d'un enfant.

Antériorité et temps composés

Dans le salon surchargé de meubles, la première épouse et ses deux premiers enfants attendaient. La mère, [malgré son âge avancé], avait conservé un corps élancé. ■

1. Relève un verbe dont le temps indique un fait accompli antérieur à ce qui est exprimé à l'imparfait.

2. Comment est-il formé ?

Je retiens

● Les temps composés indiquent l'accomplissement d'un fait par rapport à un autre fait. Ils marquent une **antériorité**. Ils se forment avec un auxiliaire (« être » ou « avoir ») conjugué à un temps simple et le participe passé du verbe.
*Exemple : Je **suis** sûr que vous **avez fait** un beau voyage.*

● À chaque temps simple correspond un temps composé :
– Présent de l'indicatif ➜ passé composé.
– Imparfait ➜ plus-que-parfait.
– Passé simple ➜ passé antérieur.
– Futur simple ➜ futur antérieur.
*Exemple : Quand nous **aurons mangé**, nous **prendrons** la route.*
    FUTUR ANTÉRIEUR   FUTUR SIMPLE

Je m'entraîne

1. Recopie les phrases suivantes et souligne les verbes qui indiquent une action accomplie antérieure à une autre action.
Dès qu'il se fut formé aux techniques cinématographiques, Sembène Ousmane tourna de nombreux films. Il réalisait ses films à partir des romans qu'il avait écrits. • Quand on aura installé le matériel de projection, la séance commencera.

2. Conjugue les verbes entre parenthèses aux temps qui conviennent.
Exemple : Je t'(appeler) aussitôt que je (rentrer) chez moi.
    ➜ *Je t'**appellerai** aussitôt que je **serai rentré** chez moi.*
Quand tu (lire) ce livre, tu me le (prêter). • Nous (pouvoir) facilement voir ce film quand il (sortir) en DVD. • J' (inviter) les amis que j'(rencontrer). • Ils (manger) les légumes qu'ils (cultiver). • Il (ressentir) le mal de mer dès qu'il (mettre) le pied sur ce bateau. • Nous (éprouver) le même malaise après que le vent (se lever).

3. Dans la phrase suivante, mets l'action antérieure aux différents temps composés (passé composé, plus-que-parfait, passé antérieur, futur antérieur) et applique la concordance des temps pour l'action postérieure.
Quand la famille (terminer) la journée, elle (déguster) un délicieux plat de couscous.

4. Écris trois phrases comportant une action antérieure à une autre action. Tu peux utiliser les conjonctions « depuis que », « dès que », « après que ».

La progression thématique

Les deux co-épouses gagnèrent le perron. [Elles] suivaient les phases de l'intronisation. […] Témoins, en ce jour, du bonheur d'une autre, d'une rivale, l'évocation de leur lune de miel donnait à toute chose un goût de fiel. Elles ressentaient de cruelles morsures d'amertume. ■

1. Relève les différents termes placés en début de phrase et qui désignent les co-épouses.
2. Cite deux informations placées en fin de phrase.

Je retiens

● **L'ordre des mots** est essentiel dans la construction de l'information.

● Le **thème**, situé en début de phrase, représente l'élément connu.

● Le **propos**, situé en fin de phrase, apporte une information nouvelle.

● Dans un texte, **thème et propos peuvent s'enchaîner de manière différente**. Il existe trois possibilités, appelées **progressions thématiques** :

– Dans la **progression à thème constant**, la suite des phrases reprend le même thème.

  Exemple : *La secrétaire* annonça un visiteur. *Elle* était très courtoise. *Cette jeune femme* aimait son travail.

– Dans la **progression à thèmes dérivés**, la suite des phrases développe des thèmes différents en relation avec le thème principal.

  Exemple : *La famille* occupait les deux pièces de la maison. *Les parents âgés* et *les jeunes enfants* partageaient une pièce, *le jeune couple* avait sa propre chambre.

– Dans la **progression linéaire**, le premier thème engendre un propos qui devient thème à son tour.

  Exemple : Le marié présenta *sa nouvelle épouse*. ➜ *Celle-ci* avait l'air dédaigneux. ➜ *Cette expression antipathique* traduisait un mécontentement secret.

Je m'entraîne

1. Recopie ce résumé du film *Un homme qui crie* de Mahamat Saleh Haroun. Souligne les expressions reprenant le même thème.

Adam est un ancien champion de natation de 55 ans. Cet homme, encore vigoureux, est maître nageur dans un grand hôtel du Tchad. Il est renvoyé et remplacé par son fils. Cet homme digne est atteint dans son honneur. Trop pauvre, il ne peut payer l'impôt pour soutenir l'effort de guerre. Ce père affectueux mais humilié se trouve alors devant un horrible choix.

2. À ton tour, utilise la progression thématique à thème constant pour faire le portrait de Rama (cf. texte 1, p. 120-121).

Exemple : Rama est habillée de façon moderne. Cette étudiante… Cette jeune militante…

3. Voici une nouvelle présentation du film résumé dans l'exercice 1. Cite le thème principal et les autres thèmes.

La signification du film africain primé à Cannes en 2010 est très riche. La tragédie collective d'un pays en guerre apparaît à travers les contrôles militaires et l'exode des populations. Le drame individuel d'un père déchiré touche profondément les spectateurs. L'anéantissement d'un jeune couple pourtant tourné vers la vie donne envie de réagir.

4. Utilise la progression à thèmes dérivés pour décrire la fête donnée par El Hadji Abdou Kader Bèye à l'occasion de son troisième mariage. Thème principal : le lieu de la fête (par exemple, un grand jardin devant une villa). Thèmes dérivés : les personnes et les choses vues depuis le perron de la maison (par exemple, les tables chargées de mets, les groupes d'hommes et de femmes, le marié et la mariée…).

Exemple : La fête avait commencé. Le grand jardin accueillait les invités. Les tables décorées… Dans les allées…

5. Recopie ce texte. Souligne le premier propos et le thème suivant, le second propos et le second thème. Indique le nom de la progression thématique utilisée.

Exemple : Propos 1 ➜ « dans un couloir ».
Thème suivant ➜ « celui-ci » (reprise du propos 1).

Il arriva dans un couloir. Celui-ci était sombre. Le manque d'éclairage était inquiétant. La peur n'empêcha pas le jeune homme de progresser jusqu'au bout. À cet endroit, il y avait une très vieille porte.

6. Continue le récit en utilisant la même progression que dans l'exercice 5.

Exemple : Cette porte n'était qu'une vieille tôle qui masquait une cour intérieure.

orale & écrite

Savoir-faire

• Je sais m'exprimer sur un roman et sa transposition à l'écran.

2 Entre co-épouses

El Hadji Abdou Kader Bèye a convié ses deux premières épouses à la fête qui marque les réjouissances de son troisième mariage. Les deux femmes, dont les réticences ont été plus ou moins apparentes, ont consenti à suivre les usages.

Les deux co-épouses gagnèrent le perron. De cette hauteur, elles suivaient les phases de l'intronisation. De leur temps et à l'aurore de la vie conjugale, elles avaient vécu cet instant, le cœur comblé de promesses et de bonheur. Témoins, en
5 ce jour, du bonheur d'une autre, d'une rivale, l'évocation de leur lune de miel donnait à toute chose un goût de fiel. Elles ressentaient de cruelles morsures d'amertume. Drapées dans leur commun abandon, esseulées, elles ne se disaient rien.
Déjà sur la piste, El Hadji dansait avec la mariée – donnant
10 ainsi le départ des festivités qui devaient durer toute la nuit.
[…]
Adja Awa Astou dissimulait sa déception à grand renfort de sourires forcés :
– Oumi, appela-t-elle doucement, je file à l'anglaise.
15 – Reste encore un peu… Je vais me trouver toute seule…
– J'ai laissé les enfants seuls à la villa.
Cela dit, Adja serra la main de sa co-épouse, descendit les marches, longea le côté de la piste, gagna la rue où stationnaient les autos nombreuses.
20 Modu le chauffeur, l'ayant aperçue, vint lui ouvrir la portière.
– Ramène-moi à la villa.

SENBÈNE OUSMANE, *Xala*, © Présence Africaine Éditions, 1973.

1. À quoi tient l'amertume éprouvée par les deux co-épouses ?

2. Par quels comportements ce sentiment s'exprime-t-il indirectement ?

3. À quel moment les deux femmes se rapprochent-elles ? Pourquoi ?

J'apprends à m'exprimer sur un roman et sa transposition à l'écran.

Pour t'exprimer sur un roman et sa transposition à l'écran, tu peux :
• **Comparer** une scène du roman et les images qui lui correspondent dans le film.
• **Analyser les opinions des personnages** à travers les dialogues.
• Utiliser la **progression thématique** pour décrire une image du film.
• **Rédiger une scène romanesque** en rapport avec le thème du film.

Je m'entraîne

1. D'après les informations communiquées dans cette étape, quels personnages pratiquent la polygamie ? S'y opposent ? L'acceptent et en souffrent ? N'en disent rien ? Pourquoi ?

2. Observe la photographie ci-dessous.

a. À quel moment précis du roman cette image du film correspond-elle ?
b. Visuellement, quels sont les points communs et les différences entre ces deux femmes ?
c. Quels choix techniques Sembène Ousmane a-t-il faits ici (cadrage, angle de vue) ?

3. Observe la photographie ci-dessous.

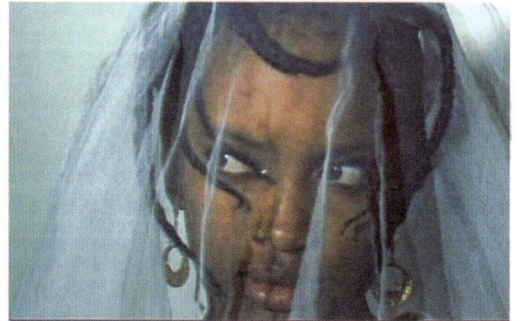

a. Sur quel détail le choix du gros plan attire-t-il l'attention ?
b. Que semble éprouver la mariée ?

4. Décris en quelques lignes l'une des deux images ci-dessus en suivant une progression à thème constant ou à thèmes dérivés.

5. Imagine une scène de dispute, au choix :
a. Avant le mariage (dispute entre la marieuse, nommée la Badiène, et la mère de la mariée, Mam Fatou, qui est contre la polygamie).
b. Après le mariage (dispute entre le marié qui veut conserver ses trois épouses et sa très jeune femme N'Goné qui veut l'amener à divorcer des deux autres).

Séquence

5

Art et création

Compétence citoyenne : Distinguer et valoriser les différentes composantes de la culture africaine.

Compétence disciplinaire : Analyser l'image fixe et l'image animée (cinéma) dans sa relation au texte qui l'accompagne.

Étape **4**

Sens et fonction du film

- **Savoir :** L'interprétation de l'épilogue d'un roman ou d'un film.
- **Savoir-faire :** Je sais exprimer mon opinion sur un roman ou un film.

Oral

La réalisation **technique** du film se fait en plusieurs étapes. Le **repérage** permet de choisir les décors naturels ou artificiels. Le **plan de tournage** définit jour après jour les prises de vues à réaliser. Le **tournage** ne se fait pas dans l'ordre du récit mais en fonction d'autres impératifs (disponibilité des comédiens, décors servant à plusieurs scènes…). Il s'effectue sous la direction du **réalisateur**. On utilise un **clap** pour que la prise de vue et la prise de son coïncident. Le **montage** est l'opération d'assemblage des plans retenus dans l'ordre du récit.

J'observe l'image

1. À quoi font référence ces deux photographies ?

2. Que tient l'enfant dans l'image de gauche ? Que fait-il ?

3. Dans l'image de droite, que voit-on au premier plan ? Au second plan ? À l'arrière-plan ?

4. Où ces photographies ont-elles été prises ?

5. Quel cadrage (gros plan, plan moyen, plan général) le photographe a-t-il choisi pour l'image de gauche ? Pour celle de droite ?

6. Qu'est-ce qui est mis en valeur dans chacun des cas ?

Le savais-tu ?

lecture

L'œuvre de **Sembène Ousmane** est profondément ancrée dans la réalité de la société africaine. *La Noire de…* (1966) raconte l'histoire d'une jeune Sénégalaise, venue en France comme domestique et humiliée jusqu'au suicide. *Le Mandat* (1968) est une comédie contre la nouvelle bourgeoisie africaine apparue après l'indépendance. *Faat Kiné* (2000) et *Moolaadé* (2003) posent le problème de la condition des femmes.

Épilogue

1

Le troisième mariage est un échec sur tous les plans. El Hadji Abdou Kader Bèye se ruine en dépenses inconsidérées et ne peut consommer l'union, frappé par une impuissance temporaire, le xala. *Il y cherche vainement remède et se réfugie chez sa première épouse. Une bande de mendiants envahit soudain la maison.*

El Hadji Abdou Kader Bèye protestait.
– C'est du brigandage !

– Non ! Je me paie, répondit le meneur, toujours à la même place.

5 – De quoi ? lui demanda El Hadji.

– « De quoi ? » Tout est là ! Pourquoi ce *xala* ? Et moi je me fais payer d'avance.

– Vous êtes des voleurs ! Je vais appeler la police, dit El Hadji.

10 La crainte voilait son visage. Cet homme lui rappelait quelque chose, il ne savait quoi.

Au mot de « police », il y eut un remue-ménage. Un vent d'effroi passa sur les visages. Un gars avec une grosse taie[1] dans l'œil, qui touillait[2] une as-
15 siette, suspendit craintivement son geste. Il bigla[3] dans toutes les directions comme un cabri, cherchant un passage.

– Si tu veux redevenir normal, tu obéiras. Tu n'as plus rien ! Rien de rien, que ton *xala*. Est-ce que
20 tu me reconnais ? Bien sûr que non !…

Il vint se placer bien au centre. Les mots tombaient dans un grand silence. Il reprit :

– Notre histoire remonte à bien longtemps. C'était un peu avant ton mariage avec cette femme-
25 ci. Tu t'en souviens plus ? J'en étais certain. Ce que je suis maintenant est de ta faute… Te rappelles-tu avoir vendu un grand terrain situé à Diéko (Jéko), appartenant à notre clan ? Après avoir falsifié les noms claniques avec la complicité des haut-placés,

30 tu nous as expropriés. Malgré nos doléances, nos preuves de propriété de clan, devant les tribunaux nous fûmes déboutés[4]. Non content de t'être approprié notre bien, tu me fis arrêter et jeter en prison. Pourquoi ?…

35 La question resta sans réponse. […]

– … Pourquoi ? Simplement parce que tu nous as volés ! Volé d'une façon légale en apparence. Parce que ton père était chef de clan, que le titre foncier[5] portait son nom. Mais toi, toi tu savais que
40 ce terrain n'appartenait pas uniquement à ton père, à ta famille. Élargi, je suis revenu te voir ! De nouveau, il y eut une seconde bagarre. Cette fois-ci encore je fus bel et bien battu par tes amis du pouvoir. Des gens comme toi ne vivent que de vols…

45 – … Et grugent[6] les simples gens, ponctua une voix tonnante.

– Toute ta fortune passée – car tu n'en as plus –, était bâtie sur la filouterie. Toi et tes collègues ne construisent que sur l'infortune des humbles et hon-
50 nêtes gens. Pour vous donner une bonne conscience, vous créez des œuvres de bienfaisance, ou vous faites l'aumône aux coins des rues à des gens réduits à l'état de disgrâce. Et quand notre nombre est quantitativement gênant, vous appelez votre police pour…

55 – Pour nous éjecter comme des matières fécales, opina rapidement le gars avec la taie sur l'œil, le bras tendu, menaçant. […]

Adja Awa Astou, désespérée, déroulait son chapelet et l'égrenait. Rama la soutenait. Elle-même,
60 Rama, sentait sa colère prête à éclater. Contre qui ? Son père ? Les miséreux ? Elle qui n'avait en tête que les mots « révolution », « ordre social nouveau », sentit dans sa poitrine, tout au fond de son être, quelque chose comme une pierre qui lui tombait
65 lourdement sur le cœur, l'écrasait. Son regard ne se détachait pas du visage de son père.

– Pour te guérir, tu vas te mettre nu, tout nu, El Hadji. Nu devant nous tous. Et chacun de nous te crachera dessus trois fois. Tu as la clef de ta gué-
70 rison. Décide-toi. Je peux te le dire maintenant, je suis celui qui t'a « noué l'aiguillette ».

SEMBÈNE OUSMANE, *Xala*, © Présence Africaine Éditions, 1973.

---

1. Taie : tache opaque sur l'œil.
2. Touillait : remuait, agitait.
3. Bigla : loucha.
4. Nous fûmes déboutés : notre demande en justice fut rejetée.
5. Titre foncier : titre de propriété.
6. Grugent : dépossèdent malhonnêtement ; trompent.

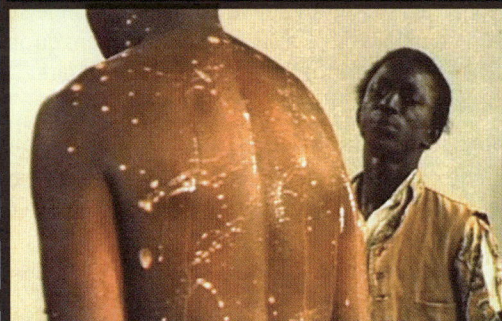

Sous-titre de l'image 1 : C'est quoi ? C'est du brigandage ?
Sous-titre de l'image 2 : Ce que je suis devenu est de ta faute.

J'observe

1. Indique à quels épisodes successifs correspondent respectivement les images.

2. Sur la première image, qui est vu ? Par qui ?

3. Que voient les personnages de la deuxième image ?

4. Dans la succession des images, choisis deux plans de tailles différentes (un plan général et un gros plan) et indique ce que chacun montre et exprime.

Je comprends

5. Réponds par vrai ou faux :
   a. Il s'agit d'une scène de pillage.
   b. Il s'agit d'une scène de révélation.
   c. Il s'agit d'une scène de dispute.

6. À ton avis, pourquoi Abdou Kader Bèye n'a-t-il pas identifié immédiatement le meneur alors que celui-ci semble bien le connaître ?

7. Que suscite chez les mendiants l'allusion à la police ?

Je découvre

8. Relis les lignes 36 à 57. Cite des procédés (marques d'énonciation, reprises, champ lexical du vol, gradations, violence des images) qui traduisent l'aggravation de l'accusation.

9. De quoi Abdou Kader Bèye et ses collègues sont-ils explicitement accusés ?

10. Relis les lignes 58 à 71. Quelle comparaison traduit la douleur silencieuse de Rama ?

11. D'où vient le *xala* ?

12. Indique si l'épilogue te paraît réaliste ou symbolique et explique ta réponse.

13. D'après la dernière image du film, comment Abdou Kader Bèye réagit-il ?

Je retiens

● L'**épilogue** ou **dénouement** d'un récit romanesque ou cinématographique correspond au moment où **une réponse est apportée** aux questions soulevées par l'action.

● L'intervention de nouveaux personnages peut entraîner une **révélation** qui mène au dénouement.

● L'épilogue peut être plus ou moins **réaliste** ou **symbolique**. Il peut constituer la **dénonciation d'un fait de société**.

vocabulaire

Les métiers du cinéma

Le **producteur de cinéma** choisit les projets et les réalisateurs avec lesquels il souhaite travailler. Il réunit les éléments financiers et juridiques nécessaires à la réalisation du film.

1. Quels aspects du film gère le producteur ?

2. Cite des mots de la même famille que « producteur ».

Je retiens

● La plupart des mots qui désignent les **métiers du cinéma** sont formés à partir du radical du verbe correspondant à l'action effectuée ou à partir du substantif correspondant à l'objet de cette action. La plupart des suffixes sont en **-eur** ou en **-iste**.
Exemple : Ca**drer**, ca**dreur** ; réalis**ation**, réalis**ateur**.

● Certains termes anglo-saxons sont devenus d'usage courant.
Exemple : Cameraman (synonyme de cadreur) ; clap-man.

Je m'entraîne

1. Trouve pour chaque terme de la liste suivante des mots de la même famille.
Réalisateur • scénariste • dialoguiste • cadreur • preneur de son • monteur.

2. Recopie le texte suivant en le complétant.
C'est parfois le … qui écrit le scénario d'un film. Mais il peut s'entourer de spécialistes et faire appel à un … et même à un … pour écrire les dialogues. Au moment du tournage, le … donne le signal et on entend le clap de départ. Tandis que les … jouent, le … effectue la prise de son et le … enregistre l'image. Après le tournage, le … assemble les images et le son.

orthographe

Homophones : *quelle(s)/qu'elle(s)* et *qu'il(s)/qui le*

Quelle belle séance ! Je souhaite qu'elle se prolonge. Je suis ravi du divertissement qu'elle me procure. Mon voisin m'a dit qu'il a acheté un nouveau DVD et qu'il a vu un film qui le passionne.

1. Dans les trois premières phrases, distingue les homophones suivis d'un groupe nominal de ceux suivis d'un verbe.

2. Remplace « séance » par « spectacle ». Que constates-tu ?

3. Remplace « voisin » par « voisine ». Que constates-tu ?

4. Quels sont les sujets respectifs des quatre verbes conjugués de la dernière phrase ?

Je retiens

● « **Quelle(s)** » est un **déterminant exclamatif ou interrogatif** qui s'accorde en genre et en nombre avec un substantif féminin singulier ou pluriel.

● « **Qu'elle(s)** » est la contraction de « **que elle(s)** ». On remplace le e par l'apostrophe pour éviter la succession de deux voyelles (ce qu'on appelle un hiatus).

● Pour éviter les confusions orthographiques, il faut observer **le mot qui suit** « quelle(s) » ou « qu'elle(s) ».
– S'il s'agit d'un **substantif féminin**, il faut écrire « **quelle(s)** ».
Exemples : Quelle chaleur ! Quelle heure est-il ? Quelle bonne surprise !
– S'il s'agit d'un **verbe**, il faut écrire « **qu'elle(s)** ».
Exemple : Je sais qu'elle m'aime. »

» ● « **Qu'il(s)** » est la contraction de « **que il(s)** ». L'apostrophe remplace la voyelle e devant une autre voyelle.

● « **Qui** » est un **pronom relatif sujet**. Dans l'exemple cité (« un film qui le passionne »), « qui » représente son antécédent, « film ». Il est sujet de « passionne ». « **Le** » est un **pronom COD du verbe.**

● Pour éviter les confusions, il faut repérer le **sujet du verbe** de la proposition.
– Il faut écrire « **qu'il(s)** » s'il s'agit de la **contraction de** « **que il(s)** » (« il(s) » étant le sujet du verbe).
– Il faut écrire « **qui le** » si le **sujet** du verbe est le **pronom relatif** « **qui** » précédé d'un antécédent.

Je m'entraîne

1. Recopie le texte suivant en le complétant par « quelle » ou « qu'elle ».

Vous venez assister au tournage du film. … bonne surprise ! La scripte m'a dit … avait noté tous les plans qu'on a filmés hier. … conscience professionnelle ! Il faut dire … a l'habitude de ce travail. … est sérieuse !

2. Complète les textes suivants par « qu'il » ou « qui le ».

a. Ce bébé est très éveillé. Toute la famille pense … est précoce. C'est sa mère … soigne et … nourrit. Elle dit … va bientôt marcher.

b. Ce film a beaucoup de succès. J'ai rencontré des amis … trouvent génial. Je sais … est bien diffusé.

L'implicite

Adja Awa Astou et Rama avaient les larmes aux yeux. El Hadji était recouvert de crachats qui dégoulinaient. [...] Le tumulte grandissait. Dehors, les forces de l'ordre manipulaient leurs armes en position de tir…

1. Souligne dans le texte ce qui suggère une information non dite.

2. Exprime en toutes lettres ce qui va se passer mais n'est pas formulé.

Je retiens

● On considère comme **implicites** les informations qui ne sont pas formulées en termes clairs mais qui peuvent être **déduites ou devinées** par le lecteur.

● L'**implicite** peut être lié à la **situation de communication.**
Exemple : «Mets l'ordinateur en marche !» suppose que l'émetteur s'adresse à quelqu'un à qui il peut donner un ordre, qu'il y a un ordinateur, que celui-ci est arrêté, que le destinataire sait le mettre en marche et que le courant électrique fonctionne.

● L'**implicite** peut être lié à l'**énoncé.** Certains mots (*déjà, encore, recommencer, continuer*…) présupposent une information qui n'est pas dite.
Exemples : «Mamadou n'est pas **encore** là» a deux significations.
➔ Explicitement, Mamadou n'est pas arrivé.
➔ Implicitement, Mamadou a l'habitude de venir.
«**Continuer** à travailler» présuppose qu'un travail est déjà commencé.

● Dans l'énoncé, l'**ordre des mots** a une **signification implicite** : ce qui est placé au début de la phrase, en position de thème, apparaît plus évident que le propos, qui peut être contesté.

● L'**implicite** peut être lié dans certains cas non à certains mots mais à l'**ensemble d'un énoncé.**
Exemple : La phrase finale du roman intitulé Xala, «Dehors, les forces de l'ordre manipulaient leurs armes en position de tir…» sous-entend un dénouement différent de ce que suggérait la scène précédente.

Je m'entraîne

1. Les phrases suivantes comportent une double signification. Formule clairement ce qui est implicite.

Exemple : La production de gaz carbonique est la cause du réchauffement climatique. ➔ *Sens implicite : il existe un réchauffement climatique.*

a. Le réalisateur recrute une nouvelle assistante.
b. Les pays les plus pollueurs ne prennent pas les mesures qui apporteraient une solution au problème.
c. Où avez-vous caché le cadavre ?
d. J'ai deux filles : l'une est intelligente et sa sœur est belle.
e. L'équipement des salles de cinéma pour la projection numérique en trois dimensions supprime le métier de projectionniste.
f. A-t-il cessé de battre son chien ?
g. On a dû recommencer la prise de vue car personne n'a entendu le clap de début.
h. Ce magnifique spectacle est déjà terminé.
i. On a retrouvé cet enfant de deux ans loin de son domicile.
j. Les mêmes élèves sont encore absents.

2. Mets les phrases suivantes à la forme interrogative puis à la forme négative et souligne le thème.
Exemple : La fonte des glaces polaires va bouleverser la planète.
➔ Est-ce que la fonte des glaces polaires va bouleverser la planète ? La fonte des glaces polaires ne va pas bouleverser la planète.

Le cinéma permet de faire passer des messages. • La diminution des réserves de pétrole entraîne la recherche d'autres sources d'énergie. • Les pays dont le sous-sol est riche sont très convoités. • Les filles qui jouent au football sont de plus en plus nombreuses. • Le cinéma africain, qui s'est développé sur le plan artistique, a besoin de financement.

3. Dans le texte suivant, on a souligné les termes qui comportent une information implicite. Relève-les et indique dans chacun des cas ce qui est suggéré.
Exemple : J'aimerais avoir le talent de Sembène Ousmane.
➔ Sembène Ousmane est une personne talentueuse.

La Vénus noire est un film d'Abdellatif Kechiche, jeune réalisateur déjà connu. Ce film s'inspire d'une histoire réelle à propos de laquelle certains faits sont établis. Il s'agit du calvaire d'une jeune femme originaire d'Afrique du Sud. Au début du XIXe siècle, elle est amenée à Londres puis à Paris par un homme qui l'exhibe dans des foires pour les raisons qu'on imagine. Ce film, d'une longueur inhabituelle, émeut et fait réfléchir. Il n'est jamais malsain. Il est tourné du point de vue de la victime. Celle-ci meurt prématurément. Son corps est alors disséqué et conservé au musée de l'Homme à Paris. Sur le générique de fin, on peut lire qu'à la demande de Nelson Mandela, en 2002, la France a rendu les restes de la jeune femme, en réparation, à sa terre natale.

orale & écrite

2 Le point de vue du réalisateur

Rencontre avec Sembène Ousmane, écrivain-cinéaste sénégalais.

Comment se porte le cinéma de Sembène Ousmane ?

Il fait de son mieux. Du point de vue diffusion, je fais ce que je peux. Les conditions de circulation normale du film sur le plan commercial n'existent presque plus. Il n'y a presque plus
5 de salles de cinéma dans beaucoup de pays francophones. Les films en format DVD ont pris la relève. J'en distribue, j'en vends et j'organise selon mes temps libres des projections foraines suivies de discussions-débats avec les élèves surtout les lycéens. […]

10 **Quelle est la réception que vous avez des rencontres avec les lycéens ? Sont-ils enthousiastes de vous rencontrer ?**

Ils m'apportent beaucoup. Il faut se renouveler avec les nouvelles générations. Malgré mon âge, je ne suis pas pour
15 l'Afrique des gérontocrates[1]. Il y a une Afrique passée qui a ses valeurs qu'il faut savoir prendre comme patrimoine, voir ce qui est bon et les prendre, et oublier ce qui n'est pas conforme avec la réalité d'aujourd'hui. Les jeunes apportent beaucoup dans la mesure où ils sont de leur époque. Ils ont des sources
20 d'informations et de cultures qui leur viennent de partout tandis que ceux de ma génération, les gérontocrates c'était seulement au niveau de la famille, du clan ou de la tribu. […]

Pourquoi réalisez-vous des films ?

C'est pour militer. Je suis un militant. Je ne fais pas des films
25 pour construire des châteaux.

Entretien réalisé le 25 juillet 2006 par Anoumou Amekudji,
© Anoumou Amekudji/www.cineafrique.org.

---

1. Gérontocrates : partisans de la domination par des vieillards.

1. Que regrette Sembène Ousmane en ce qui concerne la diffusion des films en Afrique francophone ?

2. Pourquoi va-t-il à la rencontre des jeunes ?

3. Que sous-entend l'expression imagée : « Je ne fais pas des films pour construire des châteaux » ?

J'apprends à exprimer mon opinion sur un roman ou un film.

Pour exprimer ton opinion sur un roman ou un film, tu peux :
• Rechercher ce qui est exprimé clairement (**explicite**) et ce qui est suggéré mais non dit (**implicite**).
• **Indiquer l'opinion défendue** de façon brève, la justifier par des arguments et des exemples.
• Exprimer un jugement à travers un **récit**, des **titres** et des **sous-titres**.

Je m'entraîne

1. L'image sur laquelle s'inscrit le mot «fin» du film *Xala* est celle d'Abdou Kader Bèye, torse nu sous les crachats (cf. page 127). La dernière phrase du roman est : «Dehors, les forces de l'ordre manipulaient leurs armes en position de tir…» Choisis l'une ou l'autre de ces fins et raconte oralement ce qui, d'après toi, va se passer.

2. Quelle est la fin qui te paraît la plus juste ?

3. Que dénoncent le roman et le film ? Propose d'autres titres et sous-titres que *Xala*.

4. Imagine que l'on te propose de réaliser un film racontant l'histoire de Rama ou Mactar, les enfants du premier mariage. Écris le synopsis (court résumé) du film de ton choix.

5. Observe la photographie ci-dessous.

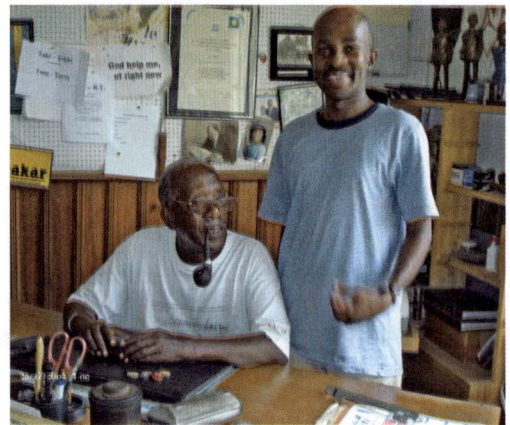

Sembène Ousmane et Anoumou Amekudji, enseignant et journaliste.

a. Décris cette photographie.
b. Que suggère-t-elle ?

6. Suppose que ton établissement participe à une enquête sur le cinéma. Rédige les questions que tu poserais à tes camarades, à tes professeurs, à un réalisateur africain, aux organisateurs d'un festival comme le FESPACO.

7. Sembène Ousmane raconte :

Mon assiduité au cinéma est due à mon père. À chaque bonne note scolaire (j'étais à l'école française) il me récompensait : «Prends ! Et va au cinéma !» Lui-même n'avait jamais mis les pieds dans une salle de projection.

Revue des littératures du Sud, n° 149, 2002.

Exprime à ton tour comment tu as découvert le cinéma.

Évaluation

Vocabulaire (sur 10 points)

Je sais utiliser le vocabulaire technique du cinéma.

1. Complète le texte suivant par les termes techniques qui conviennent. (/4)
Dans cette scène, la … est placée plus bas que les personnages. Cette vue en … leur donne un air autoritaire et imposant. Ensuite, on découvre le contexte et l'ensemble des personnages grâce à un plan … . Puis un … plan met en valeur un visage et les sentiments qu'il exprime.

Je sais utiliser les termes qui correspondent aux métiers du cinéma.

2. Complète cette liste par des mots de la même famille désignant des métiers du cinéma. (/6)
Scénariser, scénario, … • réaliser, réalisation, … • cadrer, cadre, … • prendre le son, prise de son, … • monter, montage, … • dialoguer, dialogue, … .

Orthographe (sur 10 points)

Je sais distinguer les homophones « quelle(s) »/ « qu'elle(s) » et « qu'il(s) »/« qui le ».

3. Recopie ce texte d'élève en rectifiant les erreurs qu'il comporte. (/3)
Ma sœur est amoureuse d'un garçon quelle rencontre à son travail. Il renseigne les clients d'un hôtel qu'ils sollicitent pour organiser des excursions. Quant à elle, c'est la plus jolie secrétaire. C'est lui qu'il dit. Je crois qui le va l'épouser. Qu'elle belle histoire d'amour !

Je sais accorder les participes passés des verbes pronominaux.

4. Recopie ce texte en mettant les verbes au passé composé. (/3)
Les spectateurs se précipitent pour voir le film. Ils se disputent les meilleures places. Pendant que les épisodes se succèdent, certains spectateurs s'identifient au héros. Les hommes s'enthousiasment pour ses exploits.

Conjugaison (sur 10 points)

Je sais utiliser les temps composés qui marquent l'antériorité d'une action par rapport à une autre action.

5. Recopie les phrases suivantes en mettant les verbes à l'infinitif au temps composé qui convient. (/3)
Dès que tu (achever) la lecture de ce livre, tu me le rendras. • Il pourra travailler quand il (réussir) son examen. • Nous nous reposerons quand nous (finir). • Dès que j'(voir) ce film, je te le raconterai. • Quand vous (accomplir) ce long voyage, vous pourrez venir nous voir.

6. Même consigne. (/5)
Quand il (terminer) ses études, ce jeune homme alla travailler dans un dispensaire en zone rurale. • Dès qu'il (pleuvoir), le sol redevenait fertile. • Quand les femmes (cuisiner) ce bon repas, elles furent heureuses de le partager en famille. • Pendant l'enfance, chaque fois que je (s'éloigner), ma mère courait à ma recherche. • Il accomplit ce qu'il (jurer) de faire quand il était plus jeune.

Grammaire (sur 20 points)

Je sais reconnaître les figures de comparaison et distinguer comparaison et métaphore.

7. Relève trois métaphores et une comparaison dans le texte ci-dessous. (/2)
L'homme avait dépensé sans compter mais la valse des chèques sans provision était terminée. Il tenta vainement de convaincre son banquier par un flot de paroles. Celui-ci avait un teint de banane mûre et le regardait comme on observe une souris prise au piège.

8. Relève les comparaisons dans le texte ci-dessous. Indique leur point commun et l'effet qu'elles produisent. (/2)
Un cul-de-jatte […] imprimait sa traînée noirâtre comme une limace géante. […] Près du grand frigidaire ouvert, un adolescent qui se déplaçait de côté comme un crabe-pyramide se saisit d'un pot de yaourt, fit sauter la capsule.

Sembène Ousmane, *Xala*, © Présence Africaine Éditions, 1973.

Je sais identifier et utiliser les progressions thématiques.

9. Recopie et complète cet énoncé. Souligne le thème principal et place au bon endroit les thèmes dérivés : *film historique, cinéma social, western, comédie, film d'horreur, film psychologique et sentimental.* (/7)
La diversité du cinéma apparaît à travers les différents genres cinématographiques. Le … constitue un témoignage sur la société contemporaine. Le … rappelle des événements passés et participe à la mémoire collective. Le … explore les sentiments et les relations humaines. Le … est un film d'action qui dépayse. Le … joue avec nos peurs et la … provoque le rire qui nous en libère.

10. Utilise la progression à thèmes dérivés pour décrire un lieu familier (la salle de classe) ou exposer la composition d'une institution (le collège). (/4)

Je sais repérer l'implicite dans un énoncé et formuler ce qui est suggéré.

11. Recopie les phrases suivantes. Dans chacun des cas, souligne le terme suggérant une information implicite. Formule celle-ci en toutes lettres. (/5)
L'enfant n'a pas été retrouvé. • De fausses rumeurs commencent à se propager. • La saison des pluies n'est pas encore arrivée. • Je continue à te faire confiance. • Tu es encore là !

Intégration

Expression orale et écrite

Lis le texte suivant.

[…] Ignace[1] maîtrisait l'une des mille merveilles techniques apportée par les Européens. Il avait fini par croire que ses mains faisaient et défaisaient une vie d'homme, distribuaient la gloire et rendaient la
5 justice. Il goûtait comme un véritable encens les clameurs dont les vagues galopaient impétueusement[2] vers le héros invincible de l'écran, et en partie en direction de l'enchanteur qu'il était. Il lui semblait que ces manifestations tumultueuses, qui secouaient
10 la salle comme une gigantesque pirogue en détresse, saluaient uniquement son savoir-faire.

Son règne, cependant, n'était pas de tout repos. Des pannes pouvaient se produire au moment le plus palpitant d'un film. La salle déchaînée devenait
15 alors un fleuve débordant qui charriait, pêle-mêle, imprécations et débris de chaises brisées en signe de protestation. Bien à l'abri dans sa cabine, dont la porte métallique défiait les épaules les plus athlétiques, Ignace, passé maître dans l'art de recoller en
20 un tournemain les morceaux, remboîtait et donnait le coup de pédale faisant repartir le spectacle fâcheusement interrompu. Voyant défiler des kilomètres de films chaque nuit, Ignace voyageait énormément dans son fauteuil.

Sylvain Bemba, *Rêves portatifs*, Nouvelles Éditions africaines, 1979.

1. Ignace est projectionniste.
2. **Impétueusement :** rapidement, violemment, avec fougue.

1. Ignace connaît-il bien son métier ?

2. Quel pouvoir croit-il détenir ?

3. Dans le premier paragraphe, cite deux expressions suggérant qu'Ignace est victime d'une illusion.

4. Que signifie la phrase «Ignace voyageait énormément dans son fauteuil» (l. 23-24) ? De quelle figure de comparaison s'agit-il ?

5. Cite d'autres expressions montrant que le narrateur ne prend pas le personnage au sérieux.

Rédaction

Récris le texte en changeant le point de vue : Ignace évoque son métier de projectionniste. Il s'exprime à la première personne.

Expression orale

Vous êtes un groupe d'amis échangeant sur le cinéma. Raconte à tes camarades un film qui t'a marqué.

Projet

Phase 5 : Assurez l'entretien de votre jardin !

1. Une plante qu'on cultive est semblable à un enfant qu'on élève. Il faut en prendre régulièrement soin, pour qu'elle produise de bons fruits. L'entretien de la plantation recouvre plusieurs aspects : l'entretien physique, la fertilisation de la plante, la protection de la plante contre les maladies et ses ennemis.

2. Selon la nature de la (des) plante(s) cultivée(s), entretenir votre plantation peut consister à :
– sarcler régulièrement (enlever les mauvaises herbes) et biner (casser la croûte superficielle de la terre pour aérer le sol) ;
– arroser régulièrement après le semis ou après le repiquage pour garder le sol constamment humide, surtout si on est en saison sèche. Dans tous les cas, le faire le matin et le soir pour éviter l'évaporation ;
– irriguer une fois par semaine si l'apport d'eau s'avère nécessaire ;
– drainer en saison des pluies pour éviter que l'eau stagne autour de la plante ;
– remplacer les plants morts ;
– désherber régulièrement la plantation pendant les six premiers mois ;
– poser des tuteurs dès l'apparition du fruit ;
– couper si besoin le bourgeon floral ;
– tailler les vieilles feuilles sèches ;
– supprimer les rejetons excédentaires pour n'en laisser que deux ;
– verser en couronne l'insecticide autour de la plante ;
– apporter du compost ou des fientes de poule pour compenser l'épuisement du sol ;
– administrer à temps le traitement contre les maladies et les ennemis de la ou des plante(s) ;
– réparer les buttes et les billons abîmés par la chute des pluies ;
– enlever les pieds malades et les brûler.

3. Ces conseils devront être adaptés en fonction de la ou des plante(s) cultivée(s) et de la situation géographique de votre région ou village. Par ailleurs, pour cette phase comme pour les précédentes, l'assistance d'un agent agricole vous évitera de commettre des erreurs préjudiciables à la bonne croissance de la plante. N'hésitez donc pas à en solliciter un.

Enfin, vous devez répartir la charge de travail que nécessite l'entretien de votre jardin entre tous les élèves, afin que chacun se sente concerné par la réussite du projet.

Les savoir-faire requis pour effectuer la tâche commandée

Savoir-faire :
• Je comprends le vocabulaire technique de l'agriculture.
• Je sais écouter et appliquer les conseils donnés par un professionnel de l'agriculture.

Le monde du travail

Compétence citoyenne : Surmonter les difficultés liées au monde du travail, entreprendre et réussir sa vie professionnelle.

Compétence disciplinaire : Maîtriser les techniques de communication liées au monde du travail.

Étape 1

Réussir

• **Savoir :** L'interview.
• **Savoir-faire :** Je sais rédiger un CV.

Oral

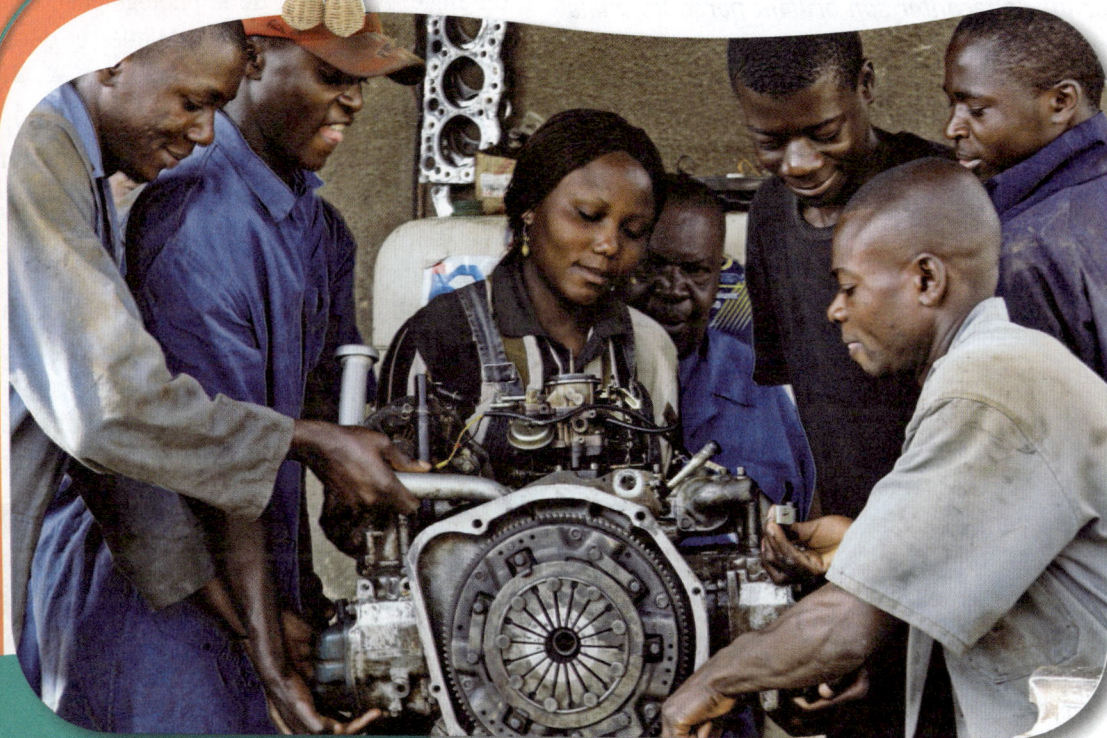

Le savais-tu ?

L'insertion professionnelle est un vrai défi pour l'Afrique, qui compte de nombreux jeunes chômeurs, avec ou sans formation. Les jeunes déscolarisés sont particulièrement fragiles et exposés aux pires maux de la société (toxicomanie, délinquance…). Pour remédier à ce genre d'exclusion, un rapprochement entre l'école et les entreprises, par le biais de stages de formation professionnelle, est souvent envisagé, ainsi que des primes à l'emploi pour favoriser le recrutement de jeunes travailleurs.

J'observe l'image

1. Quel est l'objet central de la photographie ?

2. Dans quel état d'esprit semblent être les personnes photographiées ?

3. Dans quel contexte la photo pourrait-elle avoir été prise ? Formule des hypothèses.

4. Quel domaine professionnel pourrait illustrer cette photo ?

5. À ton avis, de quelles qualités a-t-on besoin pour travailler dans ce domaine ?

1 Un jeune talent

Baudouin Mouanda est un jeune photographe congolais. L'interview suivante est l'occasion pour lui de raconter son brillant parcours, mais aussi d'expliquer sa démarche de photographe.

Tu as initié un atelier intitulé « Balades photographiques » à Brazzaville, peux-tu nous en parler ?

L'atelier « Balades photographiques » que j'ai animé
5 au mois de décembre dernier, pendant une semaine, fait partie des activités menées par Génération Elili. Chaque atelier a toujours un programme, il s'agit d'entraîner les photographes à faire un travail de recherche plutôt que de rester dans la même vision, le
10 même style. Les amener à faire un travail d'auteur. Pendant que nous marchions, il y avait toujours des images à faire, le but étant d'apporter chaque
15 jour une image, d'où l'idée d'atelier. Comment en se promenant un photographe peut arriver à développer des sujets. On
20 s'est déplacé ainsi dans des cimetières, des marchés, des usines fermées. Le but étant de trouver des sujets sur des lieux,
25 avec des choses inanimées et non avec des gens. [...]

Tu as effectué un stage de perfectionnement en photojournalisme au centre de formation des journalistes (CFPJ), que t'a apporté cette expé-
30 **rience par rapport à ton travail ?**

C'était en 2007. Ce programme m'a beaucoup apporté au niveau des contacts. Je publie maintenant dans différents quotidiens congolais ou européens. Cette formation m'a permis de voir comment les
35 choses fonctionnent au niveau parisien et même européen. J'ai découvert de nouvelles méthodes de travail : comment raconter mes histoires, trouver un angle. Au niveau de la photographie, comment mieux réfléchir sur des thématiques et développer
40 des sujets précis.

Lors de la Biennale de Bamako en 2009, tu as présenté deux séries, peux-tu me parler tout d'abord du travail intitulé « Les séquelles de la guerre civile de 1997 » ?

45 C'est vrai que la guerre est terminée mais ça me fait mal quand on arrive dans la ville et qu'on retrouve les mêmes épaves. Après la destruction, j'aurais aimé qu'on reconstruise. Je trouvais cela choquant. Les gens qui ont perdu leurs biens n'ont jamais été dé-
50 dommagés. Aujourd'hui, dans les rues de Brazzaville,

les traces sont toujours là. Les ministres, les hommes politiques oublient ceux qui vivent là. Ce travail était pour penser à reconstruire tout cela.

55 **Tu as réalisé un travail sur la sape[1] à Brazzaville, c'est la deuxième série présentée à Bamako en 2009, pourquoi as-tu eu envie de travailler sur ce sujet ?**

Tout d'abord dans le travail sur les séquelles de la guerre ou le travail sur les sapeurs, il y a une
60 constance. Le travail sur la sape n'est pas un hasard. Après la guerre, tout le monde était traumatisé. Les sapeurs ont joué un rôle très important dans la mesure où cette population qui était traumatisée n'avait pas de spectacle, pas de cinéma. Les sapeurs ont
65 alors été considérés comme des artistes. Mais hier, ce n'était pas le cas, ils se prenaient seulement pour des gens qui passaient dans la rue, bien habillés. Mais eux, en réalité, ce sont des spectacles de rue. Ils ont contribué à passer un message très fort à Brazzaville :
70 il est inutile de se battre avec les armes, il vaut mieux se battre avec les vêtements.

Quels rapports entretenais-tu avec les sapeurs ?

Les sapeurs aiment la photographie. Quand un sapeur est bien habillé et que tu le croises dans la rue,
75 tu peux faire tout ce qui te semble bon avec lui. Il est dans le mouvement. C'est plus compliqué quand il n'est pas ou qu'il se considère mal habillé. […]

Quels sont tes futurs projets ?

Une exposition au mois de septembre portant sur
80 le « trottoir du savoir ». […] Je parle des jeunes étudiants qui fuient leurs maisons pour aller chercher la lumière dans la rue car chez eux il n'y a plus d'électricité suite aux coupures du courant. Je serai en résidence à Lyon avec des lauréats de Bamako, et, plus
85 tard, en résidence à Londres.

Quelques mots de fin ?

Quand il y a quelque chose de positif, il faut le dire. De négatif, aussi. Il y a tellement de sujets à traiter à Brazzaville. Et, je le confirme, oui, il y a des photo-
90 graphes à Brazzaville.

Extrait de « Baudouin Mouanda, jeune talent de la photographie africaine », propos recueillis par Safia Belmenouar pour www.lesphotographes.com, 22 mars 2010.

---

1. **Sape :** ici, art de bien s'habiller.

J'observe

1. Quelles qualités de Baudouin Mouanda peut illustrer la photo ?

2. Que semble faire le photographe ? Aide-toi de l'arrière-plan pour répondre.

Je comprends

3. Quel est le sujet de la première question posée par l'intervieweur ?

4. Où cet atelier a-t-il eu lieu et quel en était le but ?

5. Quelles nouvelles méthodes de travail le stage de perfectionnement a-t-il apportées au jeune photographe ?

6. Quels différents thèmes Baudouin Mouanda a-t-il abordés lors de ses travaux ?

7. Pourquoi le photographe et les sapeurs entretiennent-ils de bons rapports ?

8. À quelle catégorie de la population va-t-il s'intéresser pour son exposition de septembre ?

9. Quelle mission s'assigne-t-il dans la société ?

Je découvre

10. Sais-tu quelque chose de l'intervieweuse ?

11. Selon quel schéma répétitif l'intervieweuse pose-t-il ses quatre premières questions ?

12. Pourquoi peut-on parler de « développement » pour les réponses du photographe ?

13. Le fil conducteur de l'interview est-il chronologique ?

14. Quel est le but de cette interview, à ton avis ?

Je retiens

● Une **interview** peut être réalisée pour différentes raisons. Elle peut :

– **informer**. L'interview s'apparente alors à une promotion, une publicité. Elle a une valeur explicative.

– constituer un **témoignage**. Lors d'une enquête journalistique, l'interview permet au journaliste de recueillir des informations sur le sujet qu'il traite.

– **éclairer un débat**. L'interview est une tribune et l'interviewé peut exprimer librement son point de vue. Les hommes politiques, par exemple, peuvent ainsi exprimer leurs idées. Des interviews croisées peuvent alimenter un débat.

Sens propre et sens figuré

❚❚ En 2012, nous allons monter un atelier de photographie. • Je te demande de monter ton sac dans ta chambre.

1. Quel est le mot commun à ces deux phrases ?

2. Ce mot a-t-il le même sens dans chacune des phrases ?

3. Explique cette différence de sens.

Je retiens

● La plupart des mots ou groupes de mots ont un sens premier qui exprime une réalité concrète ; c'est le **sens propre**.
Exemple : Blanchir un mur → *le rendre blanc.*

● Au **sens figuré**, les mots ou groupes de mots sont employés dans un autre sens où ils prennent la valeur d'une image et expriment une idée.
Exemple : Blanchir un accusé → *l'innocenter totalement.*

●●●●● Je m'entraîne

1. Dans le paragraphe suivant, souligne les mots ou expressions utilisés au sens figuré.
Cet homme baignait dans le bonheur. Aujourd'hui, il passe son temps à broyer du noir. C'est devenu une éponge, il boit à longueur de journée. C'est une épave qui cherche vainement à sortir la tête de l'eau. Ses amis brûlent d'envie de le voir reprendre son courage à deux mains et faire courageusement face à l'adversité.

2. Emploie les mots ci-dessous dans une première phrase au sens propre et dans une deuxième phrase au sens figuré.
Tonnerre • percer • filet • pied • maigre • lumineux • fruit • âne • avalanche • montagne • clef.

conjugaison

Le subjonctif dans les propositions subordonnées

❚❚ Je veux qu'ils soient tous dédommagés. • Je doute que les gens puissent revivre en harmonie après tant de haine. • Je suis heureux que la paix revienne.

1. Qu'expriment les verbes des principales ?

2. Quelle est la nature des subordonnées ?

3. Quel est le mode des verbes des subordonnées ?

Je retiens

On utilise le subjonctif :
● **dans certaines subordonnées conjonctives** :
– après un verbe exprimant un **souhait**, un **doute**, un **sentiment** ou un **ordre**.
*Exemples : Je **souhaite** qu'il parte. Je **crains** qu'il ne parte.
Je **suis ravi** qu'il parte. Je **veux** qu'il parte.*
– après un **verbe employé avec une négation**.
*Exemple : Je **ne pense pas** qu'il vienne.*
– après **certains verbes impersonnels**, comme « il faut que », « il arrive que », « il suffit que ».
● **dans certaines subordonnées circonstancielles** :
– de temps (*avant que, jusqu'à ce que…*).
*Exemple : Je serai rentré **avant que** la nuit ne tombe.*
– de but (*pour que, afin que…*).
*Exemple : Il faut élever le ton **pour que** cet enfant soit sage.*
– d'opposition (*bien que, quoique…*).
*Exemple : **Bien qu'**il fasse mauvais temps, tu restes dehors.*
– de condition (*à condition que…*).
*Exemple : Il viendra **à condition que** tu le préviennes.*

●●●●● Je m'entraîne

1. Recopie les phrases suivantes en conjuguant les verbes entre parenthèses au présent du subjonctif.
Exemple : Je crains que nous n'(arriver) en retard.
→ *Je crains que nous n'**arrivions** en retard.*

Il est souhaitable que les photographes (recevoir) une formation professionnelle. • Je crains que l'information ne (parvenir) pas à tous en temps voulu. • Vivement qu'ils (devenir) tous compétents et (cultiver) l'excellence, de sorte que cette profession (être) valorisée. • Les organisateurs doutent que nous (pouvoir) nous faire entendre. • Que les délégués (avoir) la parole est déjà réconfortant. • Quoi que vous (faire), tout le monde ne pourra pas intervenir. • Il est bon que chacun le (savoir) pour éviter les frustrations, sources de conflits.

2. Complète les propositions subordonnées en utilisant des verbes conjugués au subjonctif.
Exemple : Ma mère déteste…
→ *Ma mère déteste **que nous rentrions tard.***

Il craint que ton arrivée ne… • Il faut qu'il… • Il marche longtemps jusqu'à ce que… • Il progresse, bien que… • Elles veulent que… • Je suis la seule qui… • Avant que…, Roger a consulté de nombreux ouvrages. • Il suffit que tu…

3. Construis trois phrases comprenant chacune un verbe au subjonctif. La première exprimera un ordre, la deuxième un sentiment et la troisième un doute.
Exemple : Je crains que les changements climatiques ne nous conduisent vers de grandes catastrophes (doute).

grammaire

L'expression de la cause

Après la destruction, j'aurais aimé qu'on reconstruise. Je trouvais cela choquant. ▪ • Cette formation m'a permis de [progresser]. J'ai découvert de nouvelles méthodes de travail. ▪

1. Dans un dictionnaire, cherche le sens du mot « cause ».
2. Pour chaque exemple, recopie la phrase qui indique une cause.
3. Quel mot peux-tu ajouter pour relier les deux phrases de chaque exemple ?

Je retiens

● La cause est l'**origine d'un fait**, la raison pour laquelle il a lieu. Elle est introduite par un **mot-outil** et peut être exprimée de différentes manières.
Dans une **phrase simple**, on peut utiliser :
– un **GN introduit par une préposition** (*pour, grâce à, à cause de*…).
   Exemple : **À cause de l'obscurité**, *il fuit la maison.*
– un **verbe à l'infinitif introduit par une préposition** (*pour, faute de*…).
   Exemple : **Faute d'être éclairé**, *il fuit la maison.*
– un **participe présent** ou un **gérondif**.
   Exemple : **Manquant de lumière**, *il fuit la maison.*
Dans une **phrase complexe**, on peut utiliser des propositions subordonnées circonstancielles introduites par *parce que, puisque, comme*…
Exemple : **Comme il a peur de l'obscurité**, *il fuit la maison.*

● La relation de cause est parfois exprimée de **manière implicite**.
Exemple : Il ne viendra pas ; il est malade.

🫐🫐🫐🫐🫐 Je m'entraîne

1. Souligne les compléments circonstanciels de cause dans les phrases suivantes.
Exemple : Bien sûr que j'irai en discothèque <u>puisque j'adore danser</u> !

Ce programme m'a beaucoup apporté. Comme j'ai découvert de nouvelles méthodes de travail, je sais à présent comment raconter mes histoires, trouver un angle. • Nous allons monter un atelier avec des photographes étrangers, des chercheurs, parce que nous voulons que les photographes de l'Afrique centrale s'interrogent sur leur environnement. • L'année dernière, souhaitant faire connaître les œuvres des photographes, nous avons organisé une exposition au Centre culturel français. • Nous allons réaliser une exposition collective à Brazzaville puisque notre but est de faire parler de la photographie congolaise.

2. Établis un rapport de cause entre les couples de phrases en variant les moyens utilisés.
Exemple : Il fait noir. Élysée a peur.
   → ***Comme il fait noir**, Élysée a peur.*

Les photos sont perdues. Laurent n'a plus de souvenirs. • Patricia est arrivée à l'atelier au mois de juin. Elle a pris davantage de clichés que Justin. • Édith a réussi son concours. Elle jubile. • Baudouin Mouanda est très motivé. Il veut faire connaître la photographie congolaise. • Les sapeurs aiment la photographie. Ils apprécient d'être regardés. • Ce photographe a de la technique. Il a reçu une formation.

3. Recopie ces phrases en les complétant avec des termes variés introduisant des compléments circonstanciels de cause.
Exemple : … sa joie, je compris qu'il avait obtenu le poste.
   → ***À sa joie**, je compris qu'il avait obtenu le poste.*

Les sapeurs sont les idoles des jeunes … leur habillement. • Le spectacle a été un grand succès … sa minutieuse préparation. • … la diversité des thèmes abordés, l'exposition a connu un grand succès. • Cette radio bénéficie d'un grand nombre d'auditeurs … la qualité de ses émissions. • … avoir su allier art et actualité, il passe pour un héros national.

4. Trouve des causes aux faits suivants en variant les mots de liaison.
Exemple : Les champs sont secs…
   → *Les champs sont secs **puisque les pluies sont rares**.*

Le journaliste a interrogé Baudouin Mouanda… • J'ai beaucoup apprécié cette formation… • L'État doit dédommager les gens qui ont perdu leurs biens… • Les sapeurs aiment la photographie… • Il a intitulé son travail « Les séquelles de la guerre civile de 1997 »… • Nous aimerions participer à l'atelier « Balades photographiques »…

5. Dans le texte ci-dessous, relève trois groupes de mots exprimant la cause et précise leur classe grammaticale.
*Exemple : Il a été puni **pour cause de bavardage**.*
   → *GN introduit par une préposition.*

À partir de ce jour, la photographie a été une passion, un mode de vie parce que, d'un adolescent sans but, je suis devenu un jeune homme enthousiaste et ambitieux. Plus rien ne peut m'arriver grâce à mon nouvel objectif. Ne regardant plus les clichés comme avant, en simple spectateur, je suis à présent un observateur averti qui s'imprègne du travail des autres.

2 Conseils pour rédiger un curriculum vitae[1] (CV)

* Éducation

Listez les étapes de votre formation dans l'ordre chronologique inverse, en incluant les diplômes, la branche, les écoles ou universités, et les années. Précisez les mentions obtenues
5 et les cours, projets ou activités qui sont dignes d'intérêt.

* Expérience professionnelle

Listez les dates, postes occupés, société et lieu pour chaque emploi en commençant par le plus récent. Résumez brièvement les tâches accomplies. Utilisez des mots d'actions forts
10 pour définir vos activités et vos responsabilités. Par exemple : création, analyse, développement, supervision, planification, exécution…
Ne négligez pas vos stages ou emplois à temps partiels quand ils sont en relation avec le domaine qui vous intéresse.
15 Ne pensez jamais que le recruteur comprendra ce que vous avez accompli si vous n'êtes pas explicite. Soyez le plus complet et le plus concis possible.

* Autres compétences

Peut-être que vous avez d'autres talents qui n'apparaissent
20 pas dans votre cursus scolaire et professionnel, tels que la maîtrise d'instruments scientifiques, de programmation ou logiciels informatiques ou de langues étrangères.

* Divers

Listez vos hobbies[2] seulement s'ils améliorent votre profil.
25 Vous pouvez mentionner dans cette partie vos rôles dans diverses associations ou clubs.

* Références

Ne listez pas vos références sur votre CV. […]

http://www.jobafrique.com (D.R.)

---

1. **Curriculum vitae :** expression latine qui signifie «chemin, parcours de vie».
2. **Hobbies :** passe-temps.

Je m'entraîne

1. Relis le texte 2 (ci-contre).

a. Qu'apportent les «autres compétences» dans un CV ?

b. Qu'apporte la rubrique «divers» au CV ?

c. «Création, analyse, développement, supervision, planification, exécution…». Que veulent dire ces mots, et dans quel contexte professionnel peuvent-ils être utilisés ? Discutez-en en classe.

2. Relis l'interview de Baudouin Mouanda (p. 134-135). À partir des informations données, établis le CV du photographe, puis imagine ses parties manquantes. Porte une attention particulière à développer les parties «Autres compétences» et «Divers».

3. Voici une annonce parue dans le journal de la préfecture :

«Une entreprise locale veut recruter deux conducteurs de travaux pour une période de deux ans. Toute personne intéressée est invitée à déposer un dossier de candidature comprenant les pièces suivantes : un curriculum vitae, une lettre de motivation et une copie de la pièce d'identité. »

Tu es fortement intéressé(e) par ce poste de conducteur de travaux. Rédige ton curriculum vitae en t'aidant des réponses aux questions suivantes :

a. Que signifie «conducteur de travaux» ? Quelles sont ses tâches, et dans quel domaine professionnel évolue-t-il ? Fais une recherche à ce sujet.

b. Dans quel ordre dois-tu lister les étapes de ta formation ?

c. Quelles informations en rapport avec ton expérience professionnelle dois-tu indiquer ?

d. Quelles autres informations peux-tu fournir ?

4. Offre d'emploi.

«Un magasin de téléphonie mobile veut recruter trois hôtes ou hôtesses d'accueil. Toute personne intéressée par cette offre d'emploi est invitée à déposer un dossier de candidature comprenant les pièces suivantes : une lettre de motivation, un curriculum vitae, une copie légalisée de la pièce nationale d'identité. »

Tu es intéressé(e) par cette annonce. Rédige ton curriculum vitae en t'inspirant des conseils qui t'ont été donnés dans le texte 2 (ci-contre).

Le monde du travail

Compétence citoyenne : Surmonter les difficultés liées au monde du travail, entreprendre et réussir sa vie professionnelle.

Compétence disciplinaire : Maîtriser les techniques de communication liées au monde du travail.

Étape 2

Entreprendre

• **Savoir :** Le blog.
• **Savoir-faire :** Je sais rédiger une lettre de motivation.

Oral

Le savais-tu ?

Le chômage est endémique en Afrique : en 2008 déjà, le BIT (Bureau international du travail, dépendant de l'ONU) comptait 7,9 % de chômeurs en Afrique subsaharienne, chiffre sans doute en deçà de la réalité actuelle. Il est donc utile de s'informer et de prendre en considération certains secteurs qui, comme l'informatique, la pharmacie, l'agroalimentaire et la restauration, sont des domaines porteurs. On estime à 7 % le taux de croissance nécessaire pour résorber le chômage en Afrique.

J'observe l'image

1. Que met en valeur la photographie ?
2. Quel effet cela produit-il ?
3. Que semble faire l'homme sur la photo ?
4. Comment qualifierais-tu son attitude ?
5. Cite deux endroits où pourrait se dérouler la scène.
6. Quels différents titres pourrait-on donner à cette photographie ?

Note sur l'auteur

Israël Yoroba est un jeune journaliste ivoirien qui s'oriente très tôt vers l'art du «blog». Sacré «meilleur blogueur francophone» en 2008 lors de la Coupe du monde des blogs en Allemagne (the BOBS), il reçoit en mars 2009 le «Prix spécial du meilleur blog de journaliste d'Afrique de l'Ouest» pour son blog http://leblogdeyoro.ivoire-blog.com. Il est président-fondateur de l'association Avenue Afrique (www.avenueafrique.com).

lecture

17 décembre 2009

Joyeux anniversaire «Le Blog de Yoro»

C'est fou ce que le temps passe vite… vite… vite. Il y a deux ans jour pour jour, je créais mon blog sur ivoire-blog. Le 16 décembre 2007 j'écrivais mon premier post « Noël, un blog nous est né ! ».

5 À cette époque, le petit Yoro perdu dans un coin d'Abidjan ne pensait pas qu'il serait en train de voir son blog grandir… grandir… et atteindre un sommet.

Alors un petit bilan. *574 articles, 2060 commentaires, plus de 372 000 visiteurs uniques (soit 15 000 visiteurs par mois et une moyenne de 500 par jour). […]*

Yoro.

10 11 : 08   Lien permanent I Commentaires (22) I Envoyer cette note I Tags : yoro, yoroba

23 juin 2010

L'actualité de proximité vue par les Radios communautaires

Je suis à Bamako depuis quelques jours pour un projet qui prend corps. **Ouest Afrika Blog.** Initié par l'École Supérieure de Journalisme (ESJ)-Lille et financé par la coopération française, ce
15 projet vise à faire découvrir les outils (et utilités) du blogging à des journalistes des radios communautaires. Ceux-là même qui sont (parmi les médias classiques) les plus proches de la population.

Ces journalistes vont apprendre à bloguer. Ils vont raconter des histoires simples, ordinaires mais parfois étonnantes de leurs cités.

Deux pays pour démarrer ce projet destiné à l'Afrique de l'Ouest. Le Mali et le Sénégal. Des jour-
20 nalistes radio ont été sélectionnés par concours avec le soutien et l'appui des **réseaux des radios communautaires** du Mali et du Sénégal, appuyés par **les ambassades de France à Dakar et Bamako.** Le tout piloté par l'ESJ. […]

Au programme de cette session de formation, l'écriture web, la prise de vue et le redimensionnement des photos, ainsi que la prise de son et le traitement des podcasts. Après une formation dense de
25 5 jours, ils seront «lâchés dans la nature», mais bénéficieront pendant toute la durée du projet d'un encadrement éditorial par l'École Supérieure de Journalisme de Lille. Chaque blogueur a reçu un appareil photo numérique et un enregistreur. Un matériel adéquat qui devrait leur permettre de mener à bien leur mission. C'est à eux que revient la tâche d'alimenter cette plate-forme et de donner l'occasion à des populations d'être entendues via **Ouest Afrika Blog.**

30 Vous pourrez lire chaque semaine de petites histoires locales, accompagnées de photos et quelquefois de podcasts. (Les premiers articles-exercices sont déjà en ligne.)
Ouest Afrika Blog n'est pas appelé à rester à ce stade expérimental. Si l'expérience est concluante, l'aventure pourrait s'étendre à d'autres pays, pourquoi pas. Pour l'heure, «**Le Club des 5**» se dit déterminé à tenir allumée cette flamme et à œuvrer à ce qu'elle embrase l'Afrique de l'Ouest entière.

35 13:09 Publié dans Blog, Collaboration, Coup d'cœur, Web I Lien permanent I Commentaires (1) I Envoyer cette note I Tags : ouest afrika blog, radio communautaire

• Le blog.

Le Blog de Yoro

WAXAL Blogging
Africa Awards
Prix Spécial

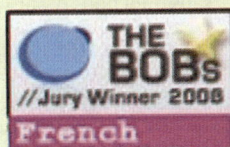

THE
BOBs
// Jury Winner 2008
French

Ô MON
twitter

● ● ○ **Newsletter**

email

◉ M'inscrire

○ Se désinscrire

Envoyer

isyoroba@yahoo.fr

● ● ○ **Janvier 2011**

D	L	M	M	J	V	S
						1
2	3	4	5	6	7	8
9	10	11	12	13	14	15
16	17	18	19	20	21	22
23	24	25	26	27	28	29
30	31					

J'observe

1. Qui est l'homme sur la photo ?
2. Quelle image la photo donne-t-elle de lui ?

Je comprends

3. Yoro est-il satisfait des résultats de son entreprise ?
4. Qu'est-ce que Ouest Afrika Blog ? Quel est son but ?
5. À quoi sert un blog ?
6. Quel rapport y a-t-il entre le journalisme et l'art du blog ?
7. En quoi consiste la formation proposée par Ouest Afrika Blog ?
8. De quel matériel auront besoin les apprentis blogueurs-journalistes ?
9. Quel genre d'informations vont donner les blogueurs ?

Je découvre

10. Comment appelle-t-on les articles mis en ligne sur un blog, à des dates précises ?
11. Comment sont-ils présentés à chaque fois ?
12. Comment appelle-t-on les remarques laissées par les lecteurs ?
13. Quel outil faut-il maîtriser pour créer son blog ?
14. La page du blog est-elle formée uniquement de textes ? Comment comprends-tu la colonne de droite ?
15. Est-il facile d'entrer en contact avec l'auteur du blog ?

Je retiens

● Un « blog » est un site web constitué de textes, de photos et de podcasts (contenus audio et vidéo). On peut aussi parler de plate-forme (outil permettant de stocker et de partager des contenus virtuels). On y trouve de nombreux « liens », qui renvoient à d'autres adresses Internet, des blogs ou d'autres sites plus généraux.

● Les blogs sont en général constitués d'articles (appelés « billets » ou « posts ») ajoutés chronologiquement sur le site, à la façon d'un journal intime.

● Créer son blog, c'est se mettre en scène, que l'on soit simple citoyen, homme politique ou artiste célèbre. C'est un moyen de faire valoir son opinion et de porter un regard subjectif sur la société.

● Un blog favorise le débat, puisque chaque lecteur peut y laisser des commentaires.

vocabulaire

Les niveaux de langue

Alors un petit bilan. *574 articles, 2060 commentaires, plus de 372000 visiteurs uniques [...].* ▪ • *Après une formation dense de 5 jours, ils seront «lâchés dans la nature» [...].* ▪

1. Relève les marques d'oralité dans les phrases ci-dessus.

2. Récris chaque exemple de manière plus correcte.

Je retiens

● On trouve plusieurs **niveaux de langue**, en fonction du milieu social et de la situation de communication.
– Le **niveau familier** (langue orale, incorrections).
  Exemple : J'ai trop la dalle. T'as fait quoi à bouffer ?
– le **niveau courant** (vie quotidienne).
  Exemple : J'ai très faim. Qu'est-ce que tu as préparé à manger ?
– le **niveau soutenu** (textes littéraires).
  Exemple : Je suis affamé. Qu'as-tu préparé pour le repas ?

Je m'entraîne

1. Classe les mots selon leur niveau de langue, dans l'ordre suivant : familier, courant, soutenu.
Bruit, vacarme, boucan • sommeiller, roupiller, dormir • dégringoler, chuter, tomber • soufflet, gifle, beigne • splendide, beau, canon • exténué, crevé, fatigué • boulot, travail, tâche.

2. Récris les phrases suivantes en utilisant un niveau de langue courant.
Le dernier ouvrage de cet auteur m'a littéralement envoûté. • Que t'arrive-t-il ? Ressens-tu les effets de la fatigue ? • Ibrahim est extrêmement malchanceux, son employeur refuse de lui accorder une promotion. • Il est primordial que nous nous hâtions, sans quoi nous n'y arriverons pas.

orthographe

Le participe présent et l'adjectif verbal

Enfant, Yoro ne s'imaginait pas <u>créant</u> le meilleur blog de journaliste d'Afrique de l'Ouest. • Il reçoit des témoignages de sympathie très <u>touchants</u>.

1. Parmi les mots soulignés, lequel exprime une action ? Lequel qualifie un état ?

2. Quelle remarque peux-tu faire concernant leur terminaison ?

Je retiens

● Le **participe présent**, forme verbale invariable, est souvent suivi d'un complément. Il exprime une action en cours.
Exemple : Un projet <u>informant</u> (qui informe) <u>les journalistes</u>.
        PARTICIPE PRÉSENT   COMPLÉMENT D'OBJET

● L'**adjectif verbal**, employé comme adjectif qualificatif, est variable. Il qualifie un état durable.
Exemple : Une fréquentation <u>importante</u>.

● Il y a parfois des différences orthographiques entre le participe présent et l'adjectif verbal.
*Exemples : **Participes présents** → fatiguant, provoquant, vaquant, négligeant.*
*   **Adjectifs verbaux** → fatigant, provocant, vacant, négligent.*

Je m'entraîne

1. Écris correctement le participe présent ou l'adjectif verbal des verbes entre parenthèses.

Ces joueurs, (provoquer) l'arbitre, ont été expulsés du terrain. • Les jeunes (aimer) le football s'entraînent tous les soirs. • Les entraîneurs (coûter) cher, le club n'a pas pu en recruter un. • À la mi-temps, on a servi aux joueurs des jus de fruits (rafraîchir). (Courir) sans cesse sur le terrain, ils ont besoin de boissons (hydrater). • C'est une vision (fasciner). • Le spectacle (passionner) les spectateurs, le stade est plein comme un œuf. • Les spectateurs, (hurler) de bonheur, saluent leur idole par des applaudissements (gratifier). • Les secours, (se tenir) prêts, sont à l'affût du moindre débordement.

2. Transforme la proposition subordonnée soulignée en utilisant un participe présent.

*Exemple : On entonna l'hymne national <u>parce que la cérémonie commençait</u>. → **La cérémonie commençant**, on entonna l'hymne national.*

Nous avons vu Yoro <u>qui organisait une session de formation</u>. • J'ai observé les journalistes <u>qui apprenaient à maîtriser la prise de son</u>. • Les stagiaires rentraient chez eux <u>parce que la nuit tombait</u>. • J'ai aperçu Yoro <u>qui donnait un appareil photo numérique et un enregistreur à chaque blogueur</u>. • Les jeunes <u>qui souhaitent avoir le même parcours</u> peuvent se mettre en relation avec lui.

3. Trouve l'adjectif verbal correspondant aux participes présents suivants et emploie deux des adjectifs verbaux obtenus dans deux phrases que tu inventeras.
Communiquant • différant • naviguant • excellant • intriguant • irriguant • adhérant.

grammaire

L'expression de l'hypothèse

Si le projet Ouest Afrika Blog fonctionne, il permettra à toute une frange de la population d'être entendue. • Les journalistes des radios communautaires peuvent toucher un public plus large à condition de posséder le matériel adéquat.

1. Dans chacun de ces deux exemples, quelle action dépend de la réalisation d'une autre action ?

2. Quels éléments introduisent ces éventualités ?

Je retiens

● Dans une phrase complexe, l'hypothèse peut être exprimée par :
– des propositions subordonnées circonstancielles introduites par **si** (+ indicatif).
Exemple : **Si** *je gagne à la loterie, je pars aux Seychelles.*
– des propositions subordonnées circonstancielles introduites par des **conjonctions** (+ indicatif, subjonctif ou conditionnel) : *au cas où, pourvu que, à condition que, selon que…*
Exemple : *Il peut réussir ses études* **pourvu qu'***il travaille.*

● Dans une phrase simple, l'hypothèse peut être exprimée par un **groupe nominal** introduit par une préposition, un **groupe verbal infinitif**, un **participe présent** ou un **gérondif**.
Exemple : *Il peut réussir son entretien d'embauche* **en le préparant bien.**

Je m'entraîne

1. Dans les phrases suivantes, souligne l'élément introduisant le complément circonstanciel d'hypothèse.
Exemple : *Toute personne peut réussir <u>à condition de</u> travailler sans relâche.*

En en faisant la demande, les journalistes peuvent se former à l'art du blog. • Les blogs sont amenés à se développer selon que les journalistes des radios communautaires s'investiront ou pas. • Toute histoire est intéressante pourvu qu'elle touche le cœur des internautes. • Yoro est présent après la formation au cas où les stagiaires auraient besoin de ses conseils.

2. Établis un rapport d'hypothèse entre les couples de propositions suivantes en variant les termes introducteurs et en faisant les modifications nécessaires.

Exemple : *Elle se lève tôt. Elle ne sera pas en retard.*
→ *Si elle se lève tôt, elle ne sera pas en retard.*

Elle a été exemplaire pendant son stage. Elle sera performante. • Il a été accepté dans le projet Ouest Afrika Blog. Il sera bien formé. • Les jeunes savent se prendre en charge. Les jeunes trouvent leur voie. • Entretiens bien ton appareil numérique. Il durera longtemps.

3. Même consigne.

Rédige soigneusement ton CV. Il constituera une pièce essentielle de ton dossier. • Utilise une clé USB. Tu éviteras de perdre tes documents. • Ne partez pas en retard. Vous serez à l'abri de toute surprise désagréable. • Suis un stage de perfectionnement. Tu gagneras en expérience. • Consultons les petites annonces. Nous aurons une idée du profil recherché par les employeurs.

4. Établis un rapport d'hypothèse entre les groupes verbaux infinitifs suivants en variant les termes introducteurs.

Exemple : *Être patient ; obtenir ce que l'on veut.*
→ *On obtient ce que l'on veut* **pourvu qu'***on soit patient.*

Suivre un stage ; acquérir des compétences. • Former les jeunes ; assurer leur avenir. • Préparer son entretien ; décrocher un poste. • Être indépendant ; se prendre en charge. • Lire les journaux ; être informé. • Créer des emplois ; vaincre le chômage. • Rouler très vite ; prendre de gros risques.

5. Transforme les phrases suivantes en phrases hypothétiques.

Exemple : *Aidés d'un formateur, les stagiaires rédigeront leur CV.*
→ *Les stagiaires rédigeront leur CV* **s'***ils sont aidés d'un formateur.*

Muni d'un enregistreur, tu peux rendre compte d'un événement. • Initiée à l'écriture web, elle donnera davantage de clarté à son blog. • Accompagné de blogueurs expérimentés, Yoro expliquera aux élèves comment redimensionner des photographies. • Nanti d'un formulaire d'inscription, tu peux participer à la prochaine session de formation. • Supervisés par l'ESJ de Lille, nous nous sentirons moins seuls quand nous devrons nous débrouiller par nous-mêmes.

6. Complète les phrases suivantes et indique le mode du verbe que tu as ajouté après la conjonction exprimant l'hypothèse.

a. Aucun de ces journalistes n'aurait réussi si…
b. Yoro vérifie le travail de Katio au cas où celui-ci…
c. Le blog continuera à bien fonctionner à condition que…
d. Le projet sera renouvelé selon que…
e. Les apprentis journalistes feront connaître leur travail en…
f. Internet peut être un formidable outil de communication pourvu que…

2 Conseils pour écrire une lettre de motivation

Les lettres de motivation sont très importantes. Votre lettre doit reprendre et accentuer les points importants de votre CV qui sont le plus adaptés à l'emploi que vous recherchez.

N'envoyez jamais de lettre «modèle». Ces lettres ne font
5 que donner une mauvaise impression au recruteur. Adaptez chaque lettre que vous écrivez à l'entreprise et au poste que vous recherchez. Adressez toujours votre lettre à une personne dont vous aurez pris le nom au préalable.

N'envoyez jamais de lettre avec des fautes d'orthographe ou
10 de grammaire.

Pour les pays francophones, les lettres doivent être manuscrites, soignez votre écriture. Pour les pays anglophones, les lettres sont dactylographiées.

Format : vos nom, prénoms, âge, adresse et numéro de télé-
15 phone placés en haut à gauche. Pour les États-Unis, ils sont mis en haut à droite. [...]

Contenu des lettres

* Premier paragraphe

Dans ce paragraphe, expliquez pourquoi vous écrivez,
20 précisez le poste pour lequel vous postulez.

* Second paragraphe

Dites pourquoi vous êtes intéressé par cet emploi, par la société, ses produits ou services et surtout indiquez ce que vous pouvez faire pour l'employeur. Si vous êtes un
25 jeune diplômé, expliquez comment votre cursus scolaire est adapté pour ce poste. Si vous avez de l'expérience, mettez en relief vos accomplissements ou qualifications.

* Troisième paragraphe

Faites référence au CV joint qui résume vos qualifications.

30 #### * Paragraphe final

Indiquez que vous désirez un entretien. Vous pouvez préciser vos dates ou moments de disponibilité.

http://www.jobafrique.com (D.R.)

Je m'entraîne

1. Relis le texte 2 (ci-contre).

a. En quoi le CV et la lettre de motivation se complètent-ils ?

b. Pourquoi l'envoi d'une lettre de motivation «modèle» à un employeur n'est-il pas recommandé ?

c. Pourquoi la lettre de motivation doit-elle être soignée ?

d. Cite deux éléments à mettre en valeur dans une lettre de motivation.

2. Voici l'annonce d'une entreprise parue dans la presse :

«Un grand garage de la place veut recruter dix chauffeurs mécaniciens ayant un an d'expérience de conduite poids lourd et deux ans de mécanique automobile. Toute personne intéressée est invitée à déposer un dossier de candidature comprenant les pièces suivantes : un curriculum vitae, une lettre de motivation, une copie légalisée du permis de conduire, de l'attestation de mécanique automobile et de la pièce d'identité.»

Tu remplis les conditions exigées et tu es fortement intéressé(e) par cet emploi. Rédige ta lettre de motivation en te posant au préalable les questions suivantes :

a. Quels éléments d'information dois-tu faire figurer dans ta lettre ?

b. Dans le premier paragraphe, quelle information précise dois-tu donner ?

c. Dans le deuxième paragraphe, que dois-tu expliquer ?

d. Dans le troisième paragraphe, à quoi dois-tu faire référence ?

3. Avis de recrutement.

«Solidarité est un organisme privé intervenant dans les domaines de l'éducation, la santé/VIH/sida, l'eau potable. Solidarité recherche cinq animatrices et cinq animateurs immédiatement disponibles. Les personnes intéressées par cette offre d'emploi sont priées de déposer un dossier comprenant une demande manuscrite, les copies de leurs diplômes et attestations, un curriculum vitae et une lettre de motivation au secrétariat de l'association.»

Tu es fortement intéressé(e) par ce poste d'animateur. Rédige ta lettre de motivation en t'inspirant des conseils qui t'ont été donnés.

Séquence 6

Le monde du travail

Compétence citoyenne : Surmonter les difficultés liées au monde du travail, entreprendre et réussir sa vie professionnelle.

Compétence disciplinaire : Maîtriser les techniques de communication liées au monde du travail.

Étape 3

Choisir un métier

- **Savoir :** Le portrait de presse.
- **Savoir-faire :** Je sais chercher des informations pour réussir mon orientation.

Oral

Le savais-tu ?

On trouve des informations sur l'orientation en rencontrant des personnes averties et expérimentées, en lisant les journaux, en consultant des sites Internet ou en suivant des émissions spécifiques (radio ou télévision) informant sur les filières à suivre, les lieux d'étude et les conditions d'accès aux différents métiers. Dans certains pays, il existe des publications administratives, couplées de communiqués radiodiffusés donnant toutes les informations utiles relatives aux concours organisés par l'État. Il existe aussi des services d'orientation et des bourses ; il faut les approcher et demander conseil.

J'observe l'image

1. Trouves-tu cette affiche lisible ?

2. Qu'illustre-t-elle ?

3. Quels mots peux-tu lire malgré tout ?

4. Quel lien trouves-tu entre tous ces mots ?

5. À qui cette affiche s'adresse-t-elle principalement ?

lecture

Planète Jeunes est un journal créé en 1993 par l'association Planète Jeunes. Il accorde une grande place à tous les sujets qui intéressent les jeunes francophones. Ici, le journal fait le portrait de trois femmes, dont le mérite a valeur de modèle.

Portraits de femmes

Dans son numéro spécial «Bravo les filles» d'octo-novembre 2003, le journal Planète Jeunes m à l'honneur les femmes qui allient vie de famille épanouissement professionnel. En voici trois, da des milieux professionnels variés.

1

■ **À cause des travaux domestiques, les filles redoublent plus que les garçons.**

Dr Fatim Louise Dia

Encore plus loin que la pharmacie

Un Bac série sciences en 1988, un doctorat en pharmacie en 1994, des formations spéciales de gestion d'officine, des cours d'anglais, une initiation à l'informatique et encore d'autres formations en vue...

A 32 ans, le Dr Fatim Louise Dia, **pharmacienne consultante**, continue à apprendre. Issue d'une famille de neuf "bouts de bois de Dieu" (les enfants en wolof), avec notamment une sœur médecin et un frère économiste, **Fatim avait presque l'obligation de réussir ses études.** Son brillant parcours scolaire débouche sur un premier boulot : pharmacienne assistante à mi-temps. Mais comme sa thèse de doctorat portait sur l'impact socio-économique du SIDA au Sénégal, Fatim cherche à utiliser ses connaissances même sans être payée.

Elle entre comme documentaliste bénévole à l'ONG Africa Consultants International, qui a un programme spécial sur le SIDA et l'embauche au bout d'un an. Depuis 1997, Fatim sillonne le Sénégal profond et la sous-région pour participer à des rencontres sur le SIDA.

Son objectif à présent est de se spécialiser en santé publique "car, dit-elle, je suis en train de faire beaucoup de choses en pratique sans avoir la théorie. Il me faut une année de spécialisation". Pour elle, les études sont le meilleur moyen pour réussir sa vie. Et il suffit de la voir et de la suivre ne serait-ce qu'une journée, pour en être convaincu(e).

● *Malado Dembélé*

Binta Sarr

Femme de tête et de terrain

Ingénieur en génie rural, Binta Sarr aurait pu faire carrière dans l'administration sénégalaise et même devenir ministre. **Elle a préféré vouer sa vie à la défense de la femme africaine et au développement rural**. Loin de la capitale, cette mère de quatre enfants anime depuis une quinzaine d'années une ONG dont le travail est reconnu au niveau international.

À une époque où les jeunes Africaines accédaient rarement aux études scientifiques et techniques, Binta part étudier à l'Ecole Inter Etats hydraulique et équipement de Ouagadougou, au Burkina Faso. En 1981, elle obtient son diplôme d'**ingénieur en génie rural**, doublé d'une formation universitaire en chimie-biologie. Mais, fidèle à ses engagements de militante des droits de la femme, elle quitte l'administration et son bureau climatisé du service régional de l'hydraulique de Kaolack en 1987 pour monter avec ses camarades l'Association pour la promotion de la femme sénégalaise (APROFES). Cette battante réussira en 1992, pour la première fois au Sénégal, à mobiliser, à Kaolack, toutes les organisations féminines du pays et des ONG étrangères pour une marche de protestation contre les violences conjugales.

C'est en faisant des études que l'on prend conscience de l'importance de tels combats.

● *Madieng Seck*

Bana Dramé

Quand la musique adoucit les maux !

Elle aurait pu être une star de la musique traditionnelle, mais Bana Dramé a choisi de mettre son talent au service des jeunes handicapés. **En l'an 2000, Bana sort du Conservatoire national des arts de Dakar, après dix ans d'études de musique et de danses traditionnelles**. À 25 ans, elle est aujourd'hui l'une des rares femmes au Sénégal et même en Afrique de l'ouest à jouer de la kora, ce bel instrument de musique, ambassadeur des traditions africaines.

Née à Dakar, elle est en réalité une joola originaire de la Casamance. Seule la musique l'intéressait. Petite dernière d'une famille d'intellectuels de cinq enfants, elle décide tout d'abord de gagner sa vie en montant un groupe avec deux camarades de classe . Elles sortent même un CD produit en Suisse, mais "faute d'encadrement et d'appui le groupe n'a pas pu survivre", explique-t-elle.

La vie d'artiste semble terminée pour Bana à qui son talent aurait pu ouvrir les portes de la renommée. Mais ce n'est pas son choix. Elle préfère devenir **musicothérapeute** au service psychiatrie de l'hôpital de Fann de Dakar.

"J'ai monté un groupe de musique et de danse avec les enfants malades", raconte-t-elle. Ce sont tous des handicapés mentaux qui présentent des troubles graves de la communication, du langage ou du comportement. Lors des ateliers animés par Bana, les enfants qui, au début, semblent agités et perdus, se laissent peu à peu charmer par sa voix chaude et les sons magiques de sa kora. Une expérience que Audrey Mutombo, pédo-psychiatre (psychiatre pour enfants) à Fann, juge "très positive".

Bana a trouvé une autre scène et un autre espace professionnel que le show-business pour exercer son merveilleux talent. Mais pour elle, le bonheur professionnel est bien au rendez-vous.

● *Adel Arab*

J'observe

1. Qu'illustrent les trois photographies ?
2. Quelle femme est photographiée dans son contexte professionnel ?

Je comprends

3. Qu'est-ce qui a motivé l'entrée du Dr Fatim Louise Dia comme bénévole à l'ONG Africa Consultants International ?
4. À quoi s'est-elle engagée depuis 1997 ?
5. Pourquoi se consacre-t-elle pleinement à ses études ?
6. À quoi Binta Sarr a-t-elle consacré sa vie ?
7. Pourquoi a-t-elle quitté l'administration malgré les avantages qu'elle avait ?
8. À quoi a-t-elle mobilisé les femmes en 1992 ?
9. Au service de qui Bana Dramé a-t-elle décidé de mettre son talent ?
10. De quel instrument de musique joue-t-elle ?
11. En quoi son choix est-il important pour le service psychiatrique de l'hôpital de Fann de Dakar ?
12. Quels points communs trouves-tu à ces trois femmes ?

Je découvre

13. Comment comprends-tu le message situé à gauche, au-dessus de la photo de Fatim Louise Dia ? En quoi éclaire-t-il les textes ?
14. Par quel élément débute chaque portrait ? Comment est-il formulé ?
15. À quoi renvoient les premières lignes de chacun des portraits ?
16. Dans quel ordre le journaliste raconte-t-il ensuite le parcours professionnel des trois femmes ?
17. Que mettent en relief les phrases en rouge ?

Je retiens

● Un **portrait de presse** est destiné à mettre en valeur une personnalité (politique, profession-nelle, artistique). Il est souvent ciblé sur l'idée de **parcours**. Il est donc formé de parties bien distinctes, avec un **titre accrocheur** puis un texte établissant **chronologiquement** les étapes si-gnificatrices du parcours de l'intéressé.

● Ainsi, pour un parcours professionnel, après des précisions d'usage sur l'âge, on indique l'année et le lieu d'obtention du diplôme, les postes occupés et enfin les projets et engagements de la personne.

vocabulaire

Le vocabulaire objectif

Bana Dramé porte un voile <u>blanc</u>. Elle a un visage <u>ovale</u>. Elle a monté un groupe de musique avec des <u>handicapés mentaux</u>.

1. Sur quels éléments portent les informations données par les mots soulignés ?

2. Quelle est la particularité du groupe de musique ?

Je retiens

● Quand on décrit un objet ou une personne, en ne relatant que ce qui est visible et en s'abstenant de tout jugement personnel, on utilise un **vocabulaire objectif**, constitué de noms, d'adjectifs et d'adverbes. L'ensemble de ces mots sert entre autres à donner des détails sur la **couleur** ➜ *voile blanc*; la **forme** ➜ *visage ovale* ou l'appartenance à un **groupe aux caractéristiques stables** ➜ *handicapés mentaux*.

Je m'entraîne

1. Complète le paragraphe ci-dessous avec des adjectifs qualificatifs relevant du vocabulaire objectif.

Ma tante travaille dans un bureau … . Des rideaux … filtrent la lumière … du soleil. Son service a pour mission de mobiliser les femmes … des quartiers … et leur apprendre à lire et à écrire. Ma tante est heureuse de faire ce travail. Elle porte des robes … et … . Une table … lui sert de bureau.

2. À l'aide d'un vocabulaire objectif (noms, adjectifs, adverbes), décris un animal que tu connais bien. Évoque les parties de son corps, son alimentation, son mode de vie.

orthographe

Homophones : soi/soie/sois/soit

Il faut rester maître de soi en toute circonstance. • Il préfère les cravates en soie. • Que tu sois en retard me surprendrait. • Tu prendras soit le car soit le train.

1. Souligne les homophones contenus dans ces phrases.

2. Trouve la nature de chacun d'entre eux.

Je retiens

● « **Soi** » est un pronom personnel indéfini réfléchi de la troisième personne.
*Exemple : Avoir un foyer à **soi** réchauffe le cœur.*

● « **Soie** » est un nom féminin désignant une matière brillante tissée par des vers à partir de laquelle on fait des étoffes.
*Exemple : Une cravate en **soie**.*

● « **Sois** » et « **soit** » correspondent à la deuxième et à la troisième personne du subjonctif du verbe « être ».
*Exemple : Que tu **sois**/qu'il **soit** venu me fait plaisir.*

● « **Soit** » peut être une conjonction indiquant une alternative, qui a la valeur de « ou ».
*Exemple : Je pars **soit** en car **soit** en train.*

Je m'entraîne

1. Complète le paragraphe ci-dessous avec l'un des homophones suivants : *soi, soie, sois, soit*.

La nouvelle mariée portait une robe en … légère, ornée de plaques dorées. • En pareille circonstance, il faut savoir rester …-même. • Dominer la situation permet d'avoir confiance en … . • Le jeune marié, bien qu'il … souriant et entouré de ses amis, éprouvait une angoisse qui se lisait sur son visage. • La maîtrise de … s'acquiert progressivement.

2. Même consigne.

Que tu … le dernier de ta classe ne me surprend pas : tu ne travailles pas. • Les jours de repos, … tu dors … tu flânes dans le quartier pendant que les autres apprennent leurs leçons. • Le repos en … n'est pas mauvais mais la paresse est inacceptable. • Sache que de nos jours, c'est chacun pour … . • Quel que … ton choix, … gentil de porter la chemise en … que ta mère t'a offerte. • Où que tu …, je penserai toujours à toi.

3. Dans le texte suivant, on a mélangé l'emploi de « soi », « soie », « sois » et « soit ». Corrige les erreurs.

Ce tissu en soit est à la mode. Bien qu'il soi fin, il est résistant. Il se vend bien, surtout à l'approche des fêtes. Soie assurée que j'en porterai cette saison. D'ailleurs, toutes les jeunes filles en mettent, sois pour appartenir à une bande, sois pour se sentir unies. Il va de soit que l'appartenance à un groupe rassure et permet d'avoir confiance en soie.

4. Construis des phrases avec les mots ou expressions suivants : *soi, soie, sois, soit, soit … soit*.

grammaire

L'expression de la conséquence

Le groupe n'a pas eu de soutien si bien qu'il n'a pas survécu. • Bana a du talent de sorte qu'elle est renommée. • Elle aime tellement les personnes handicapées qu'elle s'est mise à leur service.

1. Dans un dictionnaire, cherche le sens du mot « conséquence ».

2. Recopie les passages qui expriment une conséquence.

3. Par quels mots sont-ils introduits ?

Je retiens

La conséquence découle de la cause, dont elle est le résultat.

● Dans une **phrase simple**, elle peut être exprimée par un verbe à l'infinitif, introduit par *au point de, trop … pour…*
*Exemple : Le groupe était **trop** isolé **pour** pouvoir survivre.*

● Dans une **phrase complexe**, elle peut être exprimée par :
– la **juxtaposition** de deux propositions.
Exemple : Le groupe n'a pas eu de soutien ; il n'a pas survécu.
– la **coordination** de deux propositions reliées par les connecteurs *donc, par conséquent, en conséquence, c'est pourquoi, ainsi…*
*Exemple : Le groupe n'a pas eu de soutien **donc** il n'a pas survécu.*
– la **subordination** de deux propositions reliées par les locutions conjonctives *si bien que, de sorte que, tellement … que, si … que, tant … que.*
*Exemple : Le groupe n'a pas eu de soutien **si bien qu'**il n'a pas survécu.*

Je m'entraîne

1. Recopie le paragraphe suivant et souligne les expressions de la conséquence.
Exemple : Louise est heureuse ; elle a gagné un concours de danse.

Bana Dramé a étudié dix ans au conservatoire national, c'est pourquoi elle joue si bien. Elle est l'une des rares femmes en Afrique de l'Ouest à jouer de la kora si bien qu'elle est devenue l'ambassadrice des traditions africaines. Elle a voulu gagner sa vie ; elle a monté une troupe. Grâce au charme de sa voix chaude, les malades reprennent goût à la vie.

2. Établis un rapport de conséquence entre les propositions suivantes, en variant les moyens utilisés.
Exemple : Il n'a pas payé son loyer ; il a été expulsé.
➔ *Il n'a pas payé son loyer **si bien qu'**il a été expulsé.*
Elle a fait un brillant parcours ; sa famille est fière d'elle. • Elle a été bien formée ; elle a obtenu un poste tout de suite. • Binta Sarr est fidèle à son engagement de militante des droits de la femme ; elle a quitté l'administration. • C'est une battante ; en 1992 elle a réussi à mobiliser toutes les organisations féminines du pays.

3. Complète ces phrases avec des termes variés exprimant la conséquence.
Exemple : Elle fait sienne la cause des femmes … elle a créé une association. ➔ *Elle fait sienne la cause des femmes **au point qu'**elle a créé une association.*
Bana Dramé se consacre aux enfants malades … elle a monté avec eux un groupe de musique et de danse. • Elle consacre sa vie au service psychiatrie de l'hôpital … elle est devenue musicothérapeute. • Elle lutte pour la promotion de la femme sénégalaise … elle a mobilisé de nombreuses personnes pour l'aider dans son combat.

4. Complète les phrases suivantes à l'aide d'une proposition subordonnée exprimant la conséquence.
Exemple : Un violent tourbillon a traversé le village…
➔ *Un violent tourbillon a traversé le village, **par conséquent** des toits ont été arrachés.*
L'incendie a ravagé la savane… • Les festivités ont duré toute la nuit… • Les élèves ont travaillé sans relâche toute l'année scolaire… • L'équipe nationale a volé de victoire en victoire… • L'intronisation du chef a été accueillie avec enthousiasme…

5. Dans les phrases suivantes, par quel moyen grammatical (juxtaposition, coordination ou subordination) la conséquence est-elle exprimée ?
Mon frère occupe toutes ses journées à chercher un emploi et il n'a plus de temps pour sa famille. • La médecine exerce un tel attrait sur Madou qu'il passe son temps plongé dans les ouvrages médicaux. • Je suis passionné par mon travail ; je n'hésite pas à faire des heures supplémentaires le soir.

6. Récris les phrases suivantes en transformant le rapport de cause en rapport de conséquence.
Exemple : Le patron a renvoyé Urbain parce qu'il arrivait toujours en retard. ➔ *Urbain arrivait toujours en retard, **par conséquent** son patron l'a renvoyé.*
Providence rêve de devenir architecte parce qu'elle souhaite aider son pays à se développer. • Vous irez soigner les éléphants en haut du mont Assirik car vous êtes bien décidés à les protéger. • Les sauveteurs n'ont pas pu arriver à temps pour le sauver en raison des mauvaises conditions météorologiques.

Je m'entraîne

2

La chance, ça se provoque !

Planète Jeunes est un journal militant. Dans son supplément «Bravo les filles» d'octobre-novembre 2003, il invite les jeunes filles à défendre leurs rêves et à prendre en main leur avenir.

Dans une [liste], tu inscriras **les métiers auxquels tu as pensé**. Essaie de réfléchir objectivement aux qualités requises pour les exercer […]. Tu vas voir, peu à peu ton orientation professionnelle va se profiler. Mais tu peux aussi mener
5   ta propre enquête. Va voir les personnes qui font le métier qui t'intéresse et demande-leur de te raconter comment elles en sont arrivées là, ce qu'elles aiment et n'aiment pas dans leur job.

Sers-toi de tout ce que tu peux trouver : une interview dans
10 un magazine, un centre Internet, le consulat d'un pays étranger, un film à la télé… Le tout est de ne pas perdre ton objectif de vue et de te documenter le plus possible. À un moment donné, tu seras plus renseignée sur la façon d'atteindre ton objectif : les filières à suivre, les lieux d'étude… tu trouveras
15 d'une manière ou d'une autre des moyens de te faire financer (bourse, concours…).

Dans tous les cas, accepte de ne pas toujours réussir du premier coup ; accepte de faire des erreurs ou d'évoluer dans tes choix et tes objectifs. Le puzzle se construit pièce par pièce.
20 **Reste motivée !**

Planète Jeunes Sénégal n° 65 – octobre/novembre 2003 – IV
© Association Planète Jeunes.

1. Pour quel destinataire précis ce texte est-il écrit ?

2. Pourquoi est-il important d'échanger avec des personnes exerçant un métier qu'on désire exercer soi-même ?

3. De quels moyens variés dispose-t-on pour s'informer ?

J'apprends à chercher des informations pour réussir mon orientation.

Pour bien t'orienter, tu peux :
• Faire un **bilan de tes compétences** (aptitudes, intérêts personnels).
• Dresser une **liste de** tous les **métiers** qui t'intéresseraient.
• **Faire des recherches sur les métiers** auxquels tu as pensé.
• S'il le faut, t'inscrire pour **te former** afin d'acquérir les compétences nécessaires.
• Si besoin, **solliciter une bourse ou un appui** pour financer ta formation.

---

1. À l'oral, débattez des questions suivantes : Que pensez-vous des filles qui font des études ? Et des femmes qui allient une vie de famille et un métier prenant ? Est-ce facile pour elles ? Quels sont les obstacles qu'elles ont à franchir ?

2. Choisis un homme ou une femme que tu admires (dans les domaines politique, artistique ou professionnel). Fais des recherches à son sujet (naissance, enfance, parcours et objectifs) puis rédige à la manière des portraits des pages 146-147 un texte le ou la mettant en valeur. Lis ensuite ta production à tes camarades.

3. Établis à la façon des articles de *Planète Jeunes* des pages 146-147 un portrait de presse de Baudouin Mouanda. Relis son interview pages 134-135 et réutilise les informations qui y sont données pour rédiger son portrait.

4. Voici une liste de cinq métiers : infirmier, instituteur, chauffeur routier, policier, boulanger. Pour chacun de ces métiers, indique deux qualités requises pour bien l'exercer. Indique trois de tes qualités personnelles. Pour lequel de ces métiers es-tu le plus apte au regard de tes qualités personnelles ?

5. Tu sollicites une interview d'une des trois femmes dont tu as lu le parcours pages 146-147. Utilise toutes les informations dont tu disposes pour construire ton interview, que tu rapporteras à l'écrit.

6. Suite à une demande d'emploi que tu as déposée dans une entreprise, tu as été invité(e) à citer cinq de tes qualités personnelles. Précise le poste pour lequel tu as postulé et donne les cinq qualités que tu communiqueras à l'entreprise, en sachant que de tes qualités dépendra ton embauche.

7. Reporte-toi à la page 145 et examine à nouveau le visuel proposé.

a. Quels mots renvoient au monde de l'entreprise, et à tout ce qui peut y être mis en place pour les jeunes ? Recherchez en classe le sens précis de chacun de ces mots.

b. Quels mots peuvent renvoyer aux difficultés du monde du travail ?

c. Que peuvent signifier des mots comme «car», «si», «ici», «cela», «donc» ? Débattez en classe du choix de ces mots.

Séquence 6

Le monde du travail

Compétence citoyenne : Surmonter les difficultés liées au monde du travail, entreprendre et réussir sa vie professionnelle.

Compétence disciplinaire : Maîtriser les techniques de communication liées au monde du travail.

Étape 4

Communiquer

- **Savoir :** La réalité dans le roman.
- **Savoir-faire :** Je sais préparer un entretien d'embauche.

Oral

Le savais-tu ?

On appelle discrimination à l'embauche tout procédé qui consiste à refuser un emploi à une personne malgré ses compétences.

Les discriminations sont nombreuses, toutes nées de la peur de ce qui est « hors-norme ». Elles sont liées à :

– l'apparence physique d'une personne (être étranger, handicapé, femme, trop jeune ou trop vieux…).

– le mode de vie (homosexualité…).

– la santé (sida…).

On appelle discrimination positive tout ce qui est destiné à favoriser l'embauche des victimes habituelles de discriminations.

EST-CE QU'ON M'ENGAGERAIT DANS LES MEILLEURS CLUBS D'EUROPE SI J'ÉTAIS SÉROPOSITIF ?

C'EST LE SIDA QU'IL FAUT EXCLURE, PAS LES SÉROPOSITIFS.

AIDES
www.aides.org

Photo : © J.B. GUITON/STUDIO 29

J'observe l'image

1. De quelle maladie est-il question dans la légende sur la photo ?

2. Comment appelle-t-on les personnes qui ont contracté le virus de cette maladie ?

3. De quoi sont généralement victimes ces personnes ?

4. Quel est le message de cette affiche ?

5. Réponds à la question que se pose Didier Drogba, footballeur ivoirien, sur la photo. Explique ta réponse.

Note sur l'auteur

Habiba Mahany est une écrivaine française née en 1977 à Paris. C'est de la banlieue où elle a grandi qu'elle tire son inspiration, comme dans son premier roman *Kiffer sa race*, paru en 2008. Elle met en scène des jeunes bien réels, dont les inquiétudes comme les aspirations appartiennent assurément à ce début de XXIᵉ siècle.

1 Un entretien d'embauche réussi... ou presque

Baptiste Leblanc est un jeune homme passionné par la mode. C'est avec enthousiasme qu'il se rend à un entretien d'embauche, pour décrocher un poste de vendeur dans un centre commercial...

Parlez-moi de vous, Monsieur Leblanc...
Question classique, Baptiste enchaîne.

– Je m'appelle Baptiste Leblanc, j'ai vingt ans. Titulaire d'un BTS Action commerciale, d'aussi loin
5 que je me souvienne, je me suis toujours destiné à la vente. Enthousiaste, dynamique, vendeur-né, j'ai éprouvé mes capacités commerciales au cours de stages chez H&M et Mango. L'habillement est une passion, c'est pourquoi j'ai postulé chez vous et que
10 je suis extrêmement motivé à rejoindre vos équipes.

– Parfait, et pourquoi nous en particulier ? Pourquoi avez-vous répondu à
15 *notre* annonce ?

Il y a quelque chose de pas franc chez Berlier. Il fixe rarement son interlocuteur et quand, par extraor-
20 dinaire, Baptiste croise ses yeux, son regard est glacial. L'inexpressivité de cet homme le rend mystérieux, on dirait un joueur de poker[1] en plein bluff.
25

– Pourquoi vous ? Parce que vous êtes *la* référence.

Pendant mes stages, les managers de Mango et H&M n'avaient que votre marque à la bouche. Quels étaient
30 vos derniers modèles ? À combien les vendiez-vous ? Comment se positionner par rapport à vous ? Alors plutôt que les copies, je préfère travailler avec le leader.

– Quelles qualités possédez-vous pour ce poste ?

– Mon dynamisme, ma volonté, mon esprit
35 d'équipe, ma capacité d'adaptation et de conviction et ma passion.

– En gros, vous en voulez !

– Oui, tant et plus. [...]

– [...] Quel élève étiez-vous ? Sérieux ? Dissipé ?
40 Moyen ?

– Très bon élève, mon cursus était un choix voulu et réfléchi. D'ailleurs, si ça vous intéresse, j'ai apporté mes résultats d'examens. Voyez, j'ai obtenu la mention très bien. Vous avez devant vous le ma-
45 jor de la promotion du BTS Action commerciale du lycée Gustave-Eiffel de Cachan. [...]

– Très bien. Vous m'avez parlé de vos qualités. Quels sont vos défauts ?

Baptiste n'a jamais aimé cette question. Il s'agit
50 de trouver un trait de caractère qui ne puisse être interprété comme une manie psychotique[2]. S'il s'avoue perfectionniste, on risque de le prendre pour un maniaque. Un peu fainéant sur les bords ? On l'imaginera en train de dormir dans la remise.
55 Tendance à être trop cool ? On va le croire mou.

— Mon principal défaut, c'est que je manque de recul pour juger mes défauts !

Baptiste botte en touche. Si l'expédient ne fonctionne pas, il a un plan B, mais voyons d'abord la
60 réaction de Berlier.

— Vous avez oublié une de vos qualités tout à l'heure : l'humour. […]

— De quel accomplissement vous sentez-vous le plus fier ?

65 — D'un point de vue professionnel, mes deux stages ont été enrichissants sur le plan humain et de la compétence acquise. Mes responsabilités ont crû au fur et à mesure, jusqu'à ce qu'on me laisse gérer le magasin de temps en temps. À ce propos,
70 mes anciens employeurs m'ont écrit les lettres de recommandation que voici…

Baptiste présente les courriers que Berlier, les paupières mi-closes, ne prend pas. […]

— Quelle est votre situation familiale ?
75 — Célibataire.

— Très bien. Vous vous sentez prêt à vous donner à cent pour cent au magasin.

— Tout à fait.

— Même le dimanche pendant les soldes.
80 — Bien sûr. Vous savez, je suis un gros travailleur, quand j'aime, je me livre à fond, sans calcul. Je n'ai jamais refusé une heure supplémentaire.

Baptiste tient le discours que l'employeur veut entendre. Ce qu'il pense du travail le dimanche ?
85 De l'exploitation déguisée ! Mais a-t-il le choix, lui qui a soif d'indépendance, s'il veut louer un appartement dans des délais raisonnables ? […]

— Bien, alors comment géreriez-vous un stress au travail ?
90 — Comme en sport, le tout est de se concentrer sur l'action. Si cent clients arrivent et que l'on pense « zut, cent difficultés », on se condamne soi-même. Il faut juste agir comme on le ferait avec un client. En se dépêchant un peu plus quand même !
95 — Très bonne réponse. Vous avez l'air tranquille, tant mieux pour notre futur.

Berlier parle de *notre* futur pas *du* futur. Baptiste fait déjà partie des murs !

HABIBA MAHANY, « Racisme aveugle », in COLLECTIF QUI FAIT LA FRANCE ?,
Chroniques d'une société annoncée, © Éditions Stock, 2007.

1. Poker : jeu de cartes.
2. Psychotique : dont la personnalité n'est plus en phase avec la réalité.

J'observe

1. Distingue sur la photo le recruteur du candidat à l'embauche. Quelles sont les raisons de ton choix ?
2. Quelle impression le cadrage de la photo produit-il ?

Je comprends

3. Comment peux-tu définir ce dialogue entre Baptiste Leblanc et Berlier ?
4. Quelles qualités pense avoir Baptiste pour le poste qu'il brigue ?
5. De quel diplôme est-il titulaire ?
6. Quelle est sa passion et comment justifie-t-il le choix de l'entreprise auprès de laquelle il postule ?
7. Relève le passage qui montre que Baptiste était un bon élève.
8. Pourquoi redoute-t-il la question relative à ses défauts ?
9. Pourquoi est-il fier de ses deux stages ?
10. À propos du travail du dimanche, Baptiste Leblanc dit-il la vérité à son interlocuteur ? Qu'en penses-tu ?
11. Selon Baptiste Leblanc, comment gère-t-on le stress au travail ?

Je découvre

12. En quoi ces personnages correspondent-ils à des personnages types, aux réactions attendues ?
13. Berlier est aveugle. Quels sont les indices du texte qui te permettent de le deviner ?
14. Cet entretien d'embauche est-il réussi, à ton avis ? Qu'est-ce qui te permet de répondre dans le texte ?
15. En t'aidant du titre de la nouvelle, ainsi que du titre donné à l'extrait, devine la suite : de quoi Baptiste va-t-il être victime ?

Je retiens

● Quand le roman s'inspire du réel, c'est souvent pour permettre au lecteur de se reconnaître dans les personnages, qui vivent à la même époque et dans le même monde que lui.

● Un roman « réaliste » peut aussi avoir valeur descriptive. Le romancier se fait journaliste et détaille les causes et les conséquences d'un phénomène social. Il informe le lecteur.

● Il peut enfin avoir une valeur argumentative. En mettant en scène des personnages dans des situations particulières, qui peuvent être choquantes, il fait passer un message sur la société qu'il dissèque et prend les lecteurs à témoin.

vocabulaire

Le vocabulaire subjectif

Il y a quelque chose de pas franc chez Berlier [...], son regard est glacial. L'inexpressivité de cet homme le rend mystérieux, on dirait un joueur de poker en plein bluff. ▪

1. Relève les mots et les expressions qui montrent ce que Baptiste pense de Berlier.

2. Son opinion est-elle positive ou négative ?

Je retiens

● Quand on décrit un objet ou une personne **en exprimant ses sentiments**, **en émettant son avis** (qu'il soit **positif** ou **négatif**), on utilise un **vocabulaire subjectif** formé de noms, d'adjectifs, d'adverbes.
Exemple : Il y a quelque chose de pas franc. On dirait un joueur de poker.

● Les **verbes** de **sentiment** (*adorer...*), de **sensation** (*scruter...*), d'**opinion** (*penser...*) appartiennent au vocabulaire subjectif.

●●●●● Je m'entraîne

1. Utilise chacun des adjectifs suivants dans leur sens objectif et dans leur sens subjectif dans deux phrases différentes. Explique ces différences de sens.
Énorme • brillant • tranquille • modeste.

2. Complète le paragraphe ci-dessous avec des adjectifs, des verbes et des adverbes subjectifs.
Le veilleur de nuit a entendu un bruit … Il … qu'un voleur … dans les environs. Il se lève … et se met à l'affût. Son regard … scrute l'obscurité pour … tout mouvement … . Il … ces situations … où tout peut arriver. Il attend … cinq … minutes puis remarque derrière une rangée de plantes une présence … .

conjugaison

La concordance des temps

Baptiste tient le discours que l'employeur veut entendre. Il sait qu'une réponse malencontreuse compromettra ses chances.

1. Récris la première phrase en remplaçant « tient » par « tenait ».

2. Récris la deuxième phrase en remplaçant « sait » par « savait ».

3. Quels changements constates-tu dans les deux cas ?

Je retiens

● La **concordance des temps** est le rapport existant entre le **temps du verbe** de la proposition **principale** et le **temps du verbe** de la proposition **subordonnée**, en fonction du sens et de la chronologie des événements.

● Pour les **subordonnées à l'indicatif** :

Temps de la principale	Temps de la subordonnée		
	Fait antérieur	Fait simultané	Fait postérieur
Présent/ futur	Passé composé/imparfait	Présent	Futur simple
Exemple : Il dit/dira	*que j'ai menti/ que je mentais*	*que je mens*	*que je mentirai*
Temps du passé	Plus-que-parfait	Imparfait	Conditionnel présent
Exemple : Il disait/a dit	*que j'avais menti*	*que je mentais*	*que je mentirais*

●●●●● Je m'entraîne

1. Mets les verbes entre parenthèses aux modes et temps qui conviennent (plusieurs réponses sont parfois possibles).
Baptiste tenait à travailler dans cette société parce qu'il (connaître) sa réputation de sérieux. • Bintou croyait que son frère (rentrer) avant le coucher du soleil et (repartir) avec le train de 20 heures. • Il est 20 h, j'espère qu'ils (arriver) à 19 h. • Je souhaite que tu obtiennes ce poste qui te (plaire) tant et pour lequel tu (te battre) avec courage. • Je me doutais que nous (arriver) en retard et que nous (être) punis. • Galilée savait que la Terre (tourner) autour du Soleil.

2. Mets à l'imparfait le verbe de la principale de ces phrases et fais les transformations nécessaires.
Abdou raconte que chaque fois que son père démarre sa vieille moto, elle fait tellement de bruit qu'ils ne s'entendent plus. Il se demande quelle peut bien être la marque de cet engin qu'il a acheté voilà vingt ans. S'il songe à s'en séparer aujourd'hui, c'est qu'il a dans l'idée d'en acquérir une autre. Abdou se dit que cette moto accompagnera peut-être son père pendant toute sa vie.

3. Complète ces phrases en suivant les indications données.
Exemple : Ma mère pense que… (fait postérieur)
➜ *que nous n'arriverons pas à l'heure à l'église.*
Notre professeur sait que… (fait postérieur). • Baba a avoué que… (fait antérieur). • Il croyait que… (fait simultané). • Mes cousins savent que… (fait antérieur).

L'expression du but

Baptiste se prépare pour réussir son entretien d'embauche. Il montre ses résultats d'examens afin de convaincre son recruteur. Il cherche un emploi qui soit bien rémunéré.

1. Dans chacune de ces phrases, souligne l'objectif poursuivi par Baptiste.

2. Quelle est la nature de chacun des éléments que tu as soulignés ?

Je retiens

● Le **but** est ce que l'on veut atteindre. Il est l'objectif de l'action exprimée par le verbe.

● Dans la **phrase simple**, le but peut être exprimé par :
– un **groupe nominal**.
  Exemple : **En quête d'un emploi**, *il regarde les petites annonces.*
– un **infinitif** précédé de *pour, afin de, en vue de, dans la crainte de.*
  Exemple : Il montre ses résultats d'examens **afin de convaincre** *son recruteur.*

● Dans la **phrase complexe**, le but peut être exprimé par :
– une **proposition subordonnée relative au subjonctif** ou au conditionnel.
  Exemple : Il cherche un emploi **qui soit bien rémunéré.**
– une **proposition subordonnée conjonctive au subjonctif** introduite par *pour que, de peur que, afin que.*
  Exemple : Il se prépare **afin que son entretien d'embauche soit un succès.**

●●●●● Je m'entraîne

1. Souligne les expressions du but dans le paragraphe ci-dessous.

Exemple : Baptiste Leblanc a rédigé avec soin son CV <u>pour compléter son dossier</u>.

Il a sollicité un entretien auprès du patron en vue de se présenter. Le jeune homme a pris rendez-vous pour son entretien d'embauche. Il s'est bien habillé afin que l'employeur ait une bonne opinion de lui. Baptiste répond prudemment aux questions de crainte qu'une maladresse ne joue contre lui. Il insiste sur ses qualités pour influencer positivement le recruteur.

2. Souligne les mots ou expressions introduisant les compléments circonstanciels de but.

Exemple : Il organise ses idées <u>en vue de</u> *réussir son entretien d'embauche.*

Le recruteur surveille les propos du demandeur d'emploi afin d'y déceler des contre-vérités et de le mettre dans l'embarras. Il revient sur certaines questions pour mesurer la cohérence des réponses. Baptiste cherche les réponses qui lui permettraient d'obtenir le poste. Il attend près de son téléphone dans l'espoir d'une réponse positive.

3. Dans le paragraphe ci-dessous, souligne les expressions du but et précise leur nature.

Exemple : Le garagiste a créé un blog <u>en vue de se faire connaître</u> *(groupe verbal infinitif).*

Ce garagiste forme les jeunes pour leur permettre d'obtenir un emploi. • La formation renforce leurs capacités en vue de leur intégration sociale. • Les jeunes se doivent d'être à l'heure de peur qu'on ne les renvoie. • Le garagiste publie sur son blog des informations qui permettent aux apprentis de se tenir au courant des offres qu'il propose.

4. Complète les phrases suivantes avec des compléments circonstanciels de but en variant les moyens syntaxiques.

Exemple : Les deux leaders sont obligés de s'entendre afin que…
  → *le pays ne soit pas mis en péril.*

Les jeunes ont besoin de travailler… • Un CV doit être rédigé avec soin… • Les jeunes sont obligés de se former… • Certains jeunes créent des blogs… • Un CV doit être sincère… • Entraîne-toi à simuler un entretien d'embauche…

5. Transforme chaque proposition soulignée en un groupe verbal infinitif complément de but.

Exemple : Il veut réussir son concours : il travaille inlassablement.
  → *Il travaille inlassablement* **pour réussir son concours.**

<u>Il veut renforcer ses capacités</u> : il s'inscrit à une formation à distance. • Elle est partie de bonne heure : <u>elle craint de rater son avion</u>. • <u>Il nous faut gagner ce match</u> : nous nous entraînons régulièrement. • <u>Elle souhaite obtenir ce poste</u> : elle soigne son curriculum vitae. • Tu t'intéresses aux petites annonces ; <u>tu cherches un emploi</u>.

6. Transforme chaque couple de phrases en une phrase complexe comportant une proposition principale et une proposition subordonnée circonstancielle de but.

Exemple : Il articule. Le professeur n'entend pas sa réponse.
  → *Il articule de crainte que le professeur n'entende pas sa réponse.*

Tu te hâtes. Ton père ne te voit pas. • Il baisse la tête. Son interlocuteur ne perçoit pas son trouble. • Il travaille dans sa chambre. Cela ne dérange pas ses parents.

7. Invente cinq slogans publicitaires (pour une marque de lessive, de chaussures, de voiture, de boisson, de rouge à lèvres) contenant des compléments circonstanciels de but de classes grammaticales variées.

2 Un petit plus pour réussir son entretien d'embauche

Voici une astuce à garder en mémoire pour le moment où tu auras à préparer un entretien d'embauche.

Lorsqu'on prépare un entretien d'embauche, on pense généralement à la présentation que l'on fera de soi-même et aux réponses que l'on fournira aux questions du recruteur. On oublie souvent un aspect pourtant important : un en-
5   tretien n'est pas un examen, mais une rencontre durant laquelle une personne qui cherche un travail et le représentant d'une entreprise apprennent à se connaître pour voir s'il est possible d'envisager une collaboration.

C'est pourquoi il est recommandé lors de sa préparation
10 de prévoir des questions à adresser au recruteur sur la nature du poste, le contenu exact des missions qui lui sont attachées, ainsi que sur le contexte de travail : activités et projets de l'entreprise, implantation, nombre d'employés, possibilités d'évolution… En montrant son intérêt pour ses
15 potentiels futurs poste et environnement de travail, le candidat marque des points : il fait preuve de motivation et offre au recruteur l'image d'une personne sûre d'elle, qui ne s'engage pas à la légère.

Attention : avant de se rendre à l'entretien, il faut s'être
20 un minimum renseigné sur l'entreprise concernée et avoir adapté son questionnement en fonction des informations récoltées. En effet, des questions trop passe-partout ou qui trahiraient une méconnaissance totale des activités de la société dont il est question desserviraient le candidat, qui
25 semblerait avoir postulé au hasard.

1. Quelle idée reçue ce texte évoque-t-il ?

2. Quelles qualités sont évoquées dans le deuxième paragraphe ?

3. Quel conseil est-il fortement recommandé de suivre ?

J'apprends à préparer un entretien d'embauche.

Pour préparer un entretien d'embauche, tu peux :

• **T'informer sur les activités de l'entreprise**, en particulier sur les tâches liées au poste pour lequel tu postules.

• **Préparer une présentation** soignée de ta personne en mettant l'accent sur les éléments valorisants par rapport au poste, réfléchir à ta **tenue vestimentaire** et t'entraîner avec quelqu'un à parler distinctement, sans aller ni trop vite ni trop lentement.

• Indiquer ce que tu comptes **apporter à l'entreprise**.

Je m'entraîne

1. À l'oral, organisez un débat sur les difficultés que l'on peut rencontrer dans un entretien d'embauche selon les cas ci-après. Pour chaque cas, répartissez-vous en deux groupes de positions opposées.

Premier cas : À votre avis, une femme et un homme ayant les mêmes qualifications et les mêmes compétences ont-ils les mêmes chances lorsqu'ils postulent pour un même poste ?

Deuxième cas : Même question pour un jeune et une personne âgée.

Troisième cas : Même question pour un national et un étranger.

2. Penses-tu qu'il est nécessaire d'apporter du soin à sa tenue vestimentaire lors d'un entretien d'embauche ? Rédige ta réponse dans un paragraphe argumenté. Compare tes réponses avec celles de tes camarades.

3. Tu es secrétaire dans un garage et tu désires changer d'emploi (pour devenir secrétaire dans une autre entreprise, dans un domaine totalement différent, vendeur(se) dans un magasin de vêtements ou encore aide-soignant(e)). Joue avec un camarade une scène d'entretien d'embauche dans laquelle tu rencontres un recruteur. Prends en compte les informations suivantes : les raisons qui te poussent à changer de métier, tes motivations pour le nouveau poste, tes qualités et ton expérience professionnelle. Mets à profit les conseils donnés ci-contre en n'oubliant pas de poser des questions à ton camarade qui joue le recruteur.

4. Suite à une demande d'emploi que tu as déposée auprès d'un magasin de vêtements, tu obtiens un rendez-vous pour un entretien d'embauche. Le chef du personnel te reçoit et t'invite à te présenter. Note sur une feuille toutes les réponses que tu formulerais si on te posait les mêmes questions que celles du texte 1 (p. 152-153). Puis joue la scène avec un élève qui prend en charge le rôle du recruteur. Ne regarde pas tes notes.

5. Que peut-il se passer pour Baptiste Leblanc, suite à son entretien d'embauche (texte 1 p. 152-153) ? Imagine la suite du texte, en évoquant d'abord la réaction de Baptiste juste après son entretien, puis, à l'aide d'une ellipse («quelques jours plus tard…»), en rapportant la lettre de réponse qu'il reçoit. Discutez en classe des différentes suites que vous avez données au récit.

Évaluation

Vocabulaire (sur 10 points)

Je sais employer un mot au sens propre et au sens figuré et je sais identifier et modifier le niveau de langue d'une phrase.

1. Emploie chacun des mots suivants dans une première phrase dans laquelle il aura son sens propre et dans une seconde dans laquelle il aura un sens figuré. (/6)

Propre • ruminer • cœur.

2. Identifie le niveau de langue des phrases suivantes et récris-les dans un niveau de langue courant. (/4)
Un flic au gros ventre menaçait des gosses qui faisaient du boucan à la sortie du stade. • Je ne sais comment vous remercier pour l'aide précieuse que vous m'avez apportée aujourd'hui. • Tu peux m'dire pourquoi cette bonne femme m'a pris ma place ? • Nous prendrons une légère collation dans nos véhicules.

Orthographe (sur 10 points)

Je sais différencier un participe présent d'un adjectif verbal et employer correctement les homophones « soi », « soie », « sois » et « soit ».

3. Complète le passage suivant avec le participe présent ou l'adjectif verbal du verbe entre parenthèses. (/6)
La foule, (scander) des slogans (menacer), se dirigeait vers la mairie. • Nous vous sommes très (reconnaître). • Au terme d'une longue marche (fatiguer), les manifestants ont été ovationnés. • (Souffler) et (gémir), les animaux blessés poussaient des cris (percer). • (pressentir) un problème, mon père a décidé que nous devions partir au plus vite. • J'apprécie les manières (charmer) de ce jeune-homme. • Trouvez-vous vraiment ces clowns (amuser) ? • Les marchands (vendre) des denrées périssables doivent observer des règles d'hygiène strictes. • Ajoute aux noms de cette liste les déterminants (correspondre).

4. Complète le passage ci-dessous avec « soi », « soie », « sois » ou « soit ». (/4)
Achète-lui … une écharpe en …, … une ceinture en cuir. • … patient et fais le bon choix, je ne veux pas qu'elle … déçue. • De nos jours, c'est chacun pour … . • … assuré que je ferai tout mon possible pour t'aider. • Quelle est cette substance sécrétée par des larves ? Ah oui, la … !

Conjugaison (sur 10 points)

Je sais utiliser le subjonctif dans les subordonnées conjonctives et employer la concordance des temps.

5. Complète les phrases ci-dessous en utilisant des verbes conjugués au subjonctif. (/5)

Mon oncle souhaite que… • Nous doutons que… • Je crains que… • Vous réussirez à condition que… • Il faut que…

6. Mets les verbes entre parenthèses aux modes et temps qui conviennent. (/5)
Le chasseur rencontra un lion qui (paraître) affamé. • Fanta pense que l'accusé ne (dire) pas la vérité lors de son procès, le mois prochain. • Mon camarade est certain qu'il (mettre) son argent dans sa poche mais il ne s'y (trouver) plus. • Il comprit un peu tard pourquoi ses amis lui (conseiller) la prudence. • Chaque fois que je rentrais de l'école le soir, mon père me (demander) ce que je (faire) dans la journée. • Le professeur ne me croit pas, il dit que je (mentir). • Nous pensions que vous (pouvoir) nous accompagner, malheureusement il n'y a plus assez de place pour que vous (venir).

Grammaire (sur 20 points)

Je sais utiliser différents moyens grammaticaux pour exprimer la cause, l'hypothèse, la conséquence et le but.

7. Établis un rapport d'hypothèse entre les groupes verbaux infinitifs suivants en variant les termes utilisés. (/5)
Être prudent ; éviter les accidents de la circulation. • Savoir économiser ; s'assurer un bel avenir. • Faire du sport ; rester en bonne santé. • Passer de belles vacances ; être organisé. • Éviter beaucoup de maladies ; être propre.

8. Recopie seulement les phrases qui expriment une conséquence. (/2)
Aide-moi à ranger la maison si tu veux que nous partions. • Amina téléphone à son médecin pour prendre rendez-vous. • Le train est arrivé avec une heure de retard de sorte que nous ne pourrons pas assister à la réunion prévue. • Cette femme a d'importantes difficultés financières parce qu'elle élève seule ses enfants. • Christian est tellement malade qu'il ne peut voyager.

9. Établis entre les couples de phrases ci-dessous un rapport de cause puis un rapport de conséquence. (/8)
Il dort sous une moustiquaire. Il veut éviter le paludisme. • Ma sœur travaille sans relâche. Elle souhaite s'acheter une moto. • Les ouvriers se forment. Ils aimeraient devenir plus compétents. • Les femmes s'organisent. Elles veulent réussir leur semaine culturelle.

10. Complète les phrases suivantes avec des compléments circonstanciels de but en variant les moyens syntaxiques. (/5)
Les candidats parcourent le pays… • Les jeunes échangent leurs expériences… • Il prend une assurance… • Le recruteur examine attentivement les candidatures… • Les sociétés modernes créent des sites Internet…

Expression orale et écrite

Lis le texte suivant.

Wilfrid Engone a la trentaine bien sonnée. Déjà huit ans qu'il a terminé ses études et son avenir professionnel est toujours dans le flou. Quand il travaille, c'est sous contrat à durée déterminée
5 pour la Compagnie minière du Gabon. Il gagne 600 F CFA de l'heure et 800 F CFA quand il travaille de nuit. Mais pour l'instant, il est au point mort. « En congé technique », plus exactement ! « Il n'y avait plus de travail pour moi, alors on
10 m'a demandé de partir. » Inutile de compter sur d'éventuelles allocations ou autres indemnités : « Quand tu ne travailles pas, tu n'as rien ! Rien du tout ! Être au chômage, cela ne veut rien dire d'autre, qu'être là, à la maison. Et attendre ! »
15 Mais Wilfrid est confiant. Cette situation ne devrait pas durer : « Grâce aux relations d'amitié que j'ai pu tisser au sein de l'entreprise, je suis certain d'être repris à la fin du mois. Ils me l'ont promis. » En attendant, c'est la débrouille… Car
20 au Gabon, comme ailleurs en Afrique, on ne peut pas compter seulement sur le travail pour vivre. Il faut trouver des alternatives. Wilfrid, pour sa part, a investi dans la construction. « J'ai fait construire une maison et je la loue. C'est ce loyer qui me
25 permet de survivre. »

« Jeunes d'Afrique au travail… informel »,
© Syfia international/Valérie Michaux.

1. **De quel type de texte s'agit-il ? Relève les indices qui te permettent de répondre.**
2. **Quels termes précis renvoient au monde du travail ? Explique-les.**
3. **Quelle alternative Wilfrid a-t-il trouvée pour remédier au chômage ?**

Rédaction

Wilfrid a décidé de créer un blog. Imagine sa page d'accueil, avec trois « posts » : l'un expliquant pourquoi il a créé son blog et deux autres racontant sa recherche d'emploi.

Expression orale

Tu es vendeur dans un magasin d'alimentation et tu désires changer d'emploi. Joue avec un camarade une scène d'entretien d'embauche. Donne les raisons qui te poussent à changer de métier. Mets en évidence tes motivations, tes compétences, ton parcours professionnel et ton expérience personnelle.

Phase 6 : Bientôt le grand jour : préparez ensemble cette échéance !

Le grand jour approche. Ce jour-là, vous ferez admirer à vos parents et aux autres visiteurs les résultats de vos efforts. Certaines des cultures réalisées dans votre jardin seront arrivées à maturité. D'autres ne le seront pas encore. Il faudra procéder aux récoltes des fruits mûrs, au conditionnement des produits, à leur exposition. Certains des visiteurs voudront rentrer chez eux en ayant acheté quelques produits de votre plantation. Vous souhaitez peut-être en offrir aux personnes qui vous ont accompagnés dans votre aventure. Cette phase de votre projet doit vous permettre de réfléchir à toutes ces questions et de prendre ensemble des décisions.

1. Commencez par vous informer sur :
a. les signes qui permettent de reconnaître un fruit arrivé à maturité ;
b. les précautions à prendre pour :
  – ne pas abîmer le fruit ou le légume au moment de la récolte ;
  – conserver le plus longtemps possible les fruits et légumes récoltés (par exemple, où les stocker pour garantir leur bonne conservation ?) ;
  – maintenir la plantation en bon état après la récolte.

2. Une fois les fruits et légumes récoltés, posez-vous les bonnes questions :
  – **à propos du stockage :** comment les produits seront-ils conditionnés pour être présentés ? Aurez-vous besoin d'un local ? D'un présentoir pour les mettre en valeur ?
  – **à propos de leur finalité :** si vous décidez de vendre certains des produits de votre jardin, quels prix allez-vous pratiquer ? Qu'allez-vous faire de l'argent ? Si vous décidez d'en offrir à quelques personnes, quels critères allez-vous appliquer pour choisir ces personnes ? Quelle part de la récolte va être utilisée dans ce cas précis ?

3. À l'occasion de la présentation solennelle de votre jardin, votre professeur souhaite que l'un d'entre vous fasse un bref discours au nom de la classe, dans lequel vous expliquerez les raisons pour lesquelles vous avez choisi de créer un jardin scolaire, vous présenterez les leçons que vous avez tirées de cette aventure, ainsi que vos remerciements à toutes les personnes qui ont accepté de vous accompagner par leurs conseils tout au long du processus. Rédigez chacun un discours et choisissez le meilleur pour la fête de fin d'année.

Les savoir-faire requis pour effectuer la tâche commandée

Savoir-faire :
• Je sais dresser le bilan d'un projet.
• J'ai des capacités de synthèse.
• Je sais rédiger un discours et le prononcer devant un public.

L'Unicef (Fonds des Nations unies pour l'enfance) a été créé en 1946, après la Seconde Guerre mondiale, pour fournir une aide d'urgence aux enfants. L'Unicef est un organisme des Nations unies (ONU) chargé de la protection et de l'amélioration de la condition des enfants dans le monde. C'est grâce aux résultats positifs acquis dans ce domaine que l'Unicef a reçu, en 1965, le prix Nobel de la paix.

Références iconographiques

Page 3 : © Fabrizio Gatti. – **Page 4** : © SIPA/AP/Jasper Juinen. – **Page 9** : © SOBA Films. – **Pages 10-11** : © Reuters/STR/New. – **Page 14** : © AFP. – **Page 15** : *haut*, D.R. *Bas*, © Philippe Huguen/AFP. – **Page 16** : © Royanis. – **Page 20** : © Jasper Juinen/AP/SIPA. – **Page 21** : *haut gauche*, © AFP/Valérie Hache. *Haut droite*, © DR/PARIS. *Bas gauche*, © AFP/Issouf Sanogo. *Bas droite*, © Ouest Medias/Andia. – **Page 22** : © http://www.bacfilms.com/presse/fleurdudesert. – **Page 29** : D.R. – **Page 34** : © Antonin Sabot. – **Page 35** : *haut*, © Collection Odebrecht. *Bas*, © Crispin HUGHES/PANOS-REA. – **Page 36** : © Thierry Hervé. – **Page 40** : FOTOLIA/© Michael Flippo. – **Page 41** : Gilles Tran © 1993-2009 www.oyonale.com. – **Page 46** : "The Lagoons", Dubaï - Photo by Brian Gassel/tvsdesign. – **Page 47** : THE FUTURE OF FOOD © 2006 MK2 S.A. © 2004 Lily Films. Photo © PhotoCuisine/Corbis. – **Page 55** : *haut*, © AFP/Walter Dhladhla. *Bas*, ONUCI (D.R.). – **Page 57** : *haut*, http://lumumba.org. *Bas*, © AUTISSIER/Fep/PanoramiC. – **Page 60** : Pascal Maitre/Cosmos. – **Page 61** : *haut*, © Alain Eckert. Bas, D.R. – **Page 62** : © Marie Hacène. – **Page 66** : D.R. – **Page 67** : © Yannis Bautrait. – **Page 68** : © Cinédoc - Sergio Gazzo, 2009. – **Page 73** : *gauche*, AVECC/H. Vincent. *Droite*, Orphelinat Notre-Dame de Liesse, commune de Ngaliema, Kinshasa, RD Congo. Photo : Lumière d'Afrique, Creuse. – **Page 74** : Murat Düzyol. – **Page 75** : © RMN. – **Page 78** : © Roselyne Cadiou. – **Page 81** : *Quelques jours en avril* (*Sometimes in April*), film de Raoul Peck, 2005, © BO. – **Page 82** : © UNICEF/Lemoyne. – **Page 86** : © AFP/Photononstop/Philippe Lissac/Godong. – **Page 87** : *haut*, © http://calabarboy.com/. *Bas*, © REUTERS/Finbar O'Reilly. – **Page 88** : © Claudio Bacinello, photographersdirect.com. – **Page 93** : D.R. – **Pages 94-95** : © RIAL/SIPA. – **Page 98** : Photo extraite du film *Johnny Mad Dog* de Jean-Stéphane Sauvaire – Crédit Théo/Synchro X © 2008 MNP Entreprise – Explicit Films. – **Page 99** : *gauche*, D.R. *Droite*, ONUCI (D.R). – **Pages 100-101** : © AFP/TIM MCkulka/UNMIS. – **Page 104** : Photo Thierry Deffrenne, directeur de création Jean-Michel Luard. – **Page 106** : © Suzanne Long /Shutterstock. – **Page 107** : © Viviane Fortaillier/UNFPA-CI/Arts au féminin. – **Pages 108-109** : © Hans Silvester/Rapho/Gamma Rapho. – **Page 112** : © Maison-près-Bastille/photo © Hans Silvester/Rapho. – **Page 113** : *gauche*, CCF Ouagadougou/Alexis Garandeau. *Droite*, © Festival de Cine Africano de Tarifa/Quercus. – **Page 114** : © Inno. – **Page 118** : © AFP/Issouf Sanago. – **Page 119** : *gauche*, © MTM - DR. *Droite*, Ousmane Sembène, *Xala*, © Présence Africaine Éditions, 1973. – **Page 121** : © MTM - DR. – **Page 124** : © MTM - DR. – **Page 125** : *gauche*, © Valerio Truffa. *Droite*, D.R. – **Page 127** : © MTM - DR. – **Page 130** : © Anoumou Amekudji/www.cineafrique.org. – **Page 133** : © Organisation Internationale du Travail/M. Crozet. – **Page 134** : Armel Frid Louzala. – **Page 139** : © Reuters/Rebecca Cook. – **Pages 140-141** : © Israël Yoroba, http://leblogdeyoro.ivoire-blog.com/. – **Pages 146-147** : *Planète Jeunes Sénégal* n°65 – octobre/novembre 2003 – IV © Association Planète Jeunes. – **Page 151** : © J.-B. GUITON/STUDIO 29. – **Page 152** : © L. Zylberman/365degres.com.

Conception artistique, couverture et mise en page : Anne-Danielle Naname.
Illustrations : Justine Brax (couverture) - Catherine Michel (page 30) - Niels Barrier (page 48).
Recherche iconographique (pages 4, 10-11, 14, 15 bas, 20, 21, 35 bas, 55 haut, 57 bas, 60, 75, 86, 87, 94-95, 100-101, 118, 139) : Veronica Brown.

	INFINITIF		INDICATIF							
	présent	passé	présent	imparfait	passé simple	futur simple	passé composé	plus-que-parfait	passé antérieur	futur antérieur
Auxiliaire	AVOIR	AVOIR EU	J'ai Tu as Il/elle a Nous avons Vous avez Ils/elles ont	J'avais Tu avais Il/elle avait Nous avions Vous aviez Ils/elles avaient	J'eus Tu eus Il/elle eut Nous eûmes Vous eûtes Ils/elles eurent	J'aurai Tu auras Il/elle aura Nous aurons Vous aurez Ils/elles auront	J'ai eu Tu as eu Il/elle a eu Nous avons eu Vous avez eu Ils/elles ont eu	J'avais eu Tu avais eu Il/elle avait eu Nous avions eu Vous aviez eu Ils/elles avaient eu	J'eus eu Tu eus eu Il/elle eut eu Nous eûmes eu Vous eûtes eu Ils/elles eurent eu	J'aurai eu Tu auras eu Il/elle aura eu Nous aurons eu Vous aurez eu Ils/elles auront eu
Auxiliaire	ÊTRE	AVOIR ÉTÉ	Je suis Tu es Il/elle est Nous sommes Vous êtes Ils/elles sont	J'étais Tu étais Il/elle était Nous étions Vous étiez Ils/elles étaient	Je fus Tu fus Il/elle fut Nous fûmes Vous fûtes Ils/elles furent	Je serai Tu seras Il/elle sera Nous serons Vous serez Ils/elles seront	J'ai été Tu as été Il/elle a été Nous avons été Vous avez été Ils/elles ont été	J'avais été Tu avais été Il/elle avait été Nous avions été Vous aviez été Ils/elles avaient été	J'eus été Tu eus été Il/elle eut été Nous eûmes été Vous eûtes été Ils/elles eurent été	J'aurai été Tu auras été Il/elle aura été Nous aurons été Vous aurez été Ils/elles auront été
1er groupe	AIMER	AVOIR AIMÉ	J'aime Tu aimes Il/elle aime Nous aimons Vous aimez Ils/elles aiment	J'aimais Tu aimais Il/elle aimait Nous aimions Vous aimiez Ils/elles aimaient	J'aimai Tu aimas Il/elle aima Nous aimâmes Vous aimâtes Ils/elles aimèrent	J'aimerai Tu aimeras Il/elle aimera Nous aimerons Vous aimerez Ils/elles aimeront	J'ai aimé Tu as aimé Il/elle a aimé Nous avons aimé Vous avez aimé Ils/elles ont aimé	J'avais aimé Tu avais aimé Il/elle avait aimé Nous avions aimé Vous aviez aimé Ils/elles avaient aimé	J'eus aimé Tu eus aimé Il/elle eut aimé Nous eûmes aimé Vous eûtes aimé Ils/elles eurent aimé	J'aurai aimé Tu auras aimé Il/elle aura aimé Nous aurons aimé Vous aurez aimé Ils/elles auront aimé
2e groupe	CHOISIR	AVOIR CHOISI	Je choisis Tu choisis Il/elle choisit Nous choisissons Vous choisissez Ils/elles choisissent	Je choisissais Tu choisissais Il/elle choisissait Nous choisissions Vous choisissiez Ils/elles choisissaient	Je choisis Tu choisis Il/elle choisit Nous choisîmes Vous choisîtes Ils/elles choisirent	Je choisirai Tu choisiras Il/elle choisira Nous choisirons Vous choisirez Ils/elles choisiront	J'ai choisi Tu as choisi Il/elle a choisi Nous avons choisi Vous avez choisi Ils/elles ont choisi	J'avais choisi Tu avais choisi Il/elle avait choisi Nous avions choisi Vous aviez choisi Ils/elles avaient choisi	J'eus choisi Tu eus choisi Il/elle eut choisi Nous eûmes choisi Vous eûtes choisi Ils/elles eurent choisi	J'aurai choisi Tu auras choisi Il/elle aura choisi Nous aurons choisi Vous aurez choisi Ils/elles auront choisi
3e groupe	VENIR	ÊTRE VENU	Je viens Tu viens Il/elle vient Nous venons Vous venez Ils/elles viennent	Je venais Tu venais Il/elle venait Nous venions Vous veniez Ils/elles venaient	Je vins Tu vins Il/elle vint Nous vînmes Vous vîntes Ils/elles vinrent	Je viendrai Tu viendras Il/elle viendra Nous viendrons Vous viendrez Ils/elles viendront	Je suis venu(e) Tu es venu(e) Il/elle est venu(e) Nous sommes venu(e)s Vous êtes venu(e)s Ils/elles sont venu(e)s	J'étais venu(e) Tu étais venu(e) Il/elle était venu(e) Nous étions venu(e)s Vous étiez venu(e)s Ils/elles étaient venu(e)s	Je fus venu(e) Tu fus venu(e) Il/elle fut venu(e) Nous fûmes venu(e)s Vous fûtes venu(e)s Ils/elles furent venu(e)s	Je serai venu(e) Tu seras venu(e) Il/elle sera venu(e) Nous serons venu(e)s Vous serez venu(e)s Ils/elles seront venu(e)
3e groupe	ALLER	ÊTRE ALLÉ	Je vais Tu vas Il/elle va Nous allons Vous allez Ils/elles vont	J'allais Tu allais Il/elle allait Nous allions Vous alliez Ils/elles allaient	J'allai Tu allas Il/elle alla Nous allâmes Vous allâtes Ils/elles allèrent	J'irai Tu iras Il/elle ira Nous irons Vous irez Ils/elles iront	Je suis allé(e) Tu es allé(e) Il/elle est allé(e) Nous sommes allé(e)s Vous êtes allé(e)s Ils/elles sont allé(e)s	J'étais allé(e) Tu étais allé(e) Il/elle était allé(e) Nous étions allé(e)s Vous étiez allé(e)s Ils/elles étaient allé(e)s	Je fus allé(e) Tu fus allé(e) Il/elle fut allé(e) Nous fûmes allé(e)s Vous fûtes allé(e)s Ils/elles furent allé(e)s	Je serai allé(e) Tu seras allé(e) Il/elle sera allé(e) Nous serons allé(e)s Vous serez allé(e)s Ils/elles seront allé(e)s
3e groupe	FAIRE	AVOIR FAIT	Je fais Tu fais Il/elle fait Nous faisons Vous faites Ils/elles font	Je faisais Tu faisais Il/elle faisait Nous faisions Vous faisiez Ils/elles faisaient	Je fis Tu fis Il/elle fit Nous fîmes Vous fîtes Ils/elles firent	Je ferai Tu feras Il/elle fera Nous ferons Vous ferez Ils/elles feront	J'ai fait Tu as fait Il/elle a fait Nous avons fait Vous avez fait Ils/elles ont fait	J'avais fait Tu avais fait Il/elle avait fait Nous avions fait Vous aviez fait Ils/elles avaient fait	J'eus fait Tu eus fait Il/elle eut fait Nous eûmes fait Vous eûtes fait Ils/elles eurent fait	J'aurai fait Tu auras fait Il/elle aura fait Nous aurons fait Vous aurez fait Ils/elles auront fait
3e groupe	VOULOIR	AVOIR VOULU	Je veux Tu veux Il/elle veut Nous voulons Vous voulez Ils/elles veulent	Je voulais Tu voulais Il/elle voulait Nous voulions Vous vouliez Ils/elles voulaient	Je voulus Tu voulus Il/elle voulut Nous voulûmes Vous voulûtes Ils/elles voulurent	Je voudrai Tu voudras Il/elle voudra Nous voudrons Vous voudrez Ils/elles voudront	J'ai voulu Tu as voulu Il/elle a voulu Nous avons voulu Vous avez voulu Ils/elles ont voulu	J'avais voulu Tu avais voulu Il/elle avait voulu Nous avions voulu Vous aviez voulu Ils/elles avaient voulu	J'eus voulu Tu eus voulu Il/elle eut voulu Nous eûmes voulu Vous eûtes voulu Ils/elles eurent voulu	J'aurai voulu Tu auras voulu Il/elle aura voulu Nous aurons voulu Vous aurez voulu Ils/elles auront voulu
3e groupe	SAVOIR	AVOIR SU	Je sais Tu sais Il/elle sait Nous savons Vous savez Ils/elles savent	Je savais Tu savais Il/elle savait Nous savions Vous saviez Ils/elles savaient	Je sus Tu sus Il/elle sut Nous sûmes Vous sûtes Ils/elles surent	Je saurai Tu sauras Il/elle saura Nous saurons Vous saurez Ils/elles sauront	J'ai su Tu as su Il/elle a su Nous avons su Vous avez su Ils/elles ont su	J'avais su Tu avais su Il/elle avait su Nous avions su Vous aviez su Ils/elles avaient su	J'eus su Tu eus su Il/elle eut su Nous eûmes su Vous eûtes su Ils/elles eurent su	J'aurai su Tu auras su Il/elle aura su Nous aurons su Vous aurez su Ils/elles auront su
3e groupe	POUVOIR	AVOIR PU	Je peux Tu peux Il/elle peut Nous pouvons Vous pouvez Ils/elles peuvent	Je pouvais Tu pouvais Il/elle pouvait Nous pouvions Vous pouviez Ils/elles pouvaient	Je pus Tu pus Il/elle put Nous pûmes Vous pûtes Ils/elles purent	Je pourrai Tu pourras Il/elle pourra Nous pourrons Vous pourrez Ils/elles pourront	J'ai pu Tu as pu Il/elle a pu Nous avons pu Vous avez pu Ils/elles ont pu	J'avais pu Tu avais pu Il/elle avait pu Nous avions pu Vous aviez pu Ils/elles avaient pu	J'eus pu Tu eus pu Il/elle eut pu Nous eûmes pu Vous eûtes pu Ils/elles eurent pu	J'aurai pu Tu auras pu Il/elle aura pu Nous aurons pu Vous aurez pu Ils/elles auront pu

N° d'éditeur : 10246586 - IRILYS - Dépôt légal : Juin 2018
Imprimé en France par I.M.E.by Estimprim